国家社会科学基金一般项目"小农户与农业社会化服务体系融合机制研究"（项目编号：18BJY137）

U0593211

经济管理学术文库·经济类

乡村振兴视阈下新型农业经营主体共生发展路径研究

Study on the Symbiotic Development Path of New Agricultural Business Entities from the Perspective of Rural Revitalization

马小龙／著

经济管理出版社
ECONOMY & MANAGEMENT PUBLISHING HOUSE

图书在版编目（CIP）数据

乡村振兴视阈下新型农业经营主体共生发展路径研究/马小龙著 . —北京：经济管理出版社，2020.6

ISBN 978 - 7 - 5096 - 7160 - 3

Ⅰ.①乡…　Ⅱ.①马…　Ⅲ.①农业经营—经营管理—研究—中国　Ⅳ.①F324

中国版本图书馆 CIP 数据核字（2020）第 093417 号

组稿编辑：曹　靖
责任编辑：杨国强　张瑞军
责任印制：黄章平
责任校对：王淑卿

出版发行：经济管理出版社
　　　　　（北京市海淀区北蜂窝 8 号中雅大厦 A 座 11 层　100038）
网　　　址：www. E - mp. com. cn
电　　　话：（010）51915602
印　　　刷：北京玺诚印务有限公司
经　　　销：新华书店
开　　　本：720mm×1000mm/16
印　　　张：13.5
字　　　数：235 千字
版　　　次：2020 年 6 月第 1 版　　2020 年 6 月第 1 次印刷
书　　　号：ISBN 978 - 7 - 5096 - 7160 - 3
定　　　价：88.00 元

前　言

在实施乡村振兴战略视阈下，城乡要素不断双向流动，实现城乡要素协同共生，从而加快培育和发展新型农业经营主体的进程是城乡融合发展的必然趋势；打造多种主体共生共荣，互利互惠的现代农业经营体系是乡村产业兴旺的重要支撑；在现代农业的生产、经营、服务等不同环节、不同层面实现各新型农业经营主体的差异化功能定位和分工，发挥新型农业经营主体的农业社会化服务功能，是促进高质量发展的重要路径。因此，推动新型农业经营主体进行共生发展，是乡村振兴战略视阈下培育和发展新型农业经营主体的必由之路。

目前，我国新型农业经营主体共生发展已经初具雏形，不少地区已经涌现出优秀做法。但许多地区的新型农业经营主体在共生发展过程中仍对未来的发展路径，以及如何进一步提高共生发展水平存在一些疑惑。2017 年，党的十九大提出"发展多种形式适度规模经营，培育新型农业经营主体"；① 同年，中共中央办公厅、国务院办公厅发布的《关于加快构建政策体系培育新型农业经营主体的意见》提出要"引导新型农业经营主体多元融合发展"；② 2019 年"两会"期间，习近平总书记在参加河南代表团审议时提出"发展多种形式农业适度规模经营，突出抓好家庭农场和农民合作社两类农业经营主体发展"。③ 2020 年，中国农业农村部印发了《新型农业经营主体和服务主体高质量发展规划（2020—2022年）》，做出了"促进农民合作社联合与合作""推动农业社会化服务组织多元融合发展"等系列部署。④ 从国家层面，通过共生发展提高新型农业经营主体的发

---

① 人民网. 习近平在中国共产党第十九次全国代表大会上的报告 ［EB/OL］. http：//cpc. people. com. cn/n1/2017/1028/c64094 – 29613660. html.

② 中共中央办公厅，国务院办公厅. 关于加快构建政策体系培育新型农业经营主体的意见 ［EB/OL］. http：//www. gov. cn/zhengce/2017 – 05/31/content_ 5198567. htm.

③ 人民网. 习近平参加河南代表团审议 ［EB/OL］. http：//henan. people. com. cn/n2/2019/0309/c351638 – 32721488. html.

④ 中国农业农村部关于印发《新型农业经营主体和服务主体高质量发展规划（2020 – 2022 年）》的通知 ［EB/OL］. http：//www. moa. gov. cn/gk/tzgg_ 1/tz/202003/t20200306_ 6338371. htm.

展水平已经成为十分明确的政策导向，这也是推动实施乡村振兴战略的重要课题。如今人类已经进入多元共生时代，共生理论能够为探究新型农业经营主体共生发展的机制、模式和路径提供新的视角和思路，本书据此展开研究。

本书以"乡村振兴视阈下新型农业经营主体共生发展路径"为主线展开研究。第一，本书采取文献研究和系统分析的方法，界定了新型农业经营主体以及新型农业经营主体共生发展的基本内涵，明确了本书的逻辑框架和内涵边界。第二，在对近年来我国涉及新型农业经营主体的系列政策进行分析，结合乡村振兴战略对新型农业经营主体的要求，提出在实施乡村振兴战略背景下新型农业经营主体共生发展是必然趋势。第三，在对我国新型农业经营主体基本状况进行描述的基础上运用耦合协调度分析法，以全国 31 个省（市、自治区）数据探究目前我国新型农业经营主体共生发展的现状。第四，通过理论分析发现共生行为对新型农业经营主体的效果主要在于收入水平的提高，进一步探究了不同共生单元之间的利益关系。第五，通过文献分析和因素假设提炼出影响新型农业经营主体共生发展的关键要素，进一步以此为基础构建新型农业经营主体共生发展的机制，并根据我国四大经济区域的特点提出系列共生路径。第六，根据所提出的共生发展路径形成适用于我国四大经济区域的政策建议。

本书认为，在影响新型农业经营主体共生发展的关键要素方面，良好的政策资金支持和政策环境，共生单元参与共生的主动性，共生单元之间的信任水平是关键要点。在共生发展机制方面，乡村振兴战略视阈下新型农业经营主体共生发展机制由共生环境、共生界面和共生单元三要素组成，共生界面中蕴含着协同机制、开放机制、强链机制、扩层机制。在共生模式方面，乡村振兴战略视阈下新型农业经营主体共生发展的模式可分为间隙共生、连续互惠共生、一体化互惠共生三个阶段（类型）。在共生路径方面，适合西部地区新型农业经营主体的共生路径为"内部自我成长与外部嵌入重塑"，适合东北地区新型农业经营主体的共生路径为"生产现代化与服务规模化"，适合中部地区新型农业经营主体的共生路径为"共生组织形式创新与共生介质优化"，适合东部地区新型农业经营主体的共生路径为"共生介质创新与共生机制规范"。

本书的创新点：紧跟构建新型农业经营体系、推动新型农业经营主体高质量发展的发展趋势，从共生的理论视角探究乡村振兴战略视阈下新型农业经营主体的发展；找到了乡村振兴视阈下新型农业经营主体共生发展效果以及关键影响要素；构建了新型农业经营主体共生发展的机制和模式并运用耦合协调度、系统动力学、案例分析等多种科学方法进行论证；根据我国不同区域的特点，提炼了新型农业经营主体共生发展的路径。

在此要特别感谢提出宝贵建议的江苏大学李娟博士，以及同济大学、华南农业大学、桂林理工大学等多所高校的同行专家，也要感谢桂林市、贺州市、南宁市等十多个地区的农业农村相关部门的专家领导，以及为本书调研提供支持的30多个乡镇的多名基层干部。另外，还要感谢为本书调研工作做出贡献的缪林、闫鹭、周玲芳、冯裕祺、农远良等多位研究生、本科生。

由于作者水平有限，编写时间仓促，同时相关理论研究、实证参考和信息获取存在一定局限性，因此，书中疏漏和不足之处在所难免，恳请广大读者批评指正。

马小龙

2020 年 5 月 13 日

目　录

第一章　绪　论

第一节　研究背景

一、培育新型农业经营主体是实施乡村振兴战略的重要方面

党的十九大报告提出："构建现代农业产业体系、生产体系、经营体系，完善农业支持保护制度，发展多种形式适度规模经营，培育新型农业经营主体，健全农业社会化服务体系，实现小农户和现代农业发展有机衔接。促进农村一二三产业融合发展，支持和鼓励农民就业创业，拓宽增收渠道。"这是对如何发展中国特色现代农业的深入阐述，也是乡村振兴战略的重要组成部分。2019年"两会"期间，习近平总书记参加河南代表团审议时提出："发展多种形式农业适度规模经营，突出抓好家庭农场和农民合作社两类农业经营主体发展。"[①]前农业农村部副部长叶贞琴提出："新型农业经营主体是发展现代农业的主力军和突击队，也是实施乡村振兴战略的重要力量。"由此可以看出，在实施乡村振兴战略的过程中，国家层面无比重视培育新型农业经营主体，提高新型农业经营主体的发展质量。

提高新型农业经营主体发展质量，有助于保障粮食安全。在党的十九大报告中，"确保国家粮食安全，把中国人的饭碗牢牢端在自己手中"的话语铿锵有力。2018年9月习近平总书记视察黑龙江时指出，[②] 中国人的饭碗任何时候都要

---

① 人民网. 习近平参加河南代表团审议［EB/OL］. http：//henan. people. com. cn/n2/2019/0309/c351638 - 32721488. html.

② 中华人民共和国中央人民政府网站. 习近平在东北三省考察并主持召开深入推进东北振兴座谈会［EB/OL］. http：//www. gov. cn/xinwen/2018 - 09/28/content_ 5326563. htm.

牢牢端在自己的手上。近年来，我国粮食产量不断增加，尤其是近几年粮食库存增加，大众对我国的粮食安全问题普遍保持乐观的态度，但需要看到背后存在的安全隐患。我国改革开放 40 多年来，城镇化吸引了大量的农村青壮年进城务工，随之而来的问题是农村空心化、农业兼业化不断加重，普遍的情况是"70 后不愿种地，80 后不会种地，90 后不提种地"，尤其是在欠发达地区，许多农村里的常住居民已经以留守儿童、妇女、老人为主，这些农村地区从事农业生产的最大群体主要从事着粮食种植。显然，老人是无力承担保障粮食安全责任的，细碎的土地和落后的技术，加之体力的限制，使其对农田管理力不从心，也限制了现代农业技术的推广，故只能采取传统的经营方式，维持着基本的农业生产状态。因此，"谁来种地"已经成为目前我国发展现代农业和保障粮食安全必须要解决的难题。随着新型农业经营主体的崛起，针对如何解决"谁来种地"的问题，我国已经摸索出一条路，就是通过新型农业经营主体发展适度规模经营，让其成为现代农业的主力军。

提高新型农业经营主体发展质量，有助于提升农业综合竞争力。与其他农业经营组织不同，新型农业经营主体经营规模大、集约化程度高、市场竞争力强，具备天然的发展现代农业的优势，因此，新型农业经营主体成为现代农业发展的主力军是理所当然的。此外，相对于数量庞大且高度分散的小农户来说，新型农业经营主体在发展农产品流通、休闲旅游等农村新产业新业态方面有天然的优势，有利于提高农业综合竞争能力。

二、现代农业发展已经进入多元共生时代

在实施乡村振兴战略过程中，提高新型农业经营主体发展质量，有助于带动小农户发展。2019 年 2 月，中共中央办公厅、国务院办公厅印发的《关于促进小农户和现代农业发展有机衔接的意见》中提出，"统筹兼顾培育新型农业经营主体和扶持小农户，发挥新型农业经营主体对小农户的带动作用，健全新型农业经营主体与小农户的利益联结机制，实现小农户家庭经营与合作经营、集体经营、企业经营等经营形式共同发展"。① 目前我国有 2 亿多小农户，数量庞大的小农户构成了我国农业生产经营的基本面。小农户在现代农业技术运用、抵御市场风险、农产品安全管理等方面具有天然的弱势，令其遇到许多困难，仅靠自身

---

① 人民网. 中办国办印发"关于促进小农户和现代农业发展有机衔接的意见"［EB/OL］. http：// politics. people. com. cn/n1/2019/0222/c1001－30895612. html.

难以实现衔接现代农业发展。因此，在家庭承包经营制度下实现农业现代化，需要大力培育新型农业经营主体，引导新型农业经营主体和小农户进行共生，带动广大小农户一同共享现代农业的红利，实现小农户衔接现代农业发展，这是我国国情所决定的必须要走的中国特色农业现代化的道路。

除此之外，适合我国基本国情农情的现代农业是产业化经营的现代农业，作为现代农业最主要经营发展模式的产业化形态，必须要有使各种农业生产要素得以充分利用的最低限度土地规模为基础。也就是说，产业化经营规模并非越大越好，也非维持现有小农家庭经营现状最好，它要根据农作物的生长特性、地区经营理念、龙头企业带动能力、政策支持度为前提进行恰当规划。无论哪种产业化模式，必然有一个核心的龙头企业和若干农户按不同的契约关系相互联系，相互竞争，以各自利益最大化作为共生目标。

三、新型农业经营主体共生发展关乎推动城乡融合

人类社会正迈入一个"多元共生的时代"，对于实施乡村振兴战略，推动城乡融合发展而言同样如此。新型农业经营主体发展所涉及的如土地等关键要素不仅来自乡村，其发展所需要的现代农业技术、互联网平台等更来自城市，因此可以说，新型农业经营主体共生发展的主体非常多元化，这种共生关系的构建是城乡融合发展进程中值得关注的问题。以利益共享为纽带，是新型农业经营主体共生发展的关键。

"共生"一词来源于希腊语，1897 年由德国生物学家贝德里（Anton de Bary）提出。他将共生定义为不同种属按某种物质联系而生活在一起。随着共生研究的逐渐深入以及社会科学的发展，20 世纪五六十年代后，"共生"的思想和概念已不为生物学家所独享，逐步引起人类学家、生态学家、社会学家、经济学家、管理学家甚至政治家的关注，一些源于生物界的共生概念和方法理论在诸多领域内正得到运用和实施。甚至有社会学家提出，当今人类社会正迈入一个"多元共生的时代"（袁纯清，1998）。

共生理论认为，合作是共生现象的本质特征之一，但共生并不排除竞争；共生强调了存在竞争双方的相互理解和积极态度；共同激活、共同适应、共同发展是共生的深刻本质；进化是共生系统发展的总趋势和总方向。共生理论特别指出，对称性互惠共生是系统进化的一致方向，是生物界和人类社会进化的根本法则（袁纯清，1998）。可见，追求利益共享、利益均衡是共生单元趋于合作的永

恒动力。没有合理分享，就没有和谐共生。

实施乡村振兴战略，产业兴旺是关键。产业兴旺的一个重要方面是农业产业化经营，这就涉及作为农业产业化经营重要主体的新型农业经营主体和其他主体之间的利益分配问题。以"龙头企业＋农户"这一模式为例，在以往的实践中，由于自然风险、市场风险等因素的影响，龙头企业的利益市场受损，而处于弱势地位的农民更是受害者。另外，由于企业与农户存在对对方作用、地位的认识不足，双方缺乏"相互理解和积极态度"，也未能做到"共同激活、共同适应、共同发展"。龙头企业与农户作为追求利益最大化的市场主体，尽管利益上存在不一致的地方，但在经受市场风浪考验的过程中，尤其是在如今构建现代农业全产业链、多方一荣俱荣一损俱损的时代，二者只有结成真正的利益共同体，才能实现双赢。因此可以说，没有合理的分享，就没有新型农业经营主体的共生发展。

当前，我国总体上已经进入工业反哺农业、城市支持乡村的发展阶段。党中央提出一系列城乡融合发展的重大政策，为一二三产业融合发展创造了条件。一二三产业融合发展的趋势，目前在全国各地已经如火如荼，在珠三角、长三角等经济发达的地区表现得尤为突出，随着时间的推移，这种趋势将会进一步扩大。新型农业经营主体作为实施乡村振兴战略、连接一二三产业的重要载体，与多方建立战略性的共生关系，积极响应市场，共同致力于打造协作链、增值链、共赢链，不仅有利于实现共同进化，而且对于实现城乡融合发展具有重要意义。

第二节　研究意义

一、对共生理论和新型农业经营主体的相关研究具有一定补充

通过中国知网检索相关文献发现，新型农业经营主体目前已经是学术界的研究热点，学者们从多个角度对新型农业经营主体展开了丰富的研究，但目前从共生发展的角度切入来研究新型农业经营主体的文献尚不多见，在实施乡村振兴战略视阈下的相关研究更是少之又少。本书基于农业生产经济学、管理学、社会学等多个学科交叉的角度对新型农业经营主体共生发展展开了系统的研究，提出了一些新的、有一定理论和实践参考价值的观点，并构建了新型农业经营主体共生发展的机制和路径，有利于丰富扩充该领域的研究内容。

二、对加快新型农业经营主体共生发展具有一定的实践指导意义

一方面，加快培育和发展新型农业经营主体是推进中国特色社会主义农业现代化的重要举措，另一方面，目前已经进入了多元化共生的时代，合作共生已经成为时代主旋律，因此，要加快培育和发展新型农业经营主体，解决新型农业经营主体在发展过程中遇到的问题，助力乡村振兴战略的实施，共生发展必不可少。目前，新型农业经营主体在发展过程中存在着利益联结机制不完善、技术水平待提升等问题，亟须进行共生发展。本书沿着从实践上升到理论，再从理论回到实践的思路，从共生的角度出发探究提高新型农业经营主体发展质量的关键要素、机制和实现路径，并有针对性地提出政策建议，这对促进新型农业经营主体发展、助推乡村振兴战略实施具有一定的实践指导意义。

第三节　国内外文献综述

一、国外文献动态

第二次世界大战过后，百业待兴，美国、日本、荷兰等发达国家已经对现代农业开始进行探索研究，对新型农业经营主体的相关研究也开始进行。由于国情和制度的不同，经济发展水平不一样，我国新型农业经营主体的发展只能是在一定程度上借鉴国外的发展经验，因地制宜地走出一条符合我国国情的特色发展之路。

（一）新型农业经营主体产生根源研究

对新型农业经营主体产生机理的探究可借鉴组织和企业的产生机理。对于该方面的研究，国外的相关研究可以归纳为从古典经济学、新古典经济学及制度经济学几个角度进行解释。

从古典经济学的角度看，组织和企业的产生主要是由于专业化分工。组织内部的专业化分工提高了劳动生产效率，使其高于社会市场的劳动生产效率，因此组织或企业应运而生。古典经济学派著名的代表人物威廉·配第在其著作《政治算术》中就提出了专业化分工能够降低生产成本的观点，亚当·斯密认为，劳动生产力发展的主要动力是分工，企业本质上是一个具备专业化分工的组织，并且

分工程度会随着企业市场范围的扩大而细化。马克思提出了分工理论，并将分工理论和组织结合在一起进行研究，发现了企业内部存在劳动分工，而且进一步从企业内部分工和企业外部分工来阐述企业组织对于市场组织的优势所在。此外，马克思还提出，分工会促进社会生产由简单的协作转变为大机器工业生产。总的来说，古典经济学认为，专业化分工与协作是企业产生的根本原因，企业是社会分工的产物。

新古典经济学流派的学者对企业产生原因的相关研究是沿着亚当·斯密等的分工理论展开的，其本身并未真正对组织问题展开相应的研究，他们的研究重点主要放在企业资源配置方面，并且运用成本收益模型研究企业资源的需求与稀缺性之间的关系。阿尔弗雷德·马歇尔（2006）认为，企业是一种具备协调分工功能的组织，并不是一个社会实体。阿林·杨格和贾根良（1996）在《报酬递增与经济进步》论文中分析了分工、报酬递增与经济增长之间的关系，即劳动分工通过"迂回生产方法"实现了规模收益，规模收益降低了生产成本，增加了家庭收入，扩大了市场规模，并进一步深化分工，形成良性互动过程。总的来说，新古典经济学对于企业的研究主要聚焦于资源要素的最优化组合。

新制度经济学派的学者真正深入探讨了企业产生的原因。其代表的学者有Ronald H. Coase、Oliver、Eaton、Williamson 等经济学家。Ronald H. Coase（1937）基于交易费用理论将企业和费用联系起来，认为企业的产生是为了降低交易费用的需要，并且市场交易成本的降低有利于企业生存。Ronald H. Coase 是第一个认识到市场交易需要费用的学者，他丰富了新古典经济学在这方面的研究。王洪涛（2004）对 Oliver、Eaton、Williamson 的交易费用理论进行了进一步的研究，他认为市场组织在经济活动中如果不考虑交易费用是不符合企业生存的常理的，因为一种组织形式较之另外一种组织形式的任何优势，都会因为不计算成本的缔约活动而消失殆尽。另外，Oliver、Eaton、Williamson 还提出了"中间型组织"这一介于企业和市场之外的第三种经济组织形式，令传统的对经济组织划分的二分法转变为"三分法"。

（二）农业经营主体的相关研究

在对国外文献进行初步的阅读后，我们发现，国外的学者在研究新型农业经营主体时大多将新型农业经营主体分为企业化农场、合作社、兼业农户三种类型。其中，企业化农场可进一步分为家庭农场和公司型大农场两类，家庭农场以家庭为基础进行生产经营，公司型大农场实行企业化管理，生产经营规模要大于家庭农场。

在新型农业经营主体的生产要素相关研究方面，舒尔茨在其著作《改造传统农业》中提出，传统农业容易受到自然灾害和市场风险的影响，因此传统农业的生产要素配置特点是投资报酬率较低，这就导致农户兼业化的产生，即农业劳动力非农化转移。这种变化不利于将先进技术运用到传统农业当中，也无法解决人力资本低下的问题，因此有必要对传统农业进行人力资本投入和建设。

在上述基础上，学者们针对农户经营自身的弱势，提出建设农民合作社的想法，于是关于农民合作社的相关研究逐渐兴起。Bateman 等（1979）认为，农户自身的小规模让其很难在大市场的交易中获得平等地位，合作社能将农户组织起来，因此是实现农业生产要素配置效率最大化的一种组织模式，有利于让合作社成员获得更大的消费者剩余和生产者剩余，从而增加社员福利。Fama（1984）认为，合作社制度是一种具有高组织成本的制度，主要体现在其运行过程中容易出现"搭便车"现象，加大了治理难度，因此要加大合作社资产优化组合力度，提高合作社成员参与劳动生产的积极性和主观意识，提高合作社的运行效率。Brenda Stefanson 等（1995）从制度变迁的视角对比了传统合作社和现代合作社的不同特征，认为现代合作社比传统合作社更能增加产品的附加值，在增加社员收入方面更具有优势。

国外学者在农业产业化经营方面也进行了一定研究。国外学者普遍认为，农业产业化经营是农业经营可持续发展的必要路径，农业企业和农户之间应该通过产业链建立一种联系，从而实现农业产业化经营。此外，国外学者普遍认为农业产业化经营有横向产业化和纵向产业化两种。日本著名经济学家速水佑次郎（2003）认为，要实现农业产业化经营，要明确农业产业化的优势，他认为主要有 3 种优势：①农业产业化加深了分工合作，提高了农民收入；②农业产业化有利于加深农民和企业之间的联系，节约一定的交易费用；③农业产业化能够根据市场需要而调整农产品结构，优化资源配置。

综上所述，不同学派的学者从不同的视角对企业产生的原因与机理进行了研究，为对新型农业经营主体共生发展的路径展开研究提供了重要的理论借鉴，但由于国情的不同，还需进行有区别性的借鉴和采纳。

（三）共生理论的形成与发展

"共生"一词源自希腊语，并于 1879 年由德国生物学家德贝里（Anton de Bary）提出，德贝里指出，生物学中的共生是指不同种属的生物按照某种联系而生活在一起。而从一般意义上来说，共生是指共生单元之间在一定的共生环境中按照某种模式形成的关系。因此，共生的要素主要包括共生单元、共生模式和共生环境。"共生"已有的概念和定义开启了一个认识新的领域的大门，为更广泛的研究开辟了道路。在此之后，生物学家对共生现象进行了深入的研究，并取得了重要进展。如国外学者提出共生、互惠共生、同住现象、寄生和其他有关不同物种生物体间关系的概念，丰富了共生研究，并注入了超出生物学领域更深刻的社会历史意义。另外，还有学者致力于寻找共生双方的物质联系，认为关系是生物体生命周期的永恒特征，并将共生定义为两种或更多生物生理上彼此需要的平衡状态。20 世纪 50 年代后，共生思想渗透到社会诸多领域，指共生单元之间在一定共生环境中按某种共生模式形成的关系，共生的本质是共同进化、共同发展、共同适应。

二、国内文献动态

国内学者在研究我国农业发展现状之后，同样提出了改造以小规模农户为代表的传统农业经营主体的观点，并进一步对农业经营主体的行为、构成、转变、共生等方面的内容展开了相应研究，这些成果对本书研究的开展具有一定的参考价值。

（一）有关新型农业经营主体的构成研究

新型农业经营主体不同于以往小农经济环境下单一的农业生产主体，新型农业经营主体包括许多类型，逐步呈现出主体多元化的趋势。在国内，有部分学者针对新型农业经营主体中的某一类主体展开单主体研究，如种养大户、农民合作社和农业企业等，其观点主要是重点培育某一类新型农业经营主体；有的学者则综合性地研究多种类型的新型农业经营主体，对其进行综合评价分析，强调多种主体协调发展。

1. 对专业大户的研究

对于专业大户，国内的研究普遍认同其是新型农业经营主体中的新兴力量，其目前发展受到的最大制约是资金、金融等方面。林开峰（1984）等通过研究认为，大力扶持专业大户的发展，可以收到"投一获百"的功效，同时专业大户也是实现农业现代化的重要支柱。温铁军（1996）认为，随着市场经济的发展，传统小农户经营必然会向专业大户经营转变。胡必亮等（2003）认为，要在保护完善小农经济的基础上发展和壮大规模型农业经营，将小农经济与大农经济相结合。杨国玉等（2004）通过调查研究认为，农业大户经营方式是推进农业第二个飞跃的理想路径。邓大才（2005）认为，应该在稳定小农经济的基础上，培育农村经济大户，通过发展农村大户经济来推进农业现代化。陈家骥等（2007）指出，农业经营大户是在中国农业发展进程中必然出现的一种生产经营形式，认为专业大户是能带领农民增收致富、产品的科技含量较高和销售渠道较稳定的农业经营主体。张晓山（2007）认为，专业大户能够适应现代农业的发展要求，能以市场为导向进行农业生产经营，同时能够将技术、资金、管理等现代要素引进农业生产经营中，是我国农业发展的新生力量，因此要大力提高其发展质量。陈丛兰等（2009）认为，农业大户经营规模化、专业化、科学技术化、生产集约化、无害化、高效益等特点代表了高效农业发展趋势。贺雪峰（2012）认为，相对于推动资本大规模下乡，在当地培育一批适度规模经营的新中农更为重要。孙晋刚（2014）从金融视角分析了专业大户的发展状况，认为专业大户存在着融资需求满足率低、授信额度不高的困境，应加快相关的金融创新和保险制度建设。

2. 对家庭农场的研究

相对于传统小规模经营农户，家庭农场具有一定的经营规模，能实现一定的规模效应，适应发展现代农业的要求，是新型农业经营主体的重要组成部分。张雨林等（1983）认为，生产关系和生产力相适应推动了家庭农场的诞生，家庭农产是现代农业发展的基础。张晓丽（2001）认为，提高家庭农场发展质量有利于推进农业市场化和农村经济发展，是发展现代农业的重要战略选择。罗必良（2004）、朱学新等（2006）认为，提高家庭农场发展质量是发展现代农业的重要战略选择，也是必然选择。黄宗智（2010）认为，应该以家庭为单位建立适度规模经营的家庭农场，从而适应、助推农业结构调整。高强等（2013）认为，家庭农场将成为我国发展现代农业的重要单元，是我国农业现代化的重要组织模式。岳正华等（2013）分析了我国家庭农场的发展现状，认为目前我国家庭农场主要面临资金短缺等难题。王建华等（2013）认为，家庭农场有助于促进农业生产规模化、专业化和集约化发展，但其也面临着融资难、政策获得难、农业保险制度欠缺等发展难题。朱启臻（2014）对家庭农场的优势、条件和规模进行分析的基础上，认为家庭农场的运行模式能够契合家庭经营，但由于经营规模小和分散导致的农业长期"内卷化"，因此家庭农场规模的下限是满足家庭生计需要，上限是现有技术条件下所能经营的最大面积。王春来（2014）在探讨家庭农场概念定义的基础上，讨论了家庭农场与其他类型新型农业经营主体之间的关系，认为家庭农场在一定时期内能够和小农户实现长期共存。包乌兰托亚（2015）认为，土地流转、农村剩余劳动力转移、新型职业农民培育、农村社会化服务体系的建立、政策的扶持等是家庭农场发展的主要动力，因此要提高家庭农场的发展质量，应该加大这些要素的投入。吴乃贵（2016）提出，政府可以制定专门计划，积极支持和鼓励符合条件的中高等学校毕业生、退役军人、返乡农民工务农创业，开办家庭农场。沈光德（2017）通过对中国传统的家户制度剖析、现代农业发展方向的探析、家庭联产承包责任制的不足三个方面进行分析，指出家庭农场在保留了传统农业的家庭经营的基础上将现代农业生产要素融入其中，是顺应中国农业发展的机理，使得传统农业发展至现代农业的现实选择。

3. 对农民合作组织的研究

学术界目前已经达成共识，仅依靠小农户难以实现适度规模经营，必须通过合作组织将分散的单个农户家庭组织起来，形成具有一定生产经营规模的经济组织，这样在节约生产经营成本的同时也提高了抵御市场风险和自然风险的能力。穆兴增等（1998）提出，随着农户对农民合作经济组织的认识不断加深，农民合作经济组织在农业产业化体系中的地位和作用已远远超出了自我服务的功能范畴，成为构建农村经济新秩序的一个不可或缺的组织载体。郭红东等（1999）认为，农民合作组织的产生与发展，是农业生产专业化与市场化的必然要求，同时应该把农民合作组织作为推动农业产业化经营的理想载体而重点发展。黄祖辉（2002）经过调查指出，当农民因合作组织而组织化程度增强，特别是当农民在整个社会中变得强大以至于能在国家层面上要求政治权利时，协调好政治承受度与经济自由之间的关系是十分必要的。张晓山（2004）在对我国国家立法和合作组织发展进行研究的基础上，认为有必要通过法令修正及政策调整来完善农民合作组织制度，提高农民合作社的合法化程度，加大农民合作组织的法律供给。郝小宝（2005）指出，要促进农民合作组织健康发展，必须建立科学规范的利益联结机制和治理结构。黄祖辉和徐旭初（2006）通过构建合作社成员异质性治理结构的理论框架，指出掌握环境合用性、特别是市场合用性要素的管理者是农民专业合作的实际控制者。王曙光（2008）基于对农村经济发展中全要素作用的研究，认为农民专业合作社的自生能力建设关键是要实现全要素合作和合作社合作。孙浩杰等（2011）在对青岛胶南市进行实地调研的基础上，剖析了农民专业合作经济组织利益分配机制，并在此基础上提出了农民专业合作经济组织利益分配格局改进的措施。苏昕等（2018）认为，农民专业合作经济组织对发展农村经济、增加农民收入发挥着非常重要的作用，进一步分析探讨了农民专业合作经济组织的类型、形成动因、功能定位、产权安排、农户参加合作组织的影响因素、建议措施以及农民专业合作经济组织的未来发展方向。郑军南等（2015）将农民合作经济组织的制度变迁视为一种多主体参与的公共治理过程，并提出必须构建完善的网络型治理结构才能有效促进农民合作经济组织持续健康发展。朋文欢（2018）指出，合作社具有天然的益贫性，以农民合作社为主流形式的农村合作组织为中国农村减贫事业提供了极为可取的发展路径。

4. 对农业产业化龙头企业的研究

曹利群和周立群（2001）探讨了信息不对称给龙头企业的生存和发展带来的难题，并且鼓励龙头企业通过兴办合作社来解决它所面对的信息不对称问题。李炳坤（2006）认为，农业产业化龙头企业能够适应市场经济条件下多变的环境，但龙头企业的发展需要处理好和农户之间的利益关系。刘晓敏和李丹（2010）对农业产业化龙头企业的竞争优势进行了深入探讨，认为龙头企业需要提高战略资源的管理水平，从而提高其市场竞争力。丁岩和孙贵荒（2012）提出了通过做大做强龙头企业培育壮大区域主导产业，促进农业结构调整，推动现代农业的发展的对策建议。蒋黎（2013）认为，农业产业化龙头企业在保障农产品质量和供应、促进农民收入持续增长、完善农业产业链等方面起到了重要作用并且提出政府需要进一步加大扶持力度，同时企业需要从科技、产品质量等方面增强竞争力，完善与农户间的利益联结机制。李宏等（2014）认为，在农业产业化过程中龙头企业与农户之间有着密切的联系，但小农户面对大龙头企业有着天然的劣势，两者在利益分配关系上存在矛盾。伍雪媚等（2015）指出，农业龙头企业存在经营管理水平低，缺乏对公司财务风险的正确认识等缺陷。陆忠权等（2017）以独山县为例，提出要大力培育并促进主导产业和农产品生产基地的发展壮大、以增强企业带动能力为重点大力扶持龙头企业的发展、完善利益联结机制、确保农户稳定增收、农业产业化经营健康发展。

5. 对多主体的综合研究

发展现代农业需要新型农业经营主体的支持已经得到学术界的普遍认同。杨斌（2006）认为，要改变我国小农户在市场经济中的弱势地位就必须提高农产品的附加值，这样才能提高小农户在市场上的竞争力。李成贵（2010）认为，发展现代农业需要适度规模经营，从而提高生产经营效率，这需要依托新型农业经营主体。黄祖辉和俞宁（2010）认为，新型农业经营主体虽然具有一定的优势，但目前在人力资本、土地、融资等生产要素方面仍存在一定的发展制约。张红宇（2012）提出了要解决"三农"问题，必须对农业经营体制进行创新。孙中华（2012）认为，新型农业经营主体是发展现代农业不可缺少的力量，因此要进行大力培育。于亢亢等（2012）发现，新型农业经营主体在发展过程中会受到多方面的制约，其中重要的一个制约因素是所处地区的资源禀赋、经济社会发展水平和土地流转进度。楼栋和孔祥智（2013）提出，培育新型农业经营主体是现代农业的必由之路。张照新和赵海（2013）、宿爱梅（2013）认为，新型农业经营主体有助于促进农业转型升级，提高农业生产的先进生产力。孔祥智（2013）、张海鹏（2014）、江维国（2014）从土地流转视角探讨了新型农业经营主体发展的问题。郭庆海（2013）、王国敏（2014）从制度与实践视角对新型农业经营主体的逻辑变迁进行了辨识。王慧敏等（2014）、汪艳涛等（2014）从农村金融视角对新型农业经营主体的融资需求进行了实证检验。李明贤等（2014）、张扬（2014）从资源配置视角分析了新型农业经营主体的发展过程。王国敏等（2014）从农业生产经营方式和农民生活方式协同视角论述了新型农业经营主体的培育。陈晓华（2014）、张红宇（2015）从组织属性视角讨论了不同类别新型农业经营主体的功能定位与发展趋势。秦晓娟和孔祥利（2015）从劳动力转移视角研究了新型农业经营主体发展的问题。

（二）共生理论的研究

"共生"本属于生物学科中的概念，主要是指两个不同的有机体生存在一起。一般用来指两个不同而又相互影响的物种之间各种不同类型的关系，包括寄生、互惠共生、共栖和客居等，共生有时也专指互惠共生关系，在这种关系中每个相互影响的物种都可以得到益处。每个共生单元都离不开其他共生单元的存在，同时每个共生单元的存在又是其他单元存在的必要条件，因此通过有效的合作方式来实现空间单元的共生，以物质、信息和能量在这一共生界面的传递，促进共生单元之间的共同适应、共同发展和共同进步。

1998 年，袁纯清将共生理论引入经济学研究领域，认为共生现象不仅存在于生物界，而且广泛存在于社会经济生活中，经济学范畴的共生是指经济主体之间连续性的物质关系。尽管共生作为生物领域的研究成果提出才百余年的历史，但随着各学科发展及相互渗透，越来越多的研究表明，共生不仅是一种普遍的生物现象，而且也是一种普遍的社会现象。20 世纪中叶以来，共生方法开始广泛应用于农业、经济、管理等各个社会领域，社会科学领域的许多学者专家也纷纷对"共生"产生了浓厚兴趣，使得共生理论研究范围越来越大，研究成果也不断丰富。罗庆（2010）、彭建仿（2011）等指出，共生分析包括共生条件分析（共性、互补性、邻近性等）、共生机制分析（市场机制、信任机制等）、共生行为模式分析（寄生、偏利共生、非对称性互惠共生）和共生组织模式分析（点共生、间歇共生、连续共生、一体化共生等）等。李亚楠（2011）提出，共生理论包括农户共生单元、共生模式和共生环境三个要素。其中共生单元是基础，共生环境是条件，共生模式是关键。共生单元是构成共生体或共生关系的基本能量生产和交换单位，是形成共同体的基本物质条件。彭建仿（2012）提出，共生单元是构成共生体或共生关系的基本能量生产和交换单位，是形成共生体的基本物质条件；共生模式是指共生单元相互作用的方式或相互结合的形式，是一种具体的表现形式和存在状态；共生环境是指除共生单元以外的所有因素的总和。

（三）基于共生理论的旅游资源整合研究

韩芳等（2005）结合生物学中的共生概念，引出整合旅游资源，实现区域旅游地的"双赢"与"多赢"，使资源得到优化配置，实现旅游资源整体综合效益最大化。李文祥等（2010）基于共生理论分析了旅游共生的条件、区域旅游资源组合的共生机制和模式，并在此基础上，针对福建旅游资源的发展现状，依托"一体化共生、多样化组合"的区域旅游资源组合模式，提出了"四个龙头，两带四区"的旅游资源组合战略构想。杨永刚等（2008）基于产业集群理论和共生理论，对中部晋陕豫三省进行旅游资源整合研究，提出联合开发旅游线路，用成熟的旅游产品来带动新型旅游产品，构建网络体系，进一步加强建设区域旅游品牌，提升区域旅游形象，创建出一个优秀的旅游区域，把旅游资源优势转化为区域经济优势。申秀英等（2006）基于共生理论视角，结合中国古村落旅游企业"共生进化"的环境条件、运作模式和利益生成三个方面，分析了中国古村落旅游企业之间以及其与其他关联企业间的"共生进化"问题，使古村落旅游企业在如何拉长其产业价值链和如何增加其旁侧经济效应方面提供理论上的决策依据。

（四）基于共生理论的城乡统筹、城市群发展研究

肖东生等（2011）基于湖南"3＋5"城市群经济一体化内涵及目标，利用共生关系思想，剖析其在湖南"3＋5"城市群经济一体化中的适用性，将参与

湖南"3＋5"城市群经济一体化作为具有复杂关系的生态有机群，进而通过分析城市群里的共生单元、共生模式、共生环境和共生界面，从一个全新的角度，研究湖南"3＋5"城市群经济一体化的运作机理和对策。马永俊（2006）运用共生理论分析了金华城镇群之间共生关系的现状和发展中存在的问题，认为实现城镇群的一体化，要建立对称性互惠共生机制，提升区域创新能力和整体竞争力。如朱俊成（2006）基于武汉市圈建设"两型社会"的框架，通过SWOT分析，引入共生理论，分析区域共生的基本框架与模式，从城乡一体化、新型城市化道路、产业经济、基础设施、公共服务等方面提出武汉城市圈城乡协调发展的基本思路。彭建仿（2012）认为，从共生理论的视角，促进城乡双向流通，实现城乡商贸协调发展，其实质就是以商贸流通为先导，以城乡市场为共生介质，实现城乡和谐共生。曲亮（2004）基于城乡统筹发展的内涵及目标，结合共生理论，将城市和农村作为两个具有复杂相关关系的生态有机群，通过分析二者的共生单元、共生模式、共生环境和共生界面，从一个全新的角度，提出了城乡统筹的运作机理及可行对策。张文军等（2019）分析农村发展新阶段，引入共生理论，认为田园综合体通过产业链将各个生产单元有机结合，使得农业、文化、旅游一体化发展，推动了现代化农村建设。徐梦周和潘家栋（2019）通过SPSS软件分析了浙江梦想小镇与未来科技城之间共生关系的现状和未来发展趋势，认为两者具有互利共生关系。

（五）基于共生理论的农业产业化研究

查明珠（2013）将共生理论引入到农业产业链的构建中，建立以市场为动力、政府规划为协调机制的产业共生模式并提出发展这种模式可以进一步推动经营主体的发展。李柯（2015）借鉴金融共生理论对农村资金互助社与农民合作社的共生发展进行了较为深入的研究。刘畅（2016）提出，现代市场体系和社会网络的发展为共生系统提供了共生界面。同时为了获得有利生态位，农户应该通过联合建立合作组织，努力实现"公司＋农户"共生系统向"公司＋合作组织＋农户"共生系统演化。王辉（2018）认为，实施"基础设施夯实＋农地流转促进＋政策环境引导"的优化路径，以村域土地整治、新农村建设和产业发展为引领，可优化新型农业经营主体间共生体系的发展，引导多元新型农业经营主体的共生模式沿着间隙互惠共生模式、连续互惠共生模式以及一体化互惠共生模式演进。何建兵（2019）提出，在土地细碎化局面与小农分散经营的基础上培育新型农业经营主体是新时代背景下推进农业现代化的重要举措，而要推动双方互动发展则应从转变思想、健全利益联结机制和完善制度等方面入手。

三、研究文献述评

通过对国内外文献的梳理，有利于综合学习国内外学者们在该领域的思想和方法，对我国新型农业经营主体的共生发展具有一定的借鉴意义。从文献梳理中可发现，国内外学者对新型农业经营主体的相关研究取得了大量有价值的成果，为后续相关研究的开展提供了很好的参考，有利于进一步推动新型农业经营主体共生发展相关研究的开展。国内外的研究均表明，农业产业化发展是现代农业的趋势，尤其是在我国目前实施乡村振兴战略的背景下，大力推动农业产业化，发展现代农业是不可逆转的趋势。要顺应这个趋势，就要大力提高新型农业经营主体的发展质量，推动新型农业经营主体共生发展，制定一套行之有效的推动新型农业经营主体共生发展的支持政策体系。但要注意的是，由于基本国情农情的不同，加上目前我国新型农业经营主体的发展也处于较为粗犷的发展初期，对于国外的研究只能是借鉴和参考，而不是大幅度的搬用，需要结合我国实际制定一套推动新型农业经营主体共生发展，提高其发展质量的理论体系。

从现有文献中也能看出，目前的研究明确了新型农业经营主体发展的方向，且有部分学者也提出了需要共生发展，但相关的研究仍然较少，而且不够系统，或者并没有对新型农业经营主体共生发展的现状、总体体系以及关键因素等内容进行深入探究，必须从以下几个方面继续深化研究：

（一）对新型农业经营主体共生发展的现状进行实证研究

党的十九大报告提出，实施乡村振兴战略，培育新型农业经营主体，这是顺应我国经济社会发展需要、适应当前及未来农业农村发展的重要课题和重大任务。新型农业经营主体共生发展目前仍处于初级阶段，并且现有针对新型农业经营主体共生发展的研究文献都是宏观理论解释较多、微观调查实证研究较少，较为缺乏从实证层面对新型农业经营主体与不同类型主体共生的详细研究，缺乏对共生实际效果和影响的认识，因此需要进一步通过实证调查丰富当前共生理论的发展。

（二）对新型农业经营主体共生发展及其体系进行系统研究

在农地流转的推动下，尤其到了实施乡村振兴的新时代，以规模化、专业化、集约化和市场化为主要特征的新型农业经营主体呈现出数量增加、类型多元的发展态势。在此背景下，探索如何让新型农业经营主体与其他主体和谐共生发展，有助于发挥不同主体的优势长处，助推城乡融合发展。

第四节　主要研究内容与研究方法

一、主要研究内容

本书以"乡村振兴视阈下新型农业经营主体共生发展路径"为主线展开研究，对于深化构建新型农业经营体系、培育新型农业经营主体和共生理论具有重要的理论意义。在实践意义方面，本书将为新型农业经营主体提供一种新的发展模式，促进新型农业经营主体与发展现代农业的相关主体，以及整个社会的和谐共生。全书共八章，主要内容如下：

第一章，绪论。介绍本书的研究背景、研究意义、国内外文献综述、主要研究内容与研究方法、研究创新点和不足。

第二章，相关概念界定与理论基础。首先，对乡村振兴、新型农业经营主体及其类型、新型农业经营主体共生发展等相关概念进行界定；其次，对分工与协作理论、共生理论、规模经济理论、产业组织理论、制度经济学理论等理论基础做简要回顾。

第三章，乡村振兴视阈下新型经营主体共生发展的必要性。首先，对近年来国家支持新型农业经营主体发展的政策作了梳理；其次，探究实施乡村振兴战略对新型农业经营主体发展的新要求；最后，在定性分析的基础上运用经济学模型进行分析，认为在实施乡村振兴战略背景下，新型农业经营主体共生发展是必然之路。

第四章，乡村振兴视阈下新型经营主体共生发展的现状。对我国农业产业化龙头企业、农民专业合作社、家庭农场、专业大户四类新型农业经营主体近年来的发展情况做了基本阐述；在此基础上运用聚类分析法对我国新型农业经营主体的共生发展进行了梯次分类；进一步运用因子分析法从探究历年来我国各省（自治区、直辖市）新型农业经营主体共生发展的水平变化情况；提炼出在实施乡村振兴战略背景下，新型农业经营主体共生发展所遇到的困难。

第五章，乡村振兴视阈下新型经营主体的共生行为效果及利益关系。在本章中，本书利用案例分析法对共生主体进行了分析，通过分析认为新型农业经营主体需要和小农户、新型农业经营主体、社会各界主体进行共生。并进一步运用经济学原理和模型探究共生主体之间的利益关系，通过分析发现，新型农业经营主体和小农户共生能够解决土地和劳动力的问题，但当共生关系进行到一定程度的时候会出现"发展后劲不足"的情况，新型农业经营主体需要进一步和其他新型农业经营主体共生以推动一二三产业融合，但发展现代农业还需要科研院所、大学生、非农行业市场主体等社会非农主体共生，从而将高新技术、新人才、资本等要素引入现代农业发展，因此新型农业经营主体需要进一步和社会非农主体进行共生。

第六章，乡村振兴视阈下新型经营主体共生发展的机制。通过设计新型农业经营主体共生发展的指标体系，运用因子分析法提炼影响新型农业经营主体共生发展的关键要素，进一步运用系统动力学方法探究各个要素间的互动关系，基于此运用博弈论的方法研究新型农业经营主体共生发展的机制。

第七章，乡村振兴视阈下新型经营主体共生发展的模式与路径。选取西部地区、中部地区、东部地区的新型农业经营主体共生发展典型案例进行研究，提炼其发展模式，进一步基于不同的区域制定实现共生的不同路径。

第八章，乡村振兴视阈下新型经营主体共生发展的引导政策。基于西部、中部和东部地区的新型农业经营主体共生发展路径，因地制宜提出共生发展的政策。

第九章，研究结论与展望。

二、研究方法

（一）文献法和问卷调查法

通过在中国知网上收集的新型农业经营主体共生发展方面的相关理论和研究成果，了解国内外在该领域的研究积累和最新动态，构建理论框架和理论基点，明确研究思路。然后运用问卷调查法对国内新型农业经营主体共生发展的总体现状和发展困境进行科学客观评价。

（二）系统分析法

新型农业经营主体共生发展是一项系统工程，在构建其共生发展机制和路径时，本书采用了系统分析法，对新型农业经营主体与不同主体进行共生发展的内在机理进行了系统性研究与整体安排。

（三）定性分析与定量分析方法

本书通篇贯穿着定性分析与定量分析相结合的研究方法。如在评价我国新型农业经营主体共生发展现状方面，利用耦合协调度分析法进行分析，确保评价结果具有科学性；在探究新型农业经营主体共生发展主体及利益关系时，运用经济学生产函数、共生度模型、LASSO 回归、时间序列、GARCH 模型等进行分析；在探究新型农业经营主体共生发展的关键要素时，运用系统动力学方法；在探究新型农业经营主体共生发展机制时，运用理论分析的方法；在探究我国不同区域新型农业经营主体共生发展的路径时，运用典型案例分析法。

（四）演绎归纳法

对我国中部、西部、东部新型农业经营主体共生发展的经验做法进行了典型归纳，进一步探求适合我国不同地区的新型农业经营主体共生发展的政策方案。

第五节　研究创新点和不足

一、研究创新点

本书的创新点是找到了乡村振兴视阈下新型农业经营主体共生发展的相关主体，探究了新型农业经营主体的共生发展机制，并提炼共生的路径。在共生路径提炼中，根据我国中部、西部、东部分别因地制宜提炼新型农业经营主体的共生发展路径。

（一）对我国新型农业经营主体共生发展的现状进行了宏观评价

学界已有部分针对新型农业经营主体共生发展的研究，但多处于从定性的理论层面论证新型农业经营主体共生的可能性，并未对我国新型农业经营主体的发展现状进行评价。本书根据我国区域经济社会发展水平，将研究区域分为中部、西部、东部，并对三大区域的新型农业经营主体共生发展现状进行了评价。

（二）找到了乡村振兴视阈下新型农业经营主体共生发展所涉及的主体

本书通过案例分析和数理分析，明确了新型农业经营主体共生发展所涉及的主体包括小农户、新型农业经营主体和社会主体进行共生，并且这种共生能不断改进新型农业经营主体发展过程中的不足，让其更具备发展后劲。

（三）构建了新型农业经营主体共生发展的机制

在对相关研究及理论进行梳理、借鉴的基础上，运用因子分析法提炼出乡村振兴战略视阈下新型农业经营主体共生发展的关键要素，进一步运用系统动力学的方法探究各个要素对新型农业经营主体共生发展的作用。在此基础上，运用博弈论的方法构建新型农业经营主体共生发展的机制。

（四）提炼新型农业经营主体共生发展的模式和路径

基于新型农业经营主体共生发展的机制，分别从我国中部、西部、东部三大区域选取新型农业经营主体共生发展的典型案例，提炼其发展模式，并根据案例明确三大区域新型农业经营主体共生发展的路径。

（五）有针对性地提出加快新型农业经营主体共生发展的政策建议

本书基于新型农业经营主体共生发展的路径，立足助推乡村振兴战略实施的现实背景和国家顶层设计的高度，分别针对我国三大经济区域有针对性地提出了相关政策建议，进而使得本书所构建的共生机制和模式更具有可操作性和生命力。

二、研究不足

我国现代农业目前仍然处于快速发展阶段，关于新型农业经营主体共生发展的研究仍然较少，而且相关的官方数据也较少，故本书只能根据有限的文献资料和所收集的实证数据进行研究。同时，本书虽然系统地评价了我国新型农业经营主体共生发展的现状，构建了新型农业经营主体共生发展机制，但即便是同一个经济区域，从更微观的角度来说，不同省份的自然资源禀赋、新型农业经营主体发展水平、人文风俗仍会不一样，因此，研究深度还有待进一步加强。

第二章　相关概念界定与理论基础

第一节　概念界定

一、乡村振兴的概念内涵

党的十九大报告首次明确提出实施乡村振兴战略，这既适应了我国社会主要矛盾的转化，充分反映了"三农"发展的实际；又能有效解决"三农"发展中的根本问题，即农业农村发展不平衡不充分问题。2018年中央一号文件指出："当前，我国发展不平衡不充分问题在乡村最为突出，实施乡村振兴战略，是解决人民日益增长的美好生活需要和不平衡不充分的发展之间矛盾的必然要求。"具体来说，一是从基本方向上，乡村振兴战略始终坚持把解决好"三农"问题作为全党工作的重中之重，并从"城乡一体化发展"转向"坚持农业农村优先发展"；二是从发展目标上，乡村振兴战略在"四化"同步发展的基础上，从"推进农业现代化"转向"推进农业农村现代化"；三是从总体要求上，乡村振兴战略是对社会主义新农村建设的升级和发展，从"生产发展、生活富裕、乡风文明、村容整洁、管理民主"转向"产业兴旺、生态宜居、乡风文明、治理有效、生活富裕"。

（一）从"城乡一体化发展"到"坚持农业农村优先发展"

始终把"三农"工作作为全党工作的重中之重，是实施乡村振兴战略的基本导向，在此基础上，党的十九大报告首次明确提出"坚持农业农村优先发展"，将农业农村放在优先发展的位置上，这是对党的十八大以来推进城乡一体化发展的深化。提出坚持农业农村优先发展，根本原因在于城乡发展不平衡。近年来，我国全面推进"四化"同步发展，着力推进城乡一体化发展，城镇化水平逐年提高，农业农村发展环境不断改善。但是，城乡二元结构依然存在，城乡、工农发展差距依然较大，推进城乡融合发展依然存在困难，突出表现为：城乡要素配置不平衡，资金和人才等要素由农村向城市单向流动的格局仍未得到改变；城乡基础设施建设不平衡，农村基础设施建设力度仍不及城市；城乡公共服务不平衡，农村基本公共服务水平与城市的差距仍较大。

坚持农业农村优先发展，目的在于有效解决城乡发展不平衡的问题。即始终把"三农"工作作为全党工作的重中之重，将农业农村作为优先发展的领域，进一步理顺和调整工农城乡关系，走中国特色城乡融合发展之路。在体制机制上，完善城乡融合发展政策，推动工农、城乡共享改革发展红利；在要素配置上，优先向农业农村倾斜，推动要素双向自由流动；在基础设施上，加大向农业农村的支持力度，推动农业农村基础设施现代化；在公共服务上，优先向农村安排，推动城乡公共服务均等化，从而逐步缩小城乡发展差距，形成工农互促、城乡互补、全面融合、共同繁荣的新型工农城乡关系。

（二）从"农业现代化"到"农业农村现代化"

加快推进农业现代化，一直是社会主义现代化建设的重要内容。在工业化、城镇化、信息化、农业现代化"四化"同步发展的基础上，党的十九大报告首次鲜明地提出"加快推进农业农村现代化"，增加了农村现代化的内容，比"加快推进农业现代化"更加全面和深入。提出加快推进农业农村现代化，原因在于不仅农业已经成为"四化"同步发展的短板，而且农村已经成为全面建成小康社会的短腿，农村发展不充分已经成为发展中较为突出的问题。从全面建成小康社会到基本实现现代化，再到全面建成富强民主文明和谐美丽的社会主义现代化强国，迫切需要补齐农业农村发展短板和短腿。

推进农业农村现代化，是我国现代化战略的新安排。加快推进农业农村现代化，就是要顺应农业农村发展主要矛盾的变化，走中国特色农业农村现代化之路。即既要加快推进农业现代化，逐步实现由农业大国向农业强国转变，又要加快推进农村现代化，逐步实现农村现代化与新型城镇化同步协调发展；既要重视农业发展，推动农业由注重数量增长向注重高质量发展转变，又要重视农村发展，推动农村由新农村向美丽幸福新乡村转变；既要提高农业发展效率，又要大力增进农民福祉，从而逐步解决农村发展不充分等问题，不断推动"四化"同步发展和农业农村优先发展。

（三）从"生产发展"到"产业兴旺"

产业兴旺是乡村振兴的重点。随着现代农业的稳步发展，农业生产能力不断提升，粮食生产连年丰收，主要农产品供给较为充足，但是，农业生产的结构性矛盾日益突出，农产品阶段性供过于求与供给不足的问题同时存在，不能满足人民群众因生活水平提高而产生的对农产品的多重需求，农业供给质量亟待提升。从"生产发展"向"产业兴旺"转变，是农业发展层次和发展内容的转变与提升。在发展层次上，农业由单纯地注重生产、追求产量到重视发展质量和效益、有效增加绿色安全优质农产品供给转变，更加凸显农业发展质量、效率和动力变革的要求；在发展内容上，农业由单纯的农业发展向农村一二三产业融合发展、新产业新业态加快发展转变，更加强调产业的全面、综合发展。

产业兴旺，核心在于有效促进农业农村产业发展、充分激发产业发展活力。即坚持以农业供给侧结构性改革为主线，进一步转变农业发展方式。一方面，着力发展特色优势农业，提高农业全要素生产率，推动农业提质增效；另一方面，加快发展农村新产业新业态，培育产业发展新动能，促进产业融合发展。同时，坚持走产出高效、产品安全、资源节约、环境优化的中国特色农业现代化道路，着力构建现代农业产业体系、生产体系、经营体系，充分调动与发挥广大农民的积极性和创造性，持续提升产业的创新力和竞争力。

（四）从"村容整洁"到"生态宜居"

生态宜居是乡村振兴的关键。近年来，通过加快推进社会主义新农村建设，乡村居民生产生活条件得到了较大改善，乡村生态环境得到了一定改善，但是，乡村环境污染和生态破坏等问题仍然较为突出，生态建设仍然相对滞后，已不能满足人民群众在乡村美好生态环境方面日益增长的需要。从"村容整洁"向"生态宜居"转变，是乡村发展理念和发展方式的转变与升华。在发展理念上，乡村发展由单一的环境友好向人与自然和谐共生转变，更加强调"绿水青山就是金山银山"的发展理念；在发展方式上，乡村发展由单一的环境治理向生态建设转变，将生态文明和美丽乡村建设放在乡村发展中的突出位置。

生态宜居，关键在于坚持人与自然和谐共生，着力建设"山更青、水更绿、村更美"的美丽乡村，走中国特色乡村绿色发展之路。一方面，强化乡村生态环境保护，坚持尊重、顺应和保护自然，正确处理经济发展与生态环境保护的关系，统筹山水林田湖草系统治理，严守生态保护红线，确保广大人民群众在良好乡村生态环境中生产生活；另一方面，加强乡村生态文明建设，坚持乡村绿色生态发展，强化乡村生态环境和人居环境整治，完善乡村生产生活环境设施，加快发展绿色生态农业，倡导绿色生产生活方式，推动乡村生产、生活和消费的绿色化与生态化，逐步建成生态宜居的美丽村落。

（五）从"乡风文明"到"乡风文明"

乡风文明是乡村振兴的保障。乡村是中华文明发源与传播的重要载体，乡风文明与农耕文化是中华文明的重要组成部分。然而，在城镇化快速推进和城市文明快速扩张的过程中，乡村传统文化被忽视、被破坏甚至被取代的情况日益严重，一些地方乡村生活形态和社会关系日渐淡泊，乡村文化和乡风文明日趋凋敝，已经不能满足农民日益增长的精神文化需求。基于此，党的十六届五中全会明确把"乡风文明"作为建设社会主义新农村的一项重要内容。从社会主义新农村的"乡风文明"到乡村振兴战略的"乡风文明"，内涵随时代变化不断丰富，是乡村发展思路的延续与发展，即继续坚持农村物质文明和精神文明建设"两手抓"，重视乡村文化的保护与传承。同时，继续并且更加重视乡风文明，注重文明乡风、家风和民风的培育与发展，从而真正实现乡风文明。

乡村振兴战略要求的乡风文明，重点在于走中国特色乡村文化兴盛之路，发展提升农耕文明，逐步提升农民精神风貌，不断提升乡村社会文明程度。即充分发挥传统文化在乡村源远流长、底蕴深厚的优势，着力弘扬农耕文明和优良传统，推动乡村文化繁荣与发展；倡导现代文明理念与良好生活方式，大力弘扬和践行社会主义核心价值观，推进移风易俗和乡风文明进步；加快发展农村文化教育等事业，推进农村公共文化等建设，健全农村公共文化服务等体系，进一步提高农民文化素质和文明程度，彰显精神文明建设的显著成效。

（六）从"管理民主"到"治理有效"

治理有效是乡村振兴的基础。乡村治理是国家治理在农村的真实体现，其不仅关系到党和国家政策在农村的有效实施与落实，而且关系到农村社会的和谐稳定和农民切身利益的充分保障。在乡村社会转型发展过程中，乡村政治建设稳步推进，乡村管理和服务能力不断增强，但是，农村基层组织和党建等薄弱环节仍然存在，乡村治理体系仍然不够完善，乡村治理能力仍然需要提升，已经不能满足农民日益增长的民主法治需求和乡村社会结构转变的要求。从"管理民主"向"治理有效"转变，是乡村治理内涵的丰富和效果的提升。在内涵上，乡村由管理者管理向社会各阶层共同治理转变，更加强调基层农民群众的主动参与；在方式上，乡村由追求管理民主向提高治理效率转变，更加注重治理体制和结构的改革与完善。

治理有效，中心在于坚持自治、法治、德治相结合，走中国特色乡村善治之路，确保乡村社会既充满活力又和谐有序。即加强乡村社会治理，完善现代乡村社会治理体制，强化基层民主和法治建设，加强乡村基层组织建设，夯实乡村治理的基层基础；创新乡村社会治理，加快推动社会治理重心向基层下移，充分发挥社会组织作用，显著提高村民民主自治能力，实现政府治理与社会调节和居民自治的协同发展，从而不断提高乡村治理能力，逐步形成高效的乡村治理。

（七）从"生活宽裕"到"生活富裕"

生活富裕是乡村振兴的根本。满足人民对美好生活的向往，是乡村振兴的出发点和落脚点。伴随农业生产的加快发展，农民收入逐年增加，农民生活水平不断提高，广大农民的获得感持续增强，但与城市居民相比，仍然存在较大差距，广大农民的美好生活需要还未得到充分满足。从"生活宽裕"向"生活富裕"转变，是乡村发展层次和发展重点的提升。在发展层次上，农民生活由宽裕向富裕转变，强调农民收入和生活水平要有更大程度的提高；在发展重点上，生活富裕放在了总要求的最后，更加突出目标导向，强调"三农"工作的奋斗目标和最终归属是让亿万农民生活得更美好、更幸福。

生活富裕，着力点在于以农民群众最关心、最直接、最现实的利益问题为中心，着力解决、逐步解决，走中国特色乡村富裕之路。一方面，在物质生活上，筑牢乡村产业发展基础，确保农民收入持续稳步增加，不断缩小城乡居民收入差距，同时，在加快发展中补齐乡村民生发展短板，显著缩小城乡居民生活水平差距，逐步达到共同富裕；另一方面，在精神生活上，着力满足农民在社会公平正义等方面的需求，有效提高乡村社会发展水平，逐步缩小城乡区域发展差距，确保农民在共建共享发展中有更多获得感，不断增进农民福祉，促进农民的全面发展。

二、新型农业经营主体的内涵及其类型

（一）新型农业经营主体的内涵

新型农业经营主体包括专业种养大户、家庭农场、农民专业合作社和农业产业化龙头企业，他们是直接或间接从事农产品生产、加工、销售和服务的任何个人或组织。新型农业经营主体的特征包括：一是适度规模经营和专业化生产（张耀春，2014）。新型农业经营主体可充分利用所拥有的劳动力资源从事较大规模的农业生产经营，从而实现规模效益。二是集约化经营和管理。新型农业经营主体一般拥有较好的生产设施，较高的现代技术使用率以及现代化的管理水平，因

而能够高效地利用各种资源要素。三是高度的市场化。现代农业是以市场为导向的农业，新型农业经营主体能够根据市场的需要进行农业生产经营，能够实现生产和流通的有效结合。

（二）专业种养大户

专业种养大户实际上是生产经营规模较大的个体农户。专业种养大户是我国农业现代化过程中必然出现的一种生产组织形式。相对小农户来说，专业种养大户具有一定的资金筹集能力，具有一定的生产经营规模，能够采用一定的现代技术进行生产经营，能够根据市场的需求进行农产品生产（陈家骥等，2007）。在现代农业进程中，种养大户对推进农业供给侧改革、提高农业生产经营规模具有重要的作用，是我国农业先进生产力的代表之一（张晓山，2013）。

对于如何准确界定专业种养大户的生产经营规模，目前学术界仍然没有达成统一的标准。主要原因在于各地的自然资源禀赋差异较大，农业生产力发展水平也不一样，例如，华北地区一马平川，专业大户的生产经营规模可能达到几十上百亩，而在西南地区山多地少，能达到十几亩已经是不错的水平。因此，准确界定专业种养大户的生产经营规模难度很大，也不具备非常实际的意义，只需要做出一个范围幅度，使各地可根据当地实际灵活掌握，有利于各项政策的弹性实施。此外，辨别是否为专业种养大户还需要考察其能否带动农户发展现代农业，实现共同致富。

（三）家庭农场

在中央的政策文件中首次提到家庭农场的是在 2013 年的中央一号文件。虽然家庭农场在我国出现较晚，但在西方发达国家家庭农场已经存在许多年，而且得到广泛的推广，并实现了良好的效益。家庭农场是以家庭成员为基础，将土地流转起来实现适度规模经营，从而能够进一步地通过机械化、技术现代化来提高生产经营的效益，相对于小农户来说，家庭农场在节约成本、抵御市场风险等方面都有极大的优势，更有利于农产品的集约化生产（黄延廷和崔瑞，2013；杨建利和周茂同，2014）。

对于家庭农场的概念界定，目前同样没有十分严格的界定，而且家庭农场与专业大户之间有时候也存在着一定的交叉，许多家庭农场前身就是专业大户，本质上区别不是很大，主要是家庭农场需要进行注册，并享受到相应的政策补贴和税收优惠。目前普遍比较认可的家庭农场的定义是：以市场化为导向，耕作方式集约化、组织化，以家庭成员为主要劳动力进行适度规模经营，主要收入来源于农业，并在工商部门进行登记注册的一种农业经营主体。

（四）农民合作社

农民合作社的全称为农民专业合作社，但随着农民股份合作社的出现，一般而言会把所有类型的合作社统称为农民合作社。在国际上也是同样使用农民合作社的名称，这与我国常用的农民合作社是同一个概念。合作社联（ICA）对农民合作社的定义是：人们通过自愿联合、共同所有和民主管理等方式，来满足经济、社会和文化需求的一种自治组织。我国目前采用较广的概念为：农民合作社是建立在家庭联产承包经营制度基础上的，以农民自愿参加为原则，以农户合作经营为原则，相关农户以增加成员收入为目的，实行的一种自愿联合、共同所有、民主管理的互助经济组织（许振华等，2008）。

农民合作社作为一种资源优化配置的组织形式，主要服务对象是合作社社员，除了能帮助社员抵御市场和自然风险外，还能够提供农业社会化服务，包括农资购买、农机租赁、农产品加工、运输、销售等。对于农民合作社概念的把握，需要抓住两点：一是强调农民自主建立、自主经营；二是主要从事农业生产、加工和销售。

（五）农业龙头企业

农业龙头企业中的"龙头"是一个形象的比喻。牛若峰等（2002）和郑少红（2013）都曾对农业龙头企业的内涵进行了研究，他们认为，农产品生产加工和流通是龙头企业的主要业务，并且龙头企业需要在生产经营规模和相关经营指标上达到相应的标准，同时得到工商部门的认定，具备法人资格。因此，农业龙头企业可定义为具有现代企业制度，从事农业产业化生产经营，并建立有一定规模生产基地的，能够适应市场竞争的涉农企业。农业龙头企业还承担着带动农户进入大市场的责任，主要的方式是为农户提供各类农业社会化服务。此外，农业龙头企业在生产经营中还扮演着技术创新者、运用者、推广者以及运营中心、销售中心、服务中心等角色，是推动农业产业化发展的重要主体。

三、新型农业经营主体的共生发展的内涵

目前，关于新型农业经营主体与其他主体之间合作关系的研究，学者们主要运用组织公平理论、博弈理论、关系治理理论、现代契约理论等理论进行分析（Duffy R., Hornibrook S. and Fearne A.，2013），也有一些学者分别从法律、心理契约、整合治理、交易成本等视角研究企业和农户的关系（范少虹，2014）。本书运用

共生理论和经济学供需理论研究新型农业经营主体与其他主体之间的共生关系，为研究新型农业经营主体与其他主体之间的合作关系提供一个较新的视角。

（一）新型农业经营主体共生发展的基本目标

党的十九大报告关于实施乡村振兴战略的阐述中涉及新型农业经营主体的内容是"发展多种形式适度规模经营，培育新型农业经营主体，健全农业社会化服务体系，实现小农户和现代农业发展有机衔接"。人多地少的国情农情，决定了小农户长期是农业的基本经营主体，在培育新型农业经营主体、鼓励发展适度规模经营的同时，要重视和扶持小农生产，将其引入现代农业发展轨道，对发展农业生产、促进农民增收、维护农村社会稳定都具有十分重要的意义。另外，培育新型农业经营主体，发展适度规模经营，推动农业提质增效，是我国农业现代化发展的根本出路，因此，要统筹兼顾培育新型农业经营主体和扶持小农户，确保中国特色农业现代化沿着正确轨道健康发展。从上述分析中，可基本明确新型农业经营主体共生发展的基本目标，就是在实现自身规模扩大、提升自身发展质量，从而助力新型农业经营体系构建的同时，带动小农户衔接现代农业发展。

（二）新型农业经营主体共生发展的主要类型

从共生视角看，新型农业经营体系中的新型农业经营主体、小农户等共生主体在演化稳定均衡状态下具有共生性，这种共生性是共生单元之间相互结合的形式，并反映共生单元之间竞争合作的方式、强度以及物质、能量或信息的交互关系。任何共生主体在适应上所做的努力是要去适应别的适应性主体，并且在条件具备的情况下选择合适的共生对象参与创新，这构成新型农业经营体系中竞合共生复杂动态模式的主要根源。根据主体行为一致性和创新能量对称型的差异，可以将新型农业经营主体共生发展的关系划分为寄生型点状共生、偏利型间歇共生、非对称互惠型连续共生和对称互惠型一体共生关系。

第二节　理论基础

一、分工与协作理论

新型农业经营主体创新发展是多个主体协同参与的过程，不同主体在不同的环节承担着不同的责任，因此需要分工与协作理论作为支撑。单打独斗难以扩大规模实现规模效益，因此，各类新型农业经营主体必须通过组织载体实现联合，联合起来就会出现分工与协作。在《国富论》中，亚当·斯密通过一个案例说明了劳动生产力的提升需要依赖分工，他如此进行了描述："通过分工，一人每天可以生产实行分工，一人一日可生产 4800 枚针，如果他们不实行分工，一天也就制成 20 枚针，也许连一枚针也制造不出来……"，从该案例中可以看出分工提高了劳动生产率。亚当·斯密进一步指出分工的程度受到交换能力的限制，交换能力取决于市场规模的大小，因此，如果在一个过于小的市场中，是很难出现较大规模的分工的。

分工能够产生更多的劳动剩余，在很早之前人们就认识到分工的重要性。阿瑟·刘易斯在《经济增长理论》一书中指出，知识积累和资本增长的源泉是专业化分工，随着市场交易规模的扩大，分工的程度进一步加深，反过来进一步刺激市场规模的扩大，这是一个循环的过程。在这个过程中，作为市场主体的企业组织规模同时扩大。对于本书来说，就是新型农业经营主体在分工过程中节约了交易成本，提高了效益，进一步扩大了市场。为了获取更多的市场利益，新型农业经营主体会进一步深化分工合作。对于新型农业经营主体发展来说，分工能够进一步提升其经济收益，也能实现多方共赢。

二、共生理论

共生是生态学的概念，最早由德国真菌学家德贝里（Antonde Bary）在 1879 年提出，指不同生物密切地生活在一起。共生体不仅限于两个个体或两大种群的搭档关系；原生动物学家 Dale S. Weis 指出，共生被定义为几对合作者之间稳定、持久、亲密的组合关系。共生关系指生物自身内部或生物之间按某种物质联系而相互、依附生活在一起，形成的一种共同生存、协同进化或相互抑制的互利关系。随着对共生理论研究的深入，生物学家对共生的概念达成共识，即"不同种属的生物按照某种物质联系生活在一起"，进行物质交流与合作，共同进化、共同发展、共同适应是其本质。随着时代和科技的发展，更多的学者将共生由单纯的生物学向更广大的范围进行拓展。

1998 年，袁纯清将"共生"这一生物学说向社会科学拓展的理论成果。共生理论强调：相比其他协同合作来说，共生更加注重共生体自身的内部动力；共生并不排斥竞争，但共同激活、共同适应、共同发展是共生的深刻本质。共同发展的要求是实现利益的共享，只有实现了利益的共享，共生才能达到效果。邓春

（2017）从共生理论的视角研究乡村生产重构，认为通过共生理论能够指导乡村生产，并且能够优化乡村生产格局和空间。张建雷（2019）认为，构建新型农业经营体系的关键在于新型农业经营主体与小农户的关系问题，即要发挥新型农业经营主体的引领作用，通过新型农业经营主体组织起小农户来进行生产。刘天军（2003）认为，在新型农业经营主体与农户合作时，要注重利益分配机制，只有注重利益分配机制的联合体才能可持续地发展。张福平（2014）认为，现代农业利益主体之间协同关系要着眼于利益分配这一角度，要协调好各个利益主体之间的利益分配，建立合理科学的利益分配机制并注重消除利益分配中出现的不平衡现象。以上学者的研究表明，新型农业经营主体与其他主体进行合作时，要更加注重利益的分配。本书认为，利益共享是共生的表现，更重要的是由单纯的利益分配提升到全面共享，让各个主体之间共享共生所带来的各种好处，不仅是单纯的共享利益。

本书研究的共生将范围进一步扩宽，研究共生过程中的利益共享主体和将共生的效果通过共生体之间的利益共享来表现，体现了共生的实质是要合作共赢，互惠互利。一方面，共生是由于当前综合条件的限制，最有效的就是通过"共生"来提高新型农业经营主体的发展质量；另一方面，随着科技的发展和国家乡村振兴战略的提出，在当前提出"共生"这一方法来促进新型农业经营主体发展是有技术和政策保障的。

三、规模经济理论

（一）古典经济学的规模经济理论

古典经济学中最早出现了对规模经济理论的研究。目前学术界普遍认为亚当·斯密是规模经济理论的创始人，他在探讨分工理论的同时提出分工能够提高劳动生产率，扩大市场规模，实现规模效益。约翰·穆勒认为，建立在分工之上的规模作业能够降低劳动生产成本。阿瑟·杨格讨论了规模与分工之间的关系，得出了同样的结论，并进一步提出分工与规模扩大之间存在互相促进的关系。在这些基础上，后续学者进一步扩大了规模经济理论的研究范畴，如威廉·配第在研究土地规模报酬的时候提出了"报酬递减"模型，马尔萨斯、杜尔哥和安特生也相继提出了同样的思想。这些学者的观点对规模经济理论研究做出了重要贡献。

从时间的角度看，国外对规模经济的研究主要起始于第二次科技革命之后，马歇尔是第一个真正对规模经济效应进行系统阐释的学者，他在其著作《经济学原理》中系统地研究了规模经济理论，并将其分为规模报酬递增阶段、规模报酬不变阶段和规模报酬递减阶段三个阶段。此外，马歇尔还进一步研究了内部规模经济与外部规模经济的区别，他认为，内部规模经济主要通过提高组织运行效率实现，外部规模经济主要通过地理上的布局实现。马歇尔还进一步提出单个组织的大规模发展会形成市场垄断，从而开启了学术界对于市场垄断的研究。在马歇尔之后，张伯伦、琼·罗宾逊和乔·贝恩等对他的理论进行了进一步的推广，提出了"不完全竞争"的思想和理论。

（二）马克思主义的规模经济理论

马克思认为，资本家为了节约生产成本会采取集中的方式进行生产，资本集中的动力在于资本家对剩余价值的追求和外部市场竞争的刺激。为了尽可能地积累更多的剩余价值，资本家会不断加大资本积累力度，不断将资本集中起来形成资本积累，形成规模效应。这和马歇尔的思想有很多相似之处。马克思还进一步研究了资本集中的方式，他提出，股份公司制度和信用制度加快了资本的流动与重组，是企业规模化经营的有效载体，股份公司制度可通过股份加快资本集聚，扩大公司的规模，其中信用制度起到了帮助小规模企业扩大规模的作用。

（三）规模经济理论的新发展

现代规模经济理论的代表是哈维·莱宾斯坦的X—效率理论、罗纳德·科斯（Ronald H. Coase）的交易成本思想以及迈克尔·波特的竞争优势理论。哈维·莱宾斯坦在著作《效率配置与X效率》中提出了影响企业规模的主要是X—非效率（X-inefficiency Theory），也就是常说的大企业病。随着企业规模扩大，企业内部管理成本不断增加，信息传递效率降低，各个部门之间协调成本剧增，直接影响企业的效率和营收。科斯将交易成本分为通过市场进行交易产生的交易成本、企业内部交易产生的交易成本两种类型，他认为，企业的成本主要来源于市场交易成本，但在企业规模扩大的过程中，企业内部交易成本同样不可忽视。迈克尔·波特认为，企业的竞争力主要体现在其获取资源的高效率和市场能力上，而这个竞争力又来源于规模经济，因此企业的综合竞争力以及发展的持续力主要来源于其规模大小。

四、产业组织理论

产业组织理论主要通过研究市场的微观主体——企业来探究企业之间的垄断

与竞争，以及企业与政府之间的关系。最早的产业组织理论学家是马歇尔，同样在《经济学原理》一书中，他将组织视为生产的第四要素，并首次提出工业组织的概念，对不完全竞争中的相关要素进行了详细的分析。张伯伦和罗宾逊等也对传统的完全竞争理论提出了疑问，他们认为，市场不可能是完全竞争的，而是不充分竞争的，存在垄断的情况。而产业组织理论的正式开始，是从麦森和贝恩提出著名的"市场结构—企业行为—运行绩效"分析框架开始的。

产业组织理论的进一步发展是自20世纪70年代开始，形成了结构主义和行为主义两个学派，结构主义学派遵循"市场结构—企业行为—运行绩效"分析框架展开研究，并进一步形成双向的"市场结构—企业行为—运行绩效"的分析框架，他们提出，集中度可代表市场结构指标，而利润率可以代表市场绩效指标，这两个指标是研究产业组织的核心。因此，结构主义学派主张企业进行组织分割，从而恢复有效的市场竞争秩序、公共政策。行为主义学派的观点则认为，市场是有效的，国家不需要过多地干预市场，市场会逐渐地达成平衡，从而实现资源的配置。在以后的实践中，人们发现，如果仅采用一方的观点是不完全科学的，不可能放任市场任其发展，而要把市场和政府宏观调控结合在一起来优化资源配置。

五、制度经济学理论

（一）制度安排与主体行为理论

康芒斯是早期的制度经济学家，他认为制度是组织在运行过程中，为了集体利益而对个人行为进行约束的法律规范。而诺思认为制度是一种游戏规则。制度是约束人们行为而设定的一些规定。从制度形式上来看，制度又可分为正式规则（制度和合同）和非正式规则（规范和习惯）。制度的主要作用就是减少交易中的不确定因素，从而降低交易成本。另外，制度的设定要考虑到经济利益，制度和经济利益两者是相互联系的，制度的制定要以经济利益为主要考虑因素，从而通过利益手段，实现制度制定的合理性。我们的制度制定主要是对制度进行合理的安排，制度安排就是对不同规则的组合，组合的结构或层次我们称之为"制度结构"。

不同的结构具有不同的功能，制度的组合方式也会对个体产生不同的激励行为，所以，要制定"根据组织的目标，合理地安排"制度。制度经济学一般认为人是有限理性的，这主要是由于信息的收集和获取有限，所用的资源也是有限的，所以造成了人的行为也是有限理性的。这种有限的理性就形成了个体的行为不同，并且人都是具有机会主义倾向的，很容易造成虽然做了承诺、签了协议，但真正做出的实践却是不可预知的。这里所说的"人",指的是行为主体,可以是个体或组织。不同的组织其行为特征不同,而且组织内部个体行为特征也不同,存在着个体行为差异。组织与制度两者之间的关系可以解释为,组织是制度的载体,制度是组织行为的规则。新型农业经营主体作为一个组织而言,其制度安排也是约束新型农业经营主体成员的个体行为,从而有利于组织的发展。新型农业经营主体内部成员都是"有限理性的经济人",如果他们的行为能够带动新型农业经营主体更好地发展,有利于组织和个体自身利益的发展,就会刺激组织成员行为的产生,甚至会产生投机主义行为。而制度的产生可以对新型农业经营主体的有限理性和机会主义倾向进行约束。通过合理的制度安排,加强了人们的行为准则,减少了环境的不确定性,提高了信息获取能力,获取的信息越多,越有利于做出合理的决策。因此,新型农业经营主体培育过程中要设计好制度安排,从而规范新型农业经营主体内部成员的行为,使得组织运行有效率,在进行交易时,不仅降低了交易成本,加强了信息交流,而且降低了市场风险,更有利于新型农业经营主体培育。

（二）组织形态与主体利益联结理论

古典经济学重点研究了物资生产活动中的专业化分工与效率问题,认为通过专业化分工可提高组织的效率,节约组织的资源消耗（生产成本）。但是,他们忽略了市场的运行成本,即市场运行中产生的信息成本、检查监督成本等。新古典理论也只看到了企业处在一个"无摩擦"的世界,并没有考虑到企业内部结构安排,缺少了制度方面的考虑。因此,他们对当时的经济发展现象——即经济发展的趋势是纵向一体化,而不是横向专业化分工的现象难以解释,从而使古典经济学陷入了"困境"。

科斯从"交易费用"的视角解释了企业存在的原因,他认为市场在运行过程中是需要产生交易费用的,但是,企业的存在可以降低这种市场交易费用。1960年,他提出了著名的"科斯定律",认为制度安排可以优化权力配置,从而优化资源的配置。企业的规模由两者的费用大小决定,当企业内部交易的边际费用等于市场交易的边际费用时,企业规模就会停止扩大。这为新型农业经营主体培育提供了较好的理论参考。新型农业经营主体作为一个组织而言,其形成的主要原因是由于降低市场风险和交易费用,同时,新型农业经营主体的规模大小也可以用科斯的理论来解释。当新型农业经营主体内部交易边际成本等于市场交易边际成本时,新型农业经营主体的规模就停止扩张,也就达到了适度规模经济。

当个体主体认为市场交易成本较低时，可以选择不参加新型农业经营主体，当个体主体认为市场交易成本高于组织内部交易成本时，可以选择加入新型农业经营主体。

威廉姆森认为，内部组织与市场是有区别的：企业内部组织具有较强的应变力，可节约交易成本；而市场可以降低管理成本。他还认为，组织还存在着"组织间协调"这样的第三种组织活动，并且认为交易发生的频率、不确定性和资产专用性是影响市场运行效率的根源。哈特认为，如果两项资产之间的关系是独立的，那么资产所有者关系就是合同关系；如果两项资产的关系是互补的，那么资产所有者关系就是企业内部关系，这样组织就形成了不同的规制结构，包括市场规制、三方规制、双边规制和统一规制等。杨小凯把交易费用分为了外生交易费用和内生交易费用两种形式，并且认为这两种交易费用具有一定的替代性。当内生交易费用趋于无穷小时，这时的组织形式就可以看成典型的市场；当外生交易费用趋于无穷小时，这时的经济组织就可以看成典型的企业。阿尔钦和德姆塞茨从微观角度对企业制度进行了研究。1972年，他们提出了"队生产"的假设，对企业内部产权结构的效率进行了论述，解释了企业制度的存在和意义。

（三）制度变迁与创新理论

制度的作用，除了约束人们行为，使得个人行为向集体行为转变，还能降低不确定因素。因此，制度可以成为是一种起到激励或者约束作用的权力安排。组织的发展离不开制度安排，良好的制度安排能够保障组织的有序发展和创新。制度变迁理论可分为诱致性制度变迁理论和强制性制度变迁理论两类，其中，诱致性制度变迁理论强调市场是引起制度变迁的原因，强制性制度变迁理论强调政府是引起制度变迁的原因。

诱致性制度变迁强调人们因为追求经济利益而去改变制度安排，强制性制度变迁是通过国家法律制度强行改变人们的行为，这两种理论都存在一定的不足，诱致性制度变迁容易造成"搭便车"现象，从而导致制度供给不足，而强制性制度变迁在实施过程中又容易出现"寻租"行为，导致制度运行效率低下。因此，在实践中人们认为两者应该互相结合，取长补短。对于新型农业经营主体创新制度的变迁与安排来说，同样要借鉴两种理论的长处，规避短处，既要发挥市场主导的作用，也要发挥政府引导的作用。发挥市场主导作用，一是降低政府的成本，二是通过市场使得资源配置达到最优；发挥政府引导作用，主要是根据新型农业经营主体的需求制定规范的制度，提供所需要的政策。另外，还要注重非正式制度安排，新型农业经营主体立足农村，受到乡土文化的影响，乡土风俗文化能够在一定程度上对主体行为进行约束，因此，要综合运用正式和非正式的制度安排。

总体来说，新型农业经营主体创新发展的过程中应该以诱致性制度变迁为主导，强制性制度变迁为引导，即市场主导政府引导，并结合当地的文化风俗对制度进行补充，这样一来就能充分地运用市场和国家的力量。

（四）产权理论

制度经济学讨论的核心是所有权和产权的问题。第一个将所有权和产权进行区分的学者是奈特，奈特在区分两者的基础之上提出了产权影响资源配置效率的观点。奈特之后，科斯对产权进行了解释，他认为产权不一定必须通过拥有财产而取得。除了奈特和科斯之外，产权理论的代表人物还包括阿尔钦、德姆塞茨、张五常等。阿尔钦认为，产权是社会强制实施选用一种经济品的使用权利。德姆塞茨认为，产权是自己或他人受益或受损的权利。

可以看出，在西方学者对于产权理论的研究中，产权是主体对财产所拥有的权利，所有权是产权中最重要的权利。产权可以派生出更多的权利载体，如占有权、使用权等。新型农业经营主体在土地流转过程中，某一农户虽然拥有土地的承包权（由于我国土地制度和国外不同，农户并不拥有土地所有权），但也可以将经营权流转给新型农业经营主体，这相当于将使用权等转让出去。

另外，交易费用理论为产权理论的研究提供了一定的支持。可以通过交易费用来界定产权制度是否有效，因为一个有效的产权制度一定是降低了交易费用。新型农业经营主体创新发展的过程中必然涉及土地流转的问题，正确处理好土地流转过程中与农户的关系，其实是一个组织形式创新的过程。在这个过程中，应不断明确各个主体之间产权的关系，如通过股份为纽带完善各个主体之间的利益关系，降低组织内部和组织外部的交易成本，规范组织的运行，提高运行效率。

第三节　本章小结

本章主要对新型农业经营主体以及其共生的相关概念进行了阐述，并分析了本书需要借鉴的分工与协作理论、共生理论、规模经济理论、产业组织理论、制度经济学理论等理论，为本书后续的研究奠定了理论基础。

第三章　乡村振兴视阈下新型经营主体共生发展的必要性

第一节　国家的新型农业经营主体发展的政策

一、《决胜全面建成小康社会　夺取新时代中国特色社会主义伟大胜利》

2017年10月，党的十九大提出实施乡村振兴战略，报告中关于新型农业经营主体的阐述主要集中在实施乡村振兴战略的部分，在该部分中，提出了要"构建现代农业经营体系"，还提出了要"发展多种形式适度规模经营，培育新型农业经营主体，健全农业社会化服务体系，实现小农户和现代农业发展有机衔接"。此外，还提出了"促进农村一二三产业融合发展"。

从实施乡村振兴战略的总指导性政策看，构建现代农业经营体系是重点任务之一，作为现代农业经营体系的重要组成部分，新型农业经营主体要走适度规模经营之路。同时，这种适度规模经营是多种形式的，这也符合构建现代农业经营体系的要求。此外，需要将培育新型农业经营主体和健全农业社会化服务体系结合起来，充分发挥新型农业经营主体的农业社会化服务供给功能，通过农业社会化服务体系带动小农户衔接现代农业。

二、《关于加快构建政策体系培育新型农业经营主体的意见》

中共中央办公厅、国务院办公厅于2017年5月31日印发《关于加快构建政策体系培育新型农业经营主体的意见》（以下简称《意见》），这是一份推动新型农业经营主体高质量发展的重要文件。

《意见》提出，发挥政策对新型农业经营主体发展的引导作用，这方面的主要内容包括"引导新型农业经营主体多元融合发展，支持发展规模适度的农户家庭农场和种养大户""引导新型农业经营主体多路径提升规模经营水平""引导新型农业经营主体多模式完善利益分享机制""引导新型农业经营主体多形式提高发展质量"。

《意见》提出，建立健全支持新型农业经营主体发展政策体系。这方面的主要内容包括"完善财政税收政策""加强基础设施建设""改善金融信贷服务""扩大保险支持范围""鼓励拓展营销市场""支持人才培养引进"。

从该文件看，新型农业经营主体走适度规模经营之路、多主体融合共生发展、完善不同主体之间的利益联结关系、走高质量发展之路是政策性的要求。

三、《国务院关于促进乡村产业振兴的指导意见》（国发〔2019〕12 号）

在该文件中，涉及新型农业经营主体的相关阐述包括"培育多元融合主体""构建利益联结机制""有序引导工商资本下乡"。

从该政策来看，不同类型新型农业经营主体融合发展是一个重要方面，在不同主体融合发展形成共同体的同时，构建不同主体之间的利益联结，实现利益共享和风险共担。此外，现代农业的内容边界已经不再局限在农业，加上在如今城乡融合发展的大趋势下，工商资本下乡能够给乡村带来农业以外的要素，包括资本、信息化技术、农业新技术、信息、人才等，从这个角度来看，新型农业经营主体发展过程中，用好乡村以外的要素是非常重要的。

四、《关于支持做好新型农业经营主体培育的通知》（农办计财〔2019〕44 号）

农业农村部、财政部的《关于支持做好新型农业经营主体培育的通知》（以下简称《通知》）中明确提出，中央财政加大对农民合作社、家庭农场等新型农业经营主体的支持力度。《通知》主要对"支持实施农民合作社规范提升行动和家庭农场培育计划"的具体内容做了系列阐述。此外，《通知》要求，各地要指导农民合作社、家庭农场、农业产业化联合体等新型农业经营主体，完善"保底收益＋按股分红"、股份合作、订单农业等利益联结机制，组织带动小农户开展标准化生产，促进小农户与现代农业有机衔接，让更多农户分享乡村产业发展政策红利。

从该政策文件看，在培育和发展新型农业经营主体的同时，要注重规范化发展，要注重多主体融合过程中的利益联结机制构建。此外，该文件中出现了"农业产业化联合体"一词，说明在实践中农业产业化联合体已经处在发展阶段，而这类联合体正是多种类型新型农业经营主体融合共生发展的典型载体。

五、农业农村部关于印发《新型农业经营主体和服务主体高质量发展规划（2020－2022 年）的通知》（农办计财〔2019〕44 号）

2020 年 3 月，农业农村部印发了《新型农业经营主体和服务主体高质量发展规划（2020－2022 年）》（以下简称《规划》）。《规划》认为，在坚持农村基本经营制度基础上，大力培育发展新型农业经营主体和服务主体，不断增强其发展实力、经营活力和带动能力，是关系我国农业农村现代化的重大战略，对推进农业供给侧结构性改革、构建农业农村发展新动能、促进小农户和现代农业发展有机衔接、助力乡村全面振兴具有十分重要的意义。

《规划》在部署加快培育发展家庭农场的相关任务时，着重对鼓励组建家庭农场协会或联盟进行了部署；在部署促进农民合作社规范提升的相关任务时，着重对增强农民合作社服务带动能力、促进农民合作社联合与合作进行了部署；在部署推动农业社会化服务组织多元融合发展时，着重对推动服务组织联合融合发展进行了部署。并且《规划》中多次提到了不同主体之间的利益联结。

从该政策文件来看，2020 年是全面建成小康社会之年，也是即将进入"十四五"之年，新型农业经营主体也要步入高质量发展阶段。在高质量发展的过程中，各类不同的新型农业经营主体进行联合融合发展是一个重要的方面，《规划》对这些进行了大篇幅的阐述。说明在国家层面，这个理念已经得到了认可并正在全国范围内实施。

从上述政策梳理看，目前国家政策对新型农业经营主体发展不仅提供了系列政策，而且能看出从 2017 年到 2020 年的政策文件中都提到了"融合"和"利益联结"，因此从政策角度来看，新型农业经营主体要融合发展是非常有必要的，而且要注重利益联结机制的构建。综合来说，这些都是可以用共生理论解释的。

第二节　乡村振兴战略对新型农业经营主体发展的要求

从上述五个主要的国家层面文件来看，根据政策导向可知道，在实施乡村振兴战略的背景下，国家对新型农业经营主体发展具有如下要求。

一、发展农村新产业新业态，推动乡村产业融合发展

提高农村一二三产业融合发展的水平是拓宽农民增收渠道、构建现代农业产业体系的重要举措，是加快转变农业发展方式、探索中国特色农业现代化道路的必然要求，也是实施乡村振兴战略、推动乡村产业兴旺的关键。

农村新产业新业态持续快速发展主要有四方面原因：①市场拉动。新产业新业态新模式的发展，有效适应了人们对消费结构升级的需求，有效优化了市场供给结构，有效打开了市场需求巨大的新空间。②政策推动。党中央、国务院高度重视，各地纷纷出台具体的政策措施。受利好政策的影响，社会非农主体投资热情高涨，农村新产业新业态新模式正成为"政策高地""投资洼地"。③创新驱动。互联网等现代信息技术的快速发展，各领域管理制度的深入推进，商业模式创新的不断涌现，合力驱动了农村传统产业的形态不断发生"裂变"，推动了乡村产业的转型升级和创新发展。④融合促动。新理念和新技术加快向农业农村融合渗透，推动了各种要素的重新配置和交叉融合，促进了农村一二三产业融合发展，催生出了大量的新产业新业态新模式。

从上述四个方面所需具备的实现条件来说，新型农业经营主体具备规模化经营，一定的资本规模、一定的现代农业技术运用水平等特征，因此可以说，新型农业经营主体是广袤乡村中发展农村新产业、新业态，推动乡村产业融合发展的最佳主体，同时也是实施乡村振兴战略对新型农业经营主体的要求。

二、构建现代农业经营体系

农业生产的组织化、社会化是中国发展现代农业面临的最薄弱环节（陈锡文，2013），培育新型农业经营主体和构建新型农业经营体系能够为其提供支撑。构建现代农业经营体系，是新时代坚定不移地实施乡村振兴战略的重要举措（张红宇，2018）。

新时代，新型农业经营主体体系的发展越来越多元化。不同于过去依靠众多同质的小农户从事农业生产活动的经营方式，主体多元既是中国现代农业经营体系最重要的基础特征，也是农业向现代农业演进中的必然现象（陈锡文，2013）。近年来，随着工业化、城镇化快速发展，大量农村人口和劳动力向城市迁移，家家包地、户户务农的局面发生了重大变化，农村劳动力大量转移外出，土地经营权通过各种方式在不同主体间流转交易，实践中逐步形成了"集体所有、农户承

包、多元经营"的土地"三权分置"制度格局。在新的制度格局下,"统"的层面形成了集体经济、合作社、龙头企业、社会化服务组织等多元化、多形式的经营服务体系,"分"的层面表现出普通农户、家庭农场、种养大户等多元经营主体共存的局面,由此构成了多元化的现代农业经营体系(张红宇,2015)。

多元化的新型农业经营主体逐渐融合,现代农业经营体系开始具备融合发展的特征。普通农户、家庭农场、农民合作社、农业企业、社会化服务组织等各类农业经营主体由于各异的组合方式而具有不同的功能定位。从实践观察,不同主体之间呈现出差异化发展的内生机理和比较优势。随着农业产业形态的拓展和产业链条的延伸,不同主体之间功能互补,融合发展可以倍增优势和效率。这种融合产生于开放的背景,开放程度越高、分工分业越细、产业发展越快,各类农业经营主体的融合就越发重要。不同主体的融合发展表现出鲜明的渐进性,20 世纪 80 年代,由简单市场契约决定的"公司 + 农户",衍生为"公司 + 合作社 + 农户",进而发展到现阶段的家庭农场联盟、合作社联合社等,内含多种资源组合方式和运行机理,都是不同主体融合发展的最好实践。不同于国外农业经营体系是建立在一元化产权制度和产权结构基础上,我国的现代农业经营体系充分发挥了各类经营主体的优势,并通过相互融合、合作建立了利益联结机制,延长了农业的产业链,完善了农业的供应链,拓展了农业的生态链。

因此,新型农业经营主体类型越来越多元化,并且开始呈现融合发展的趋势,这是实施乡村振兴战略,构建现代化的农业经营体系对新型农业经营主体的要求。

三、健全农业社会化服务体系

我国历来对农业社会化服务体系的建设工作非常重视,2004～2014 年,连续十个中央一号文件都对"健全农业社会化服务体系"进行了系列部署。2018 年,中央一号文件着重提出"健全农业社会化服务体系"。

一般来说,农业社会化服务主要包括生产性服务、金融性服务、信息性服务、销售性服务。其中,生产性服务可根据产前、产中、产后三个阶段进行划分,产前服务包括农业生产资料供给服务、良种引进和供给服务等;产中服务包括耕种收机械化服务、施肥服务、灌溉服务、病虫害防治服务等;产后服务包括农产品加工服务、市场销售服务、农产品质量检测服务等。但要看到的是,如今我国农业社会化服务的有效供给能力还有待提升,未能很好地满足各类农业生产主体的服务需求。今后工作中，需要进一步明确新型农业生产社会化服务供给体系"以公共服务机构为依托、合作经济组织为基础、龙头企业为骨干、其他社会力量为补充"的定位，把经营性服务和公益性服务结合起来，协调发展专项服务和综合服务，全方位提高新型农业社会化服务的有效供给能力。

对于新型农业经营主体来说，其自身不仅是新型农业社会化服务的需求者，也是供给者，根据新型农业社会化服务体系的定位，单一主体显然无法支撑其多元化服务的供给，需要不同类型服务主体进行横纵一体化的合作乃至相互融合，从而达到健全农业社会化服务体系的目的。

四、带动小农户共享共生发展的成果

小农户的"小生产"与"大市场"的矛盾一直是我国发展现代农业面临的痛点之一。各地的实践证明，健全农业社会化服务体系、发展农民合作社和农业产业化，从而提高农业生产经营组织化程度，是解决小农户衔接现代农业发展的有效途径。目前，我国的农民专业合作社在发展过程中仍然存在带动农户致富能力弱、服务供给能力弱、管理能力弱等一系列问题，难以适应现代农业发展、农民群众加快联合合作的需求；农业产业化龙头企业则面临着原材料价格上涨、高素质劳动力短缺、国际竞争压力大等难题，自身内部又存在资本实力弱、创新能力待提高、与其他主体利益联结机制不健全等问题。为此，需要加快推进新型农业经营主体与农户、与其他新型农业经营主体之间的合作，提高其引领农业衔接现代农业的能力。

第三节　乡村振兴战略下新型农业经营主体共生发展的必然性

一、有利于助推一二三产业融合发展，带动广大农户分享现代农业的发展成果

农村一二三产业融合发展需要新型农业经营主体来进行推动。一是农民专业合作社、农业产业化龙头企业通过农产品初加工等方式延长农业产业链条，让农业经营主体能够有机会分享农产品增值的收益。二是开发休闲观光旅游的合作社、农业综合开发公司、生态家庭农场等主体通过发展休闲观光旅游，引导农户及其他新型农业经营主体发挥各自的优势参与经营，并通过土地入股等方式参与分红。此外，在市场机制倒逼下，新型农业经营主体与新型农业经营主体之间、新型农业经营主体与农户之间的合作关系逐步走向契约化，合作的一方可以通过土地股份保底分红等方式参与股权收益分享，共同推动一二三产业融合。

二、有利于构建现代农业经营体系

现代农业经营体系的主要特征包括集约化、专业化、组织化和社会化，各个农业经营主体之间通过横向和纵向的一体化合作，有助于形成相互支撑、相互促进和相互融合的，具备良好分工协作与优势互补的现代农业经营体系（苑鹏和张瑞娟，2016）。从我国各地的实践来看，目前现代农业经营体系基本运行模式主要有三种：一是"合作社服务＋农户"的以农户为主体的自我经营与服务模式；二是"公司＋合作社服务＋农户"的以龙头企业为核心的合作模式；三是"适度规模经营农户＋企业化专业服务"的市场化交易模式。无论从哪种模式看，都是多主体共同作用的表现。也就是说，不同主体之间的共生行为有利于支撑构建现代农业经营体系。

三、有利于健全农业社会化服务体系

在工业化和城镇化进程加快的背景下，出现了大量农村劳动力城镇化和非农化产业转移现象，留守在农村的劳动力越来越偏向于老龄化和妇女化，农业生产兼业化和副业化现象越来越普遍，"谁来种地"问题日益凸显，在这种趋势下发展更加有效率的农业经营组织、创新农业经营体制机制的要求日益迫切（张晓山，2006；赵西华，2010）。近年来，中央一号文件提出了系列部署，概括来说，一是要在双层经营体制基础上培育和发展新型农业经营主体；二是要以公共服务机构为基础，充分发挥其作用，进一步构建公益性服务与经营性服务相结合、专项服务与综合服务相协调的新型农业社会化服务体系。这两方面的内容回答了今后中国"谁来经营农业、如何经营农业"的疑问。从另一个角度说，现代农业的生产经营将由多元化、综合化的生产主体和服务主体共同参与，并以专业化、集约化、组织化、社会化相结合的方式推进，而这个过程需要农业社会化服务体系来支撑。显然，一些新型农业经营主体也发挥着重要的农业社会化服务功能，兼具生产主体和服务主体的双重特征。综合学界和政界的观点，这些新型农业经营主体主要可分为专业大户、家庭农场、农民专业合作社、农业产业化龙头企业

和经营性农业服务组织等类型（张照新，2013）。因此，培育和发展不同类型的新型农业经营主体，并让它们共生发展，有助于健全我国的农业社会化服务体系，实现不同类型新型农业经营主体实现共同协作、互补有无。

第四节　本章小结

本章在梳理近几年来国家层面对新型农业经营主体发展的相关政策文件基础上，发现完善利益联结关系、多元主体融合发展是一个重要的趋势。同时，实施乡村振兴战略也在发展农村新产业新业态、构建现代农业经营体系、健全农业社会化服务体系、带动小农户共享共生发展成果等方面对新型农业经营主体提出了新要求，为了达到这些新要求，新型农业经营主体共生发展已经势在必行。

第四章　乡村振兴视阈下新型经营主体共生发展的现状

第一节　我国新型农业经营主体基本情况

一、农业产业化龙头企业

（一）整体情况

随着乡村振兴战略的实施，农业农村发展正发生着深刻的变化，我国强农惠农政策力度越来越大，作为新型农业经营主体中整体实力最强的农业产业化龙头企业来说，可以说是迎来了一个发展的黄金时期。

根据农业农村部统计数据，截至 2018 年底，我国农业产业化龙头企业的数量为 8.7 万家（经县级以上农业农村主管部门认定），其中，1242 家为国家级重点农业产业化龙头企业，8000 家省级龙头企业的年销售收入超过 1 亿元，70 家省级龙头企业销售收入超过 100 亿元。在农产品加工方面，全国的龙头企业在这方面的业务营收超过 22 万亿元，增速 7%，农产品加工业固定资产投资累计达到 39129 亿元，增速 3.9%。

从全国农业产业化龙头企业中选取 819 家作为典型调查，数据显示，在企业所有权性质方面，国有企业占比为 9%，民营企业占比为 82%，集体经济企业占比为 2%，其他企业占比为 7%。在企业类型方面，生产加工型企业占比 96%，农产品专业批发市场占比 1.7%，市场流通型企业占比 2.3%。在区域分布方面，就国家重点龙头企业来说，山东省所占数量最多，为 83 家，其后依次为河南（52 家）、四川（51 家）、江苏（51 家）、广东（50 家），从更宏观的区域分布看，东部地区分布着 449 家企业，中部地区分布着 378 家企业，西部地区分布着

268 家企业。这样的区域分布情况在一定程度上反映了不同地区产业集聚特点和有利于农村发展的资源禀赋情况。不过总的来说，各省份的农业产业化龙头企业都能因地制宜利用当地的比较优势，通过现代化的企业管理制度和构建完善的产业链条，带动小农户对接大市场的同时实现自身发展，对当地乡村产业振兴、农业农村发展起到了很好的带动作用。

（二）经营情况

（1）营业收入和利润。根据农业农村部数据，就所选的 819 家作为调查对象的龙头企业来说，其 2018 年总营业收入为 28209.93 亿元，同比增长 14.5%，税后总利润为 1246.7 亿元，同比增长 4.77%，对比税前税后的利润率可发现，税收仍然是农业产业化龙头企业所负担成本的一大部分。虽然从全国层面来看农业产业化龙头企业的总体利润增长率较高，但如果从省份层面来看其实发展并不均衡。从利润率上看，黑龙江、新疆、吉林、内蒙古、四川、广东等省份的企业利润率较高，广西、海南、江苏、天津、江西、山东等省份的企业利润率较低。

（2）企业纳税方面。根据农业农村部抽查全国 619 家农业产业化龙头企业的数据显示，截至 2018 年，所抽查的企业上缴税金总额为 544.38 亿元，纳税均值为 0.88 亿元。与 2017 年相比，除四川增幅较大以外，各省份纳税情况变动不大。四川省增幅较大的原因，是由于 2016 年四川省人民政府办公厅印发《关于支持农业产业化龙头企业（工商资本）带动脱贫攻坚的意见》（以下简称《意见》），该《意见》对加大财政扶持力度、加大产业项目扶持、深化改革创新精准脱贫、配套完善金融政策等方面做出了详细部署。

（3）员工工资及福利支出方面。根据农业农村部数据显示，全国农业产业化龙头企业工资福利总额为 712.7 亿元，均值为 1.13 亿元，工资福利总额高于均值的农业产业化龙头企业为 127 家，平均规模以上的企业工资福利总额均值为 4.47 亿元。其中，2017 年，山东、河南、四川、浙江、安徽五省龙头企业工资福利总额最高。

（三）创新发展引领

科技是发展现代农业的重要推动力。2017 年中央一号文件明确提出要"强化科技创新驱动，引领现代农业加快发展"，提倡加强农业科技研发，强化农业科技推广，完善农业科技创新激励机制，提升农业科技园区建设水平，开发农村人力资源。2019 年中央一号文件提出"强化企业技术创新主体地位，培育农业科技创新型企业，支持符合条件的企业牵头实施技术创新项目"。为了改造传统农业，提高农业劳动生产率，在政府大力鼓励创新、提高科技研发投入的背景下，各省份农业产业化龙头企业纷纷积极响应。

2018年，我国农业科技贡献率达到57.5%，比五年前提高3%。据农业农村部发布数据显示，全国省级以上龙头企业中，约30%的龙头企业科技研发收入占全年销售收入比重超过1%。研发投入方面，从区域来看，2018年农业产业化龙头企业东部、中部和西部地区的科研投入总比例为55∶28∶17，西部地区的农业产业化龙头企业在研发投入方面仍需进行进一步的投入，政府也需要进行相关扶持。政府扶持对企业科研创新有着重要的引导作用，例如，财政补贴可以补偿部分企业研发外部性带来的成本和受益风险。在实际中，企业的研发投入与所获得的政府扶持资金有一定的关联，即研发投入越高，所获得的政府扶持资金越多。政府对农业企业的投入也并不仅考虑企业研发投入因素，还应考虑企业的市场规模、区位位置、主营业务方向等方面。

在发展农产品电子商务方面，据农业农村部公布数据显示，全国约40%的龙头企业已经通过电子商务进行农产品销售，其中，山东的农业产业化龙头企业数量电子商务参与率最高，其次是浙江和安徽。但总体上看，电商交易额在企业全部交易额中的占比不大，许多企业仍旧以线下销售为主。可以看出，各个规模的农业产业化龙头企业都可以采用电子商务交易方式，农企与电商平台结合的门槛较低。大型龙头企业可以通过结合电商进行经营创新，利用电商优势提高动态适应需求变化的能力。小微型企业可以借电商平台拓宽市场空间，发掘传统线下经营方式触及不到的市场，寻求进一步发展。

（四）综合分析

综上可以发现，目前我国农业产业化龙头企业发展的现状。一是区域布局更合理，虽然目前东部沿海地区和山东等传统农业大省仍然是农业产业化龙头企业的重点集聚区，但从统计数据看，中西部地区近年来农业产业化龙头企业的数量逐年上涨，呈现大力追赶的趋势。二是企业总体规模更大，无论是营收还是总资产，农业产业化龙头企业的总体规模都在不断扩大，可以说，在未来一段时间内，农业产业化龙头企业仍旧是现代农业的领头羊。三是创新水平不断提高，我国农业产业化龙头企业对科技研发的投入不断增加，而且在电子商务交易额方面也实现了增长，极大地促进了企业的业态创新和模式创新。

二、农民专业合作社

合作社是我国发展现代农业和农村经济的重要载体，农民合作社能够将小农户组织起来，实现小农户抱团闯市场，而且合作社良好发展能在实现农业增效、农民增收、城乡融合发展方面起到至关重要的作用。

实施乡村振兴战略让农民合作社的发展步入了一个黄金时期。合作社数量方面，据农业农村部统计数据显示，我国2018年农民合作社数量较2012年增长了3.15倍，而且带动农民增收能力不断加强，实际入社的农户超过1亿户，占全国农户总数的49.1%。合作社生产经营业态方面，目前，我国的合作社生产经营业态已经普遍同以往的纯粹农业生产开始逐渐涉及农产品加工、储藏、流通等领域，极大地促进了农村一二三产业的发展。

（一）经营类型分析

经营活动类别方面，根据农业农村部固定观察点的合作社样本数据，在682个有效样本中，77.1%的合作社从事种植业，34.9%从事养殖业，从事农畜产品加工、营销占比分别为12.8%、18.9%，还有14.4%的合作社从事农资经销，从事休闲观光农业的合作社占比为18.3%，从事农机、农技等服务，农副产品加工利用的合作社占比相当，分别为19.1%和19.4%，而从事乡村旅游服务、电子商务运营平台及其他经营活动的合作社比例较低。从事的行业为两个或两个以上的合作社占比为60.7%。

为社员提供服务方面，在682个有效样本中，有超过80%的合作社有为社员提供农产品销售服务。此外，还有为社员提供农业技术培训服务（占比78.9%），提供良种引进推广服务（占比73.6%），提供农资购买服务（占比73.5%）。但在产后服务方面服务种类较少，农业保险服务供给方面仅有23.0%的合作社有提供，在农产品加工服务方面仅有46.0%的合作社有提供，在农产品运输及储藏方面仅有48.2%的合作社有提供，这些服务对于农户来说同样需要，可作为将来合作社完善服务供给功能的一个方向。

电子商务运用方面，在682个有效样本中，有超过一半的农民专业合作社已经开始在生产资料购买和农产品销售过程中使用互联网渠道，但总体而言，农民专业合作社在电子商务的运用方面仍然处于非常初级的水平，通过互联网渠道购买或者销售农资、农产品的额度比重较低。在使用电子商务的途径方面，目前我国农民专业合作社主要是通过第三方电子商务平台进行电子商务活动。在影响农民合作社使用电子商务的因素方面，主要的影响因素包括不知道如何使用电商平台、不知道网络营销技巧、当地物流配套不完善、网络推广费用高等因素，其中，不知道如何使用电商平台和不清楚网络营销技巧是最主要的影响因素。

（二）品牌建设

在消费升级背景下，消费者对农产品质量要求越来越高，许多农民合作社开始注重"三品一标"（绿色农产品、有机产品和地理标志农产品），根据农业农村部 682 个有效样本的调查数据，在申请合作自己的品牌方面，有 63.9% 的合作社拥有自主品牌，其中 22.0% 的合作社能够拥有两个及两个以上的品牌，有 71.1% 的合作社注册了商标，有 20.7% 的合作社能够注册两个及两个以上的商标。

在标准化生产方面，大部分合作社已经建立农产品生产标准化体系，已经有 90.8% 的合作社实施了标准化的生产和提供相关标准化生产服务。在执行农业标准级别方面，有 26.1% 的合作社能够执行国家标准，执行农业行业标准的合作社占比最大，为 32.7%；执行地方标准的合作社占比其次，为 16.0%；执行企业标准、自有标准和其他标准的合作社占比依次递减，分别为 9.7%、7.5% 和 1.8%，仍有 6.3% 的合作社未执行任何农业标准。

在开展农产品质量安全认证方面，据农业农村部统计，截至 2018 年，全国农产品质量安全例行监测合格率连续 5 年稳定在 96% 以上。超过 60% 的农民专业合作社在农产品认证方面的工作已经得到开展，有效提高了消费者对农产品质量安全的信心，也让农产品具有当地的品质和特色。就农产品认证的内容看，主要以无公害农产品认证为主，其次为绿色食品认证、农产品地理标志认证、有机食品认证，比例分别为 42.4%、24.0%、14.4% 和 11.1%。但根据数据显示，仍旧有 32.3% 的农民合作社未开展农产品认证的相关工作。

（三）社会责任

在农民合作社发展的过程中，随着国家对农民合作社运行的不断规范，主动承担社会责任的农民合作社比例越来越高。农民合作社的社会责任除了基本的带动农民增收，保持农村经济社会发展稳定，促进农业发展增效等方面，还在农产品质量安全、乡村绿色发展、基层公共服务供给、精准脱贫等方面承担着义不容辞的责任。

在确保农产品质量安全方面，根据农业农村部数据，目前许多农民合作社（占比达到 83.0%）普遍建立了两项及两项以上的农产品质量管控措施，但仍有 3.5% 的农民合作社在这方面仍未开展相关工作。就具体的质量管控措施来看，在规范使用农产品投入、建立农产品生产记录、宣传培训标准化生产、检测农产品质量安全状况等方面开展工作的农民合作社占比分别为 68.3%、67.9%、65.5% 和 65.0%，完善产品标准体系、农产品追溯体系和其他标准化工作的比例依次递减，分别为 53.7%、40.0% 和 6.0%，可见农产品追溯体系、质量安全监控方面仍要进一步提高，这也是政策支持可以考虑的方向。

在带动农民增收方面，我国农民合作社的主要方式是通过分红和二次返利等方式带动农民增收，根据农业农村部数据，在纳入统计范围的农民合作社中，2018 年有 61.6% 的合作社进行过分红，有 41.5% 实施过对社员农户的二次利润返还。

在基层公共服务供给方面，合作社主要是通过参与村庄基础设施建设、乡风文明和帮助贫困困难农民等方面，根据农业农村部数据，在纳入统计范围的农民合作社中，53.5% 的合作社提供过农村社区基础设施建设，28.9% 的合作社为农村社区文化建设做过贡献，66.3% 的合作社为社区内的困难群众提供过帮助。但是，也应当看到，6.3% 的合作社在农村社区公共服务方面投入不足。

在精准脱贫方面，主要通过整合贫困户的土地、劳动力、资金等资源的方式，让贫困户入股合作社，和合作社一同开展农业生产经营，合作社在通过分红、二次返利等方式保障贫困户的收入，带动小农户抱团闯大市场，让弱者不再弱。

（四）综合分析

2019 年是乡村振兴战略的开局之年，是打赢精准脱贫战的攻坚之年，是全面建成小康社会的决胜之年，加上目前国内外经济贸易形式复杂多变，经济下行压力加大，加快促进农业农村发展、发挥"三农"在经济社会发展中稳定器的作用显得尤为重要。在农业农村发展过程中，农民合作社在农业农村发展、带动农民增收方面的作用越来越凸显，已经成为乡村振兴的重要力量。

目前，我国农民合作的发展已经取得了一定的成效，具体体现在：一是生产经营中新业态开始兴起，不少农民合作社已经意识到农产品加工、休闲旅游、电子商务等是大势所趋，并开始投入其中；二是农民合作社的品牌和质量意识越来越凸显，在"三品一标"和生产标准化方面已经取得了初步的成效；三是承担社会责任意识越来越凸显，在带动农民增收致富、参与基层公共服务供给等方面发挥了重要的作用。但仍要看到的是，目前我国农民合作社虽然初步涉足三产融合，但比重仍然不高；虽然在"三品一标"认证和生产标准化方面取得初步成效，但农民合作社自身的力量仍然较弱，很多时候无法承担或者达到国家相应的要求；虽然积极参与基层公共服务供给，但仅限于自身发展较为良好的合作社，许多合作社在生存方面仍然面临着难题，而且还存在着许多"空壳社"。

三、家庭农场

(一) 家庭农场数量发展迅速

2014 年，原农业部下发了《关于促进家庭农场发展的指导意见》（以下简称《意见》），该《意见》指出，各地要以县一级为单位，建立和明确家庭农场的具体标准认证体系，并建立相关名录。随后，工商部门也对家庭农场注册的相关工作作出了系列规定。这一系列举措，为我国家庭农场规范发展，提高生产经营水平奠定了政策基础。根据农业农村部数据，我国纳入农业部门名录管理的家庭农场达到 54.8 万户（截至 2018 年底），相对于 2013 年来说，数量上增长了近 3 倍（2013 年为 13.9 万户）。目前，全国已经有 26 个省份开展了示范家庭农场的创建工作，并且已经诞生了 7.8 万户县级以上的示范家庭农场。在经营规模方面，我国的家庭农场目前基本上已经实现了适度规模经营，其中 70% 的土地通过土地流转来获得。其中，粮食型家庭农场经营规模在 3.33～13.33 公顷的占 63.1%，13.33～33.33 公顷的占 28.0%，33.33～66.67 公顷的占 6.5%，66.67 公顷以上的占 2.4%（见表 4-1），由此看出，我国家庭农场已经基本实现了土地规模经营。

表 4-1 我国家庭农场经营规模

土地来源	流转经营	家庭承包经营	其他
经营数量（万公顷）	212.46	58.62	16.31
所占比例（%）	73.90	20.40	5.70

(二) 家庭农场数量分布不均衡，区域差异较大

在数量分布方面，安徽、江苏、湖北 3 省的家庭农场数量最多，数量分别为 3.52 万个、3.01 万个、2.90 万个，总数加起来接近 10 万个，占全国总数的 1/3 左右。而北京的家庭农场仅有 8 个，天津 459 个。可见，家庭农场在各省的分布很不均衡，南方的家庭农场数量普遍高于北方，这与我国各地的地形、气候、经济发展结构有很大的关系。

(三) 家庭农场中 60% 以上从事种植业，种养结合型迅速兴起

从经营内容来说，可将我国的家庭农场大体分为种植业、畜牧业、渔业、种养结合及其他 5 种类型。从宏观层面上看，种植业是我国家庭农场的主要经营产业，根据农业农村部调查数据，2017 年，种植业家庭农场占比 61.24%，是家庭农场的主要经营类型，并且种植业类家庭农场的比重还有小幅度的上升。2018 年，种植型家庭农场继续保持这一主体地位，占比为 61.90%。同样上升的还有渔业、种养结合及其他类型家庭农场，占比分别由 2017 年的 4.75%、7.82%、3.04% 增长到了 2018 年的 5.90%、8.96% 和 3.97%。但畜牧业类家庭农场的比例有所下降，由 2017 年的 23.16% 下降到 2018 年的 19.26%，降低了 3.90%，如表 4 - 2 所示。

表 4 - 2　我国家庭农场经营类型

经营类型		种植业	畜牧业	渔业	种养结合	其他
所占比例（%）	2017 年	61.24	23.16	4.75	7.82	3.04
	2018 年	61.90	19.26	5.90	8.96	3.97
变化比例（%）		+ 0.66	- 3.90	+ 1.75	+ 1.14	+ 0.93

从成长的角度看，刚刚成立的家庭农场往往只是从事单一的产业，例如，种植等，而且主要集中在生产环节，经过一定的发展之后，许多家庭农场开始意识到仅仅停留在生产环节难以获得更大的利润，于是便纷纷开始逐步扩大经营范围，例如，从种粮到种养结合，再到粮食加工，再到休闲旅游等新业态，逐步向一二三产业融合的方向发展。虽然目前我国从事二三产业的家庭农场比重和数量仍旧不高，但随着绿色农产品在市场上越来越得到认可，消费者对休闲旅游的需求越来越高，未来家庭农场大规模涉足绿色循环生产和发展农村新产业新业态只是时间问题。从表 4 - 2 也能看出这样的趋势，种植型家庭农场占比增长了 0.66 个百分点，种养结合型家庭农场占比增长了 1.14 个百分点，是家庭农场经营类型中增长速度较快的。

（四）发展模式更加多样

目前，我国的家庭农场已经呈现出多方联合共赢的趋势，家庭农场普遍和农民合作社、龙头企业、小农户等其他农业经营主体合作，发展出许多新的发展模式。如"家庭农场 + 农业社会化服务"模式，通过农机联合互助点，带动多个家庭农场发展规模化经营，显著降低了农业生产成本。如"家庭农场 + 合作社 + 龙头企业"模式，由家庭农场组建合作社，再通过合作社与农业产业化龙头企业签订农产品收购合同，既稳定了企业原料供给，又增加了家庭农场收入。

四、专业大户

近年来，各地按照依法自愿有偿原则，引导土地经营权有序流转，土地适度规模经营取得积极进展，许多农业专业种养大户实现了集中连片种植和集约化经营，节约了生产成本，促进了农业发展和农民增收。据统计，截至 2018 年底，全国家庭承包耕地流转面积达 5.12 亿亩，占家庭承包经营耕地总面积的 37%，全国经营规模 50 亩以上的农户数达 402.1 万户，占总农户数的 1.5%。

第二节　新型农业经营主体共生发展涉及的主体分类

构建现代农业产业体系、生产体系、经营体系是实施乡村振兴战略的重要内容，作为新型农业经营体系的重要组成部分，各类新型农业经营主体同时也是构建农业产业体系、生产体系的重要参与者、贡献者和引领者，也是推动农业现代化的实践者。长期以来，在我国农业现代化进程中，农业产业化龙头企业更是其中的中坚力量，在不同程度上发挥着"龙头"的作用。但是，农业产业化龙头企业往往和农民专业合作社、家庭农场的功能定位与作用不同，各自具有比较优势和劣势。但总体而言，实践已经充分证明，发展现代农业过程中各类新型农业经营主体的作用是其他组织难以完全替代的。在加快构建新型农业经营体系背景下，不同新型农业经营主体之间各展其长、竞争合作、优势互补，不仅有利于加快实现现代农业进程，也有利于让各类新型农业经营主体健康发展。因此，农业产业化龙头企业、农民专业合作社、家庭农场之间存在共生的基础与可能。

此外，"实现小农户和现代农业发展有机衔接"也是党的十九大报告中提出的实施乡村振兴战略的另一重要要求。这一政策导向和部署，表明了小农户和现代农业之间不是相互排斥，而是能够实现衔接与相互促进，纠正了之前学界认为小农户和现代农业发展是格格不入的认识，同时提出了新时代乡村振兴的一个重要思路——小农户作为我国农业经营主体的重要组成部分，是占比最大的一部分，实现小农户和现代农业有机衔接是乡村振兴的重要方面。小农户和现代农业发展有机衔接的方式主要包括：小农户嬗变为新型农业经营主体、小农户按照现代农业方式从事生产经营、小农户发展订单农业、小农户接受新技术和使用新装备、小农户使用社会化服务组织提供的现代农业发展服务、小农户与互联网实现有效对接、小农户将土地流转于新型农业经营主体（李铜山和张迪，2019）。在上述方式中，小农户按照现代农业方式从事生产经营需要用现代化的机械设备、现代化的理念从事农业生产，小农户自身显然不具备这样的条件，因此需要外界帮助；小农户发展订单农业，需要健全小农户与企业间的合作运行机制，而这个合作运行机制建立的前提是小农户和新型农业经营主体之间签订完善的合作协议以及建立紧密的利益联结关系（张迪和李铜山，2018）；小农户使用社会化服务组织提供的现代农业发展服务，需要小农户和社会化服务组织合作，如今许多新型农业经营主体往往兼具提供社会化服务的功能（钟真等，2014），因此，小农户在获取社会化服务的过程中，与新型农业经营主体发生合作行为是必然的；小农户将土地流转于新型农业经营主体，小农户将自己承包的土地进行转让，流转给合作社、家庭农场等新型农业经营主体。也就是说，新型农业经营主体要扩大生产经营规模，必须要处理好和小农户之间的利益关系，才能顺利获得土地。

如今，随着经济时代的演进，农业的概念、领域一直在拓展，从历史发展来看，农业经济时代进程中，农业的领域及功能边界有过两次规模化和整体性的拓展（邓心安，2002，2007）。第一次拓展的时间点在农业经济时代。这里所说的第一次拓展，指的是农业由狭义的"小农业"（即种养业）扩展到"大农业"（即包括种植业、林业、畜牧业、渔业以及与农民生产生活直接相关的副业）。第二次拓展发生在工业时代和如今的信息化时代，这次拓展，指的是在"大农业"所包含的内容基础上拓展到包含农产品加工业、农产品冷链储藏与运输、农产品销售等农业后部门，这次拓展令农业与第二、第三产业开始融合。在这个背景下，邓心安（2012）提出农业易相发展（Changing – Phase Development of Agriculture）理论，该理论认为，如今农业的范畴应该拓展到"非农业"，拓展到"非农"后能反过来促进农业自身的发展，并和"非农"实现共生共融。从另一个角度说，该理论认为，看待农业发展的角度已经不能仅局限于农业本身，更应该从农业之外的各个对立面来思考发展对策，包括将传统农业转变为新型农业，促进一二三产业融合发展；提高农村生产、生活的整体基础水平，推动农村发展与新型城镇化相协调；推动传统小农户向现代小农户转变，实现农民和其他职业相协调。不仅理论上，党的十九大提出实施乡村振兴战略以来的"三农"发展也体现出了这样的趋势，例如，大量的非农工商资本、互联网企业、大学生、高等院校、银行等涌入"三农"发展中，为"三农"注入了新的发展要素，极大地推动了乡村振兴战略的实施进程。本书将这些"非农"称为社会非农主体，并认为新型农业经营主体除了和新型农业经营主体、小农户共生之外，还需要和社会非农主体进行共生。

接下来探究近年来我国新型农业经营主体共生发展的现状。

第三节　基于耦合协调度的我国新型农业经营主体共生发展现状分析

一、耦合度及耦合协调度模型介绍

（一）耦合度模型

"耦合"一般指两个或多个对象之间的互相依存、协同和进步。我们通过参考物理学领域的耦合协调度模型，将各个对象之间的耦合构造成耦合系统，通过各类耦合协调度指数，比较多个系统的综合协调程度。

本章在耦合协调度的基础上构造"新型农业经营主体共生发展系统"评价模型研究我国各地新型农业经营主体的共生发展情况。在经济学中，共生往往是相关主体从提升自己适应大环境的能力出发，而进行功能上的合作，进而发展成为互相作用、取长补短、共同发展的关系。耦合协调体现的是大于等于两个的主体在各方面作用下，相互依存、协调发展、互利共赢，并与主体之间组成的整体和谐发展。所以，共生与耦合在内涵上互通，两者都是以合作与协同为核心，两者指的都是多个主体之间的依存、协调与进步，因此可以利用耦合度函数进行共生水平的测量。

依据物理学中的容量耦合的含义以及容量耦合系数模型，可以建立多个系统或者要素的耦合度函数，如式（4 - 1）所示：

$$C_n = n\left\{(u_1 \times u_2 \times \cdots \times u_n) / \left[\prod(u_i + u_j)\right]\right\}^{\frac{1}{n}} \qquad (4-1)$$

式中，$u_i(i = 1, 2, \cdots, m)$，$u_j(j = 1, 2, \cdots, n)$表示系统。

在这里主要分析新型农业经营主体、小农户、社会非农主体之间的共生发展现状，故有3个系统。可以直接得到其耦合度函数为：

$$C_3 = 3\left\{(u_1 \times u_2 \times u_3)/(u_1+u_2)(u_1+u_3)(u_2+u_3)\right\}^{\frac{1}{3}} \qquad (4-2)$$

因为这里只分析新型农业经营主体、小农户、社会非农主体三个子系统，分别用 N、F 和 S 来表示新型农业经营主体、小农户、社会非农主体三个子系统，则三者的耦合度函数可表示为：

$$C = 3\left\{(N \times F \times S)/(N+F)(N+S)(F+S)\right\}^{\frac{1}{3}} \qquad (4-3)$$

假设 $N(x,t)$ 是度量新型农业经营主体系统的发展水平函数，$F(y,t)$ 是度量小农户系统的发展水平函数，$S(z,t)$ 是度量社会非农主体系统的发展水平函数，则分别建立三个系统的综合评价函数：

$$N(x,t) = \sum_{i=1}^{m} a_i x_i \qquad (4-4)$$

$$F(y,t) = \sum_{j=1}^{n} b_i y_i \qquad (4-5)$$

$$S(z,t) = \sum_{k=1}^{w} c_i z_i \qquad (4-6)$$

式中，i、j、k 分别为新型农业经营主体、小农户、社会非农主体三个子系统特征的指标个数，x_i、y_i、z_i 分别为新型农业经营主体、小农户、社会非农主体三个子系统的第 i、j、k 个指标的标准化值，a_i、b_i、c_i 为相应的指标权重。根据以上函数计算得到的新型农业经营主体、小农户、社会非农主体的综合评价值越高，则代表该系统的发展状况越好，评价值越低，则代表该系统的发展状况越差。

耦合度函数可反映出新型农业经营主体、小农户、社会非农主体耦合发展的协调程度。由耦合度模型可以看出，C 的取值在 0~1，值越大，则耦合性越好；值越小，则耦合性越差。

(二)耦合协调度模型

虽然耦合度函数可以体现新型农业经营主体、小农户、社会非农主体三个系统之间的相互作用程度，但是，在有些情况下，这个模型会反映出一些与新型农业经营主体、小农户、社会非农主体三个系统耦合发展的不真实、不符合的情况和水平。比如当新型农业经营主体、小农户、社会非农主体三个系统综合评价值都取 0.001 时，计算得到的耦合度会大于其综合评价值分别是 0.8 和 0.9 的情况。鉴于耦合度函数只能反映区域新型农业经营主体、小农户、社会非农主体三个系统相互作用程度的强弱，无法说明其协调发展水平的高低或整体功能，因此，我们需引入耦合协调度模型，以便能更好地评价耦合协调发展情况。接下来将度量新型农业经营主体、小农户、社会非农主体三个系统耦合协调发展水平高低的定量指标称为耦合协调度 D，其函数模型如下：

$$D = (C \times P)^V \tag{4-7}$$

$$P = \alpha N(x, t) + \beta F(y, t) + \gamma S(z, t) \tag{4-8}$$

式中，C 为耦合度，P 为新型农业经营主体、小农户、社会非农主体发展水平的综合评价值，反映三系统的整体水平或者是效益。D 的取值为 0 到 1。D 值越高，表明耦合协调度越好，三者的发展水平越高，耦合发展关系越和谐，共生程度也就越好。

因为有新型农业经营主体、小农户、社会非农主体三个系统，此处取 $V = \frac{1}{3}$。α、β、γ 为待定参数。由于在三者耦合发展，即共生发展的过程中，三者的相互促进程度是不对称的，因此取 α = 0.5，β = 0.2，γ = 0.3。

耦合协调度函数 D 综合反映了新型农业经营主体、小农户、社会非农主体三个系统的协调状况以及三者所处的发展水平，有效地避免了新型农业经营主体、小农户、社会非农主体发展水平低，但得出三者耦合程度高的异常情况。耦合协调度不仅适用于同一区域不同时间段的新型农业经营主体、小农户、社会非农主体三个系统相互协调发展的纵向评价比较，也适用于不同地区之间的横向比较，具有较强的适用性和稳定性。

二、我国新型农业经营主体共生发展评价指标体系建立

(一) 评价指标选取

关于新型农业经营主体的发展水平测量，翟虎渠等（2003）认为，评价新型农业经营主体共生发展需要结合经济、资源、环境等因素，构建有关基础设施、技术水平、经济效益和组织管理等指标，并且将它们具体化为机械化水平、道路及交通状况、农民人均收入等具体指标。考虑到新型农业经营主体共生的主要目的是通过相关主体之间的优势互补来实现互利共赢，这里借鉴已有的研究成果，基于科学性、动态性、综合性、可比性等原则，同时参考数据的可获得性，最终确定新型农业经营主体耦合系统中各子系统发展水平评价指标体系，如表 4-3 所示。

表4-3 我国新型农业经营主体共生发展评价指标体系

耦合系统	指标类型	具体指标
新型农业经营主体系统	收入效应	龙头企业年产值（万元）
		农民合作社年产值（万元）
		家庭农场年收入（万元）
	规模效应	龙头企业数量（个）
		农民合作社数量（个）
		家庭农场数量（个）
		土地生产率（万元/亩）
		劳动生产率（万元/人）
	发展效应	农产品加工率（%）
		农作物耕种收综合机械化率（%）
		"三品一标"认证率（%）
	带动效应	带动农户人均增收额（元）
		龙头企业带动农户数（户）
		农民合作社带动农户数（户）
小农户系统	收入效应	农村居民人均纯收入（元）
		村集体平均收入（万元）
	劳动效应	农村外出务工劳动力（万人）
		第一产业就业人员（万人）
	文化效应	农村小学、初中、高中总数（所）
		农村居民教育文化娱乐支出占比（%）
		有村规民约的乡村占比（%）
	合作效应	农户参加合作经济组织比重（%）
社会非农主体系统	科技投入效应	高等学校农学R&D投入强度（万元）
		科协推广新技术、新品种（项）
		农业科技进步贡献率（%）
	基础设施效应	农村道路通村率（%）
		水利基础设施配套率（%）
		乡村办水电站装机容量（万千瓦）
		农村通信综合覆盖率（%）
		农村互联网普及率（%）
	人才效应	返乡创新创业人数（万人）
	资金效应	工商资本下乡投资额（万元）

新型农业经营主体的经营规模较大时呈现出辐射带动效应，即通过组织模式与利益机制的创新，实现了农户小规模生产基础上的经营规模化（黄祖辉等，2010）。鲁钊阳（2016）用收入大小和劳动就业程度来衡量新型农业经营主体发展的福利效用。对于农业产业化龙头企业、农民专业合作社、家庭农场等各类新型农业经营主体来说，它们之间的合作共生能够扩大生产经营规模，也能提高各种生产要素的利用程度，例如，农业产业化龙头企业和农民专业合作社、家庭农场合作，农民专业合作社和家庭农场将土地入股到企业中，多方共同经营一定规模的土地，农业产业化龙头企业负责提供技术、农业机械、农产品加工、品牌建设、市场销售等，农民专业合作社和家庭农场则负责对接组织农户以及进行农业生产。在这个过程中，多方通过利益联结不仅能够共享利益，还能推动小农户加入合作社或者创建合作社、家庭农场。因此，新型农业经营主体系统是衡量新型农业经营主体发展水平的指标集，包括收入效应、规模效应、发展效应、带动效应四部分。其中，收入效应指新型农业经营主体的收入水平，是衡量其发展水平的重要标志，包含龙头企业年产值（万元）、农民合作社年产值（万元）、家庭农场年收入（万元）等指标；规模效应是衡量新型农业经营主体生产经营规模的指标集，包含龙头企业数量（个）、农民合作社数量（个）、家庭农场数量（个）、土地生产率（万元/亩）、劳动生产率（万元/人）等指标；发展效应是衡量新型农业经营主体农业产业化发展水平的指标集，包含农产品加工率（%）、农作物耕种收综合机械化率（%）、"三品一标"认证率（%）等指标；带动效应是衡量新型农业经营主体带动农户增收的指标集，包含带动农户人均增收额（元）、龙头企业带动农户数（户）、农民合作社带动农户数（户）等指标。

　　小农户是参与新型农业经营主体共生发展的一个重要主体。带动小农户参与共生发展效果最直观的一个体现是小农户收入的提升，提高收入也能让小农户实现在家门口就业。文化要素是影响小农户参与和其他农业经营主体合作共生的关键要素之一。因此，小农户系统是衡量小农户发展水平的指标集，包括收入效应、劳动效应、文化效应、合作效应四部分。其中收入效应用于衡量小农户的收入水平，包含农村居民人均纯收入（元）、村集体平均收入（万元）等指标；劳动效应用于衡量小农户参与生产劳动的程度，包含农村外出务工劳动力（万人）、第一产业就业人员（万人）等指标；文化效应用于衡量小农户的文化水平，费孝通在《乡土中国》中描述我国农村社会时提出了"差序格局"的概念，广大小农户组成了我国乡土社会的庞大社会网络，这种社会网络对外来主体会产生一定的排他性，但这种排他性会随着农户文化水平的提升而降低，因此，该指标集影响着小农户与其他两个系统的耦合协调程度，包含农村小学、初中、高中总数（所）、农村居民教育文化娱乐支出占比（％）、有村规民约的乡村占比（％）等指标；合作效应用于衡量小农户参与其他组织的程度，包含农户参加合作经济组织比重（％）的指标。

社会非农主体系统是衡量其他社会力量参与乡村发展水平的指标集，包括科技投入效应、基础设施效应、人才效应、资金效应四部分。科技投入效应是衡量高校、科研机构等主体将科技要素投入乡村的水平，包含高等学校农学 R&D 投入强度（万元）科协推广新技术、新品种（项）、农业科技进步贡献率（％）等指标；基础设施效应是衡量政府、企业等主体通过投资提升新型农业经营主体发展所需的基础设施的水平，包含农村道路通村率（％）水利基础设施配套率（％）、乡村办水电站装机容量（万千瓦）、农村通信综合覆盖率（％）、农村互联网普及率（％）等指标；人才效应是衡量社会人才投入乡村振兴，创办新型农业经营主体的水平，包含返乡创新创业人数（万人）的指标；资金效应是衡量社会非农主体投资乡村，促进新型农业经营主体发展的指标，包含工商资本下乡投资额（万元）的指标。

（二）评价指标权重确定

现有的研究方法中，有许多确定评价指标体系权重的方法，对现有文献进行归纳，可分为主观赋值法和客观赋值法这两大类。主观赋值法包括德尔菲法、层次分析法等，主要通过决策者主观上的经验来确定指标的权重；客观赋值法包括熵值法、因子分析法、复相关系数法等，是通过客观数据之间的联系是否密切与各类指标反映的信息量大小来确定各个指标权重大小。主观赋权法经常由于选用的原始材料有差异从而产生不同结果，导致最后的结果不一。因此，这里选取客观赋权法来确定评价指标权重，通过比较原始数据反映的信息量多少来分配各项指标所占权重。

1. 熵值赋权法原理

从信息理论可知，熵值反映信息的不确定程度。如果要素的不确定程度越大，那么它的信息量越小，它的熵值越大；相反，如果要素的不确定性越小，那么它包含的信息量就越大，它的熵值往往越小。我们能够依据熵值判定某一事件的随机程度，还能通过熵值判定各个指标的离散性大小，一个指标越离散往往更容易影响系统的综合评价。

假定在 m 单位的研究年份（或地区）中，有 n 个评价指标，两者组成相关数值矩阵 $X = (x_{ij}) m \times n$，关于其中的一个指标 x_j，指标值 x_{ij} 之间的距离越大，那么 x_j 越有助于综合评价；若有一个指标的指标值都一样，那么这项指标对系统的综合评价没有帮助。根据信息理论，信息熵 $H(X) = -K \sum \left[p(x_i) \ln p(x_i) \right]$ 可以衡量随机性大小，信息可以用于衡量有序性大小，两者互为相反数。如果指标值的变异越明显，信息熵越小，其蕴含的信息量也就越多，它的权重也就越大；相反，如果指标值的变异很小，信息熵越大，其蕴含的信息量越少，它的权重越小（辛岭等，2017）。因此，我们能够依照指标值的变异大小，合理运用信息熵结果，得出每个指标权重大小，进行准确的综合评价。

2. 数据的标准化处理

由于数据的单位不一，可比性很低，因此我们在使用之前要先将它们无量纲化。这里将原始数据进行"中心化"，具体如式（4-9）所示：

$$X_{ij} = \frac{(x_{ij} - \bar{x_j})}{S_j} \tag{4-9}$$

式中，X_{ij} 为标准化指标，x_{ij} 为原始数据，i 代表年度（或地区），它的取值是 1，2，…，m。j 代表指标数，它的值是 1，2，…，n，$\bar{x_j}$ 是指第 j 个变量的平均值，S_j 是选取的第 j 个指标的标准差。由于在用熵值法确定权重的时候需要取对数，为了避免有负数和零的出现，需要将数据进行平移，一般情况下，X_{ij} 的范围在 -3~3，可令 $Z_{ij} = X_{ij} + 3$，得出的 Z_{ij} 则为最后标准化的数据。

3. 运用熵值法来确定权重的计算步骤如下：

第一，将各个指标按照归一化方法将其进行同度量化，计算得出第 j 项指标下第 i 年（区域）指标值的比重 P_{ij}，如式（4-10）所示：

$$P_{ij} = \frac{Z_{ij}}{\sum\limits_{i=1}^{m} Z_{ij}} \tag{4-10}$$

第二，计算第 j 项指标的熵值 H_j，如式（4-11）所示：

$$H_j = -K \sum\limits_{i=1}^{m} (P_{ij} \ln P_{ij}) \tag{4-11}$$

式中，K>0，ln 为自然对数，$H_j \geq 0$。

如果对于给定的 j 全部相等，那么：

$$P_{ij} = \frac{Z_{ij}}{\sum\limits_{i=1}^{m} Z_{ij}} \tag{4-12}$$

此时 H_j 取最大值，即

$$H_j = -K \sum_{i=1}^{m} \left(\frac{1}{m} \ln \frac{1}{m} \right) \tag{4-13}$$

若令 $K = \dfrac{1}{\ln m}$，则有，

$$H_j = -\frac{1}{\ln m} \sum_{i=1}^{m} (P_{ij} \ln P_{ij}) \tag{4-14}$$

并且 $0 \leqslant H_j \leqslant 1$。

第三，计算第 j 项指标的差异系数 G_j。

对于给定的 j 项指标，若 X_{ij} 之间的数据差异越小，则 H_j 就越大，当 X_{ij} 全部相等时 $H_j = H_{max} = 1$，此时对于年度值（区域值）的比较，该项指标没有作用；而当 X_{ij} 之间的数据差异越大，则 H_j 就越小，该项指标在年度值（区域值）的比较中便越大。

定义差异系数 G_j 为小于 1 的指数，如式（4-15）所示：

$$G_j = 1 - H_j \tag{4-15}$$

当 G_j 的值越大时，则表明该项指标在评价中的作用越大。

第四，计算权重：

$$W_j = \frac{G_j}{\sum_{j=1}^{n} (G_j)} \tag{4-16}$$

三、我国新型农业经营主体共生发展评价标准

目前基于耦合协调度的我国新型农业经营主体共生发展水平的高低大小并没有统一的评价标准，本书借鉴刘军跃（2013）、李含悦（2018）等的研究，对耦合协调度和共生水平进行等级划分，如表 4-4 所示。由于 $D \in [0, 1]$，因而可采用均匀分布函数法来确定耦合协调度的类型以及划分标准，其具体的评定标准与等级划分如表 4-4 所示。用 N（x）、F（y）、S（z）分别代表新型农业经营主体系统、小农户系统、社会非农主体系统的综合得分，三项比较，值越大，说明系统的发展速度越快；相反，值越小，表示系统的发展较为落后。谢丁（2010）和何成进（2013）认为，协调发展既需要耦合协调度体现出大数值，还要降低三个子系统之间的差异。所以，在类别划分时，如果系统之间的差距小于 0.1，就可以看作三者协同发展；如果系统之间的差距大于 0.1，就可以认为它们

不是同步发展的，系统的值越小说明其发展越滞后。

表 4 – 4　基于耦合协调度的我国新型农业经营主体共生发展水平评价标准

序号	耦合协调度	协调等级	共生水平	序号	耦合协调度	协调等级	共生水平
1	0 ~ 0.09	极度失调		6	0.50 ~ 0.59	勉强协调	初级共生
2	0.10 ~ 0.19	严重失调		7	0.60 ~ 0.69	初级协调	（非均衡共生）
3	0.20 ~ 0.29	轻度失调	无共生	8	0.70 ~ 0.79	中级协调	中级共生（非均衡共生向对称共生过渡）
4	0.30 ~ 0.39	中度失调		9	0.80 ~ 0.89	良好协调	
5	0.40 ~ 0.49	濒临失调		10	0.90 ~ 1.00	优质协调	优良共生（对称共生）

四、基于耦合协调度的我国新型农业经营主体共生发展水平计算与分析

（一）数据来源及标准化处理

本书所用原始数据均来自 2009 ~ 2018 年《全国农村经营管理统计资料》《中国农村统计年鉴》《中国农业统计年鉴》《中国统计年鉴》和各地统计公报等。

由于指标数据的数量级和量纲各不相同，为使各指标具有可比性，需对指标数据进行标准化处理。此处的标准化采用极值法进行，其式如（4 – 17）所示：

$$M_{ij} = \frac{x_{ij}}{\max(x_j)} \qquad (4-17)$$

（二）我国新型农业经营主体共生发展评价指标体系权重确定

运用熵值赋权法计算得出评价指标体系的各指标权重。该方法是根据各个指标上承载的信息量大小以及各个指标之间的联系程度来确定指标权重，能够在一定程度上避免由于主观决策所带来的偏差。根据上述熵值赋权法的计算步骤进行计算，结果如表 4 – 5 所示。

表 4 – 5　我国新型农业经营主体共生发展评价指标体系权重

耦合系统	指标类型	具体指标	权重
新型农业经营主体子系统	收入效应	龙头企业年产值（万元）	0.07021
		农民合作社年产值（万元）	0.07286
		家庭农场年收入（万元）	0.07174
	规模效应	龙头企业数量（个）	0.07057
		农民合作社数量（个）	0.0699
		家庭农场数量（个）	0.07198
		土地生产率（万元/亩）	0.08003
		劳动生产率（万元/人）	0.07526

续表

耦合系统	指标类型	具体指标	权重
新型农业经营主体子系统	发展效应	农产品加工率（%）	0.0712
		农作物耕种收综合机械化率（%）	0.06217
		"三品一标"认证率（%）	0.084
	带动效应	带动农户人均增收额（元）	0.06036
		龙头企业带动农户数（户）	0.07336
		农民合作社带动农户数（户）	0.06636
小农户子系统	收入效应	农村居民人均纯收入（元）	0.14235
		村集体平均收入（万元）	0.13856
	劳动效应	农村外出务工劳动力（万人）	0.10369
		第一产业就业人员（万人）	0.10458
	文化效应	农村小学、初中、高中总数（所）	0.13111
		农村居民教育文化娱乐支出占比（%）	0.12258
		有村规民约的乡村占比（%）	0.12008
	合作效应	农户参加合作经济组织比重（%）	0.13705
社会非农主体子系统	科技投入效应	高等学校农学R&D投入强度（万元）	0.09032
		科协推广新技术、新品种（项）	0.09687
		农业科技进步贡献率（%）	0.10265
	基础设施效应	农村道路通村率（%）	0.10235
		水利基础设施配套率（%）	0.09257
		乡村办水电站装机容量（万千瓦）	0.09125
		农村通信综合覆盖率（%）	0.10468
		农村互联网普及率（%）	0.10881
	人才效应	返乡创新创业人数（万人）	0.10965
	资金效应	工商资本下乡投资额（万元）	0.10085

从表4-5的结果看，各个耦合系统所包含的指标相差不大，说明所选指标所体现的内容在新型农业经营主体共生发展过程中的贡献或影响程度差不多。

（三）我国新型农业经营主体共生发展耦合协调度计算及评价

首先，运用式（4-4）、式（4-5）和式（4-8），分别计算得到新型农业经营主体系统、小农户系统和社会非农主体系统的各指标得分值和综合得分值。如表4-6、表4-7、表4-8、表4-9所示。

从表4-6、表4-7、表4-8可以看出，在由新型农业经营主体子系统、小农户子系统、社会非农主体子系统三个子系统组成的我国新型农业经营主体共生发展耦合协调系统中，对新型农业经营主体子系统综合得分贡献比较大的单项指标有龙头企业年产值（万元）、农民合作社年产值（万元）、龙头企业数量（个）、农民合作社数量（个）、带动农户人均增收额（元）、龙头企业带动农户数（户）、农民合作社带动农户数（户）等指标；对小农户子系统综合得分贡献比较大的单项指标 Y 村居民人均纯收入（元）、村集体平均收入（万元）、农村小学、初中、高中总数（所）、农户参加合作经济组织比重（％）；对社会非农主体子系统综合得分贡献比较大的单项指标有高等学校农学 R&D 投入强度（万元）、农业科技进步贡献率（％）、农村道路通村率（％）、农村通信综合覆盖率（％）、返乡创新创业人数（万人）、工商资本下乡投资额（万元）。

表 4 - 6 新型农业经营主体子系统得分值

年份 指标	2009	2010	2011	2012	2013	2014	2015	2016	2017	2018
龙头企业年产值（万元）	0.04537	0.04532	0.04648	0.04769	0.04925	0.05186	0.05365	0.05422	0.05742	0.05902
农民合作社年产值（万元）	0.03904	0.04786	0.05156	0.05438	0.05996	0.06692	0.06703	0.06410	0.06826	0.06116
家庭农场年收入（万元）	0.03525	0.03565	0.03664	0.04047	0.03885	0.03871	0.03979	0.03390	0.03987	0.06079
龙头企业数量（个）	0.06443	0.05543	0.05115	0.05268	0.05041	0.04769	0.04949	0.05306	0.04971	0.05315
农民合作社数量（个）	0.07124	0.07198	0.07111	0.06894	0.06820	0.06659	0.06784	0.06525	0.06256	0.06137
家庭农场数量（个）	0.03175	0.02610	0.03327	0.03417	0.03688	0.03875	0.03988	0.03094	0.03435	0.04046
土地生产率（万元/亩）	0.00645	0.00637	0.00772	0.00914	0.01091	0.01436	0.01635	0.01690	0.02198	0.02592
劳动生产率（万元/人）	0.00568	0.00768	0.01233	0.01593	0.02409	0.03056	0.03758	0.04335	0.04888	0.01852
农产品加工率（％）	0.00083	0.00256	0.00529	0.00627	0.01011	0.00979	0.00749	0.00890	0.01015	0.01196
农作物耕种收综合机械化率（％）	0.00201	0.00177	0.00372	0.00744	0.01052	0.01343	0.00169	0.00368	0.00716	0.00998

续表

指标＼年份	2009	2010	2011	2012	2013	2014	2015	2016	2017	2018
"三品一标"认证率（%）	0.02085	0.02169	0.02550	0.02970	0.03570	0.04453	0.04987	0.05537	0.06167	0.06812
带动农户人均增收额（元）	0.04784	0.04882	0.05171	0.05404	0.05748	0.06258	0.06764	0.07001	0.07523	0.08177
龙头企业带动农户数（户）	0.04574	0.04624	0.05148	0.05687	0.05836	0.06177	0.06431	0.06568	0.06323	0.06823
农民合作社带动农户数（户）	0.05593	0.05983	0.06198	0.06893	0.07187	0.08869	0.09852	0.10892	0.12741	0.15528

表4-7 小农户子系统得分值

指标＼年份	2009	2010	2011	2012	2013	2014	2015	2016	2017	2018
农村居民人均纯收入（元）	0.07286	0.07869	0.07989	0.08236	0.08466	0.08916	0.09213	0.09563	0.09984	0.10523
村集体平均收入（万元）	0.05245	0.05337	0.05572	0.05914	0.06291	0.06636	0.07035	0.07290	0.07598	0.07992
农村外出务工劳动力（万人）	0.03604	0.03852	0.03969	0.04013	0.04356	0.04521	0.04689	0.04781	0.05012	0.05111
第一产业就业人员（万人）	0.03443	0.03543	0.04115	0.04268	0.04341	0.04769	0.04949	0.05006	0.05071	0.05115
农村小学、初中、高中总数（所）	0.06137	0.06532	0.06848	0.07069	0.07525	0.08186	0.08665	0.08922	0.09342	0.09902
农村居民教育文化娱乐支出占比（%）	0.02158	0.02210	0.02327	0.02568	0.02785	0.02978	0.03014	0.03214	0.03315	0.03548
有村规民约的乡村占比（%）	0.03025	0.03065	0.03164	0.03647	0.03485	0.03471	0.03579	0.02990	0.03587	0.05679
农户参加合作经济组织比重（%）	0.06123	0.06432	0.06852	0.07126	0.07563	0.07989	0.08321	0.08652	0.08969	0.09152

表4-8 社会非农主体子系统得分值

年份\指标	2009	2010	2011	2012	2013	2014	2015	2016	2017	2018
高等学校农学R&D投入强度（万元）	0.04137	0.04332	0.04578	0.07989	0.05163	0.05468	0.05789	0.06013	0.06539	0.07089
科协推广新技术、新品种（项）	0.00785	0.00823	0.00853	0.00914	0.01121	0.01352	0.01523	0.01986	0.02321	0.02592
农业科技进步贡献率（％）	0.05904	0.06786	0.06856	0.06938	0.07196	0.07392	0.07503	0.07610	0.07726	0.07916
农村道路通村率（％）	0.06443	0.05543	0.05115	0.05268	0.05041	0.04769	0.04949	0.05306	0.04971	0.05315
水利基础设施配套率（％）	0.03024	0.03125	0.03355	0.03568	0.03651	0.03781	0.03896	0.03991	0.04015	0.04137
乡村办水电站装机容量（万千瓦）	0.02175	0.02610	0.02327	0.02417	0.02688	0.02875	0.02988	0.03094	0.03435	0.03599
农村通信综合覆盖率（％）	0.03025	0.03065	0.03164	0.03647	0.03485	0.03471	0.03579	0.02990	0.03587	0.05679
农村互联网普及率（％）	0.02235	0.02289	0.02368	0.02581	0.02654	0.02781	0.02880	0.02901	0.02989	0.03013
返乡创新创业人数（万人）	0.10211	0.11523	0.13252	0.14872	0.15801	0.15923	0.16321	0.16999	0.17891	0.18925
工商资本下乡投资额（万元）	0.09971	0.11251	0.12846	0.13741	0.14123	0.15896	0.16963	0.17011	0.18963	0.20123

从表4-9来看，我国新型农业经营主体子系统、小农户子系统和社会非农主体子系统的得分值在2009～2018年是不断增长的，各自发展越来越好。从新型农业经营主体子系统来看，其综合得分在0.3～0.5，从2009年的0.33202增长到2018年的0.54828，增长了接近两倍。从小农户子系统来看，其综合得分在0.1～0.2，从2009年的0.11528增长到2018年的0.23892，增长了两倍。从社会非农主体子系统来看，其综合得分在0.1～0.3，从2009年的0.15831增长到2018年的0.30982，增长了两倍。三个系统综合得分P在0.2～0.4，从2009年

的 0.23656 增长到 2018 年的 0.41487，反映了三个子系统耦合和协调发展的综合情况。十年间，我国新型农业经营主体共生发展系统中，新型农业经营主体子系统的得分最高，其次是社会非农主体子系统，最后是小农户子系统，说明十年间社会各界力量投资乡村，从而促进新型农业经营主体的幅度是不断加大的，但乡村的另一个重要主体——小农户的发展水平明显跟不上另外两个主体的发展。

表 4-9　三个子系统综合分值比较

年份	新型农业经营主体子系统	小农户子系统	社会非农主体子系统	三个系统综合得分 P
2009	0.33202	0.11528	0.15831	0.23656
2010	0.33565	0.12532	0.16989	0.24386
2011	0.35654	0.12841	0.17562	0.25664
2012	0.39174	0.13456	0.18156	0.27725
2013	0.42279	0.15877	0.18998	0.30014
2014	0.44502	0.18732	0.19238	0.31769
2015	0.46891	0.19158	0.20124	0.33314
2016	0.47845	0.20123	0.22152	0.34593
2017	0.51644	0.21003	0.25285	0.37608
2018	0.54828	0.23892	0.30982	0.41487

接下来运用式（4-8）和式（4-9）进一步计算三个系统之间的耦合协调度，从而探究我国新型农业经营主体的共生发展水平，结果如表 4-10 所示。

表 4-10　我国新型农业经营主体耦合协调度及共生水平

年份	耦合协调度	耦合协调类型	共生类型
2009	0.34243	中度失调	无共生
2010	0.35909	中度失调	无共生
2011	0.37471	中度失调	无共生
2012	0.39836	中度失调	无共生
2013	0.43213	濒临失调	无共生
2014	0.45881	濒临失调	无共生
2015	0.47793	濒临失调	无共生
2016	0.50196	勉强协调	初级共生（非均衡共生）
2017	0.54495	勉强协调	初级共生（非均衡共生）
2018	0.61163	初级协调	初级共生（非均衡共生）

从表4-10中可以看出，我国新型农业经营主体共生发展的耦合协调度是逐年提高的，可分为两个阶段，2009~2015年为第一阶段，该阶段不存在共生关系，耦合协调类型包括中度失调和濒临失调；2016~2018年为第二阶段，该阶段存在初级共生关系，耦合协调类型包括勉强协调和初级协调。从总体来看，如今我国新型农业经营主体共生发展的水平处于"初级共生"阶段，自2017年以后，耦合协调度的增幅逐渐增大，说明我国新型农业经营主体共生发展的进展幅度是在不断加大的，这也符合我国自2017年以来大力实施乡村振兴战略的实际情况。

五、对不同类型新型农业经营主体之间共生发展现状的分析

根据本章第二节的分析，新型农业经营主体除了和小农户、社会非农主体共生外，如龙头企业、农民专业合作社、家庭农场等不同类型的新型农业经营主体之间也会存在共生关系。以下同样运用耦合协调度模型分析我国不同类型新型农业经营主体之间共生发展的现状，所涉及的指标基于表4-3中新型农业经营主体子系统进行设计，如表4-11所示，数据来源以及评价标准与上一部分内容相同。

表4-11　我国不同类型新型农业经营主体之间共生发展指标体系

耦合系统	具体指标
农业产业化龙头企业子系统	龙头企业年产值（万元）
	龙头企业数量（个）
	带动农户人均增收额（元）
	龙头企业带动农户数（户）
农民专业合作社子系统	农民合作社带动农户数（户）
	农民合作社年产值（万元）
	农民合作社数量（个）
家庭农场子系统	家庭农场年收入（万元）
	家庭农场数量（个）

这里同样运用熵值法确定指标的权重，通过计算得出我国不同类型新型农业经营主体共生发展评价指标体系权重值，如表4-12所示。

表4－12　我国不同类型新型农业经营主体共生发展评价指标体系权重

耦合系统	具体指标	权重
农业产业化龙头企业子系统	龙头企业年产值（万元）	0.26326
	龙头企业数量（个）	0.22502
	带动农户人均增收额（元）	0.2516
	龙头企业带动农户数（户）	0.26012
农民专业合作社子系统	农民合作社带动农户数（户）	0.34736
	农民合作社年产值（万元）	0.32895
	农民合作社数量（个）	0.32369
家庭农场子系统	家庭农场年收入（万元）	0.52899
	家庭农场数量（个）	0.47101

接下来，运用式（4－4）、式（4－5）、式（4－8）分别计算得到农业产业化龙头企业子系统、农民专业合作社子系统和家庭农场子系统的各指标得分值和综合得分值。如表4－13～表4－16所示。

表4－13　农业产业化龙头企业子系统得分值

年份 / 指标	2009	2010	2011	2012	2013	2014	2015	2016	2017	2018
龙头企业年产值（万元）	0.03527	0.03852	0.03984	0.04068	0.04209	0.04487	0.04596	0.04782	0.04928	0.05102
龙头企业数量（个）	0.03714	0.03886	0.04051	0.04132	0.04352	0.04596	0.04781	0.05081	0.05293	0.05587
带动农户人均增收额（元）	0.03525	0.03565	0.03664	0.04047	0.03885	0.03871	0.03979	0.03390	0.03987	0.06079
龙头企业带动农户数（户）	0.05023	0.05223	0.05375	0.05598	0.05781	0.06069	0.06219	0.06456	0.06691	0.06815

表4－14　农民专业合作社子系统得分值

年份 / 指标	2009	2010	2011	2012	2013	2014	2015	2016	2017	2018
农民合作社带动农户数（户）	0.04286	0.04869	0.04989	0.05236	0.05466	0.05916	0.06213	0.06563	0.06984	0.07523

续表

年份 指标	2009	2010	2011	2012	2013	2014	2015	2016	2017	2018
农民合作社年产值（万元）	0.05135	0.05257	0.05382	0.05564	0.05991	0.06136	0.06335	0.06690	0.06998	0.07192
农民合作社数量（个）	0.04904	0.05152	0.05369	0.05513	0.05856	0.06121	0.06289	0.06381	0.06512	0.06611

表 4－15　家庭农场子系统得分值

年份 指标	2009	2010	2011	2012	2013	2014	2015	2016	2017	2018
家庭农场年收入（万元）	0.03337	0.03532	0.03678	0.03789	0.03863	0.04068	0.04289	0.04413	0.04739	0.04989
家庭农场数量（个）	0.02885	0.02923	0.03053	0.03114	0.03321	0.03452	0.03523	0.03786	0.03821	0.04092

从表 4－13、表 4－14、表 4－15 看，我国农业产业化龙头企业子系统、农民专业合作社子系统和家庭农场子系统的得分值在 2009～2018 年不断增长，各自发展越来越好。从农业产业化龙头企业子系统来看，其综合得分在 0.3～0.5，从 2009 年的 0.32202 增长到 2018 年的 0.52128，增长接近两倍。从农民专业合作社子系统来看，其综合得分在 0.2～0.5，从 2009 年的 0.28528 增长到 2018 年的 0.49892，增长接近两倍。从家庭农场子系统来看，其综合得分在 0.1～0.3，从 2009 年的 0.16931 增长到 2018 年的 0.30982，增长了两倍。三个系统综合得分 P 在 0.2～0.4，从 2009 年的 0.26886 增长到 2018 年的 0.45337，反映了三个子系统耦合协调发展的综合情况。

如表 4－16 所示。新型农业经营主体共生发展系统中，新型农业经营主体子系统的得分最高，其次是社会非农主体子系统，最后是小农户子系统，说明十年间社会各界力量投资乡村，从而促进新型农业经营主体发展的幅度是不断加大的，但乡村的另一个重要主体——小农户的发展水平明显跟不上另外两个主体的发展。

表 4 – 16　三个子系统综合分值比较

年份	农业产业化龙头企业子系统	农民专业合作社子系统	家庭农场子系统	三个系统综合得分 P
2009	0. 41921	0. 39147	0. 18545	0. 36414
2010	0. 42786	0. 39899	0. 18989	0. 37161
2011	0. 43652	0. 40123	0. 19874	0. 37838
2012	0. 44789	0. 41211	0. 20266	0. 38811
2013	0. 45212	0. 42999	0. 20877	0. 39681
2014	0. 47841	0. 43369	0. 21523	0. 41236
2015	0. 49183	0. 45481	0. 22645	0. 42765
2016	0. 52484	0. 48999	0. 24741	0. 45890
2017	0. 55713	0. 51235	0. 26353	0. 48498
2018	0. 59321	0. 54435	0. 28798	0. 51751

接下来运用式（4 – 7）和式（4 – 8）进一步计算三个系统之间的耦合协调度，从而探究我国新型农业经营主体的共生发展水平，结果如表 4 – 17 所示。

表 4 – 17　我国新型农业经营主体耦合协调度及共生水平

年份	耦合协调度	耦合协调类型	共生类型
2009	0. 63619	初级协调	初级共生（非均衡共生）
2010	0. 64661	初级协调	初级共生（非均衡共生）
2011	0. 65813	初级协调	初级共生（非均衡共生）
2012	0. 67069	初级协调	初级共生（非均衡共生）
2013	0. 68399	初级协调	初级共生（非均衡共生）
2014	0. 70260	中级协调	中级共生（非均衡共生向对称共生过渡）
2015	0. 72493	中级协调	中级共生（非均衡共生向对称共生过渡）
2016	0. 76819	中级协调	中级共生（非均衡共生向对称共生过渡）
2017	0. 80243	良好协调	中级共生（非均衡共生向对称共生过渡）
2018	0. 84700	良好协调	中级共生（非均衡共生向对称共生过渡）

从表 4 – 17 中可以看出，我国农业产业化龙头企业、农民专业合作社、家庭农场共生发展的耦合协调度是逐年提高的，可分为两个阶段，2009～2013 年为第一阶段，该阶段处于初级共生阶段，耦合协调类型为初级协调；2016～2018 年为第二阶段，该阶段处于中级共生，耦合协调类型包括中级协调和良好协调。

从总体来看，如今我国农业产业化龙头企业、农民专业合作社、家庭农场共生发展处于"中级共生"阶段，正向对称共生过渡。

由于"公司＋合作社""公司＋家庭农场""合作社＋家庭农场"等模式在我国已经发展多年，因此，不同类型新型农业经营主体之间的共生发展水平相对新型农业经营主体、小农户、社会非农主体之间的共生水平高也在情理之中。

第四节　乡村振兴视阈下新型农业经营主体共生发展的困境

从全国的新型农业经营主体共生发展情况看，我国新型农业经营主体共生发展呈现出不断上升的态势，但在实施乡村振兴战略的新时代，仍然面临不少问题。以下根据党的十九大报告提出实施乡村振兴战略的"产业兴旺、生态宜居、乡风文明、治理有效、生活富裕"二十字总方针，从五个维度对新型农业经营主体共生发展的困境进行分析。

一、实现"产业兴旺"维度存在的困境

实现乡村振兴，产业兴旺是重要内容，也是重要的基础。关于乡村产业兴旺，习近平总书记强调："要推动乡村产业振兴，紧紧围绕发展现代农业，围绕农村一二三产业融合发展，构建乡村产业体系，实现产业兴旺。"农村生产力的发展离不开乡村产业的兴旺，产业兴旺是新型农业经营主体和农民富裕增收的关键，也能为生态宜居、乡风文明、治理有效提供经济基础。目前，新型农业经营主体共生发展水平仍未达到实现乡村产业兴旺的要求，主要存在以下困境。

（一）农业生产成本高，农业经营效益低

近年来，农业生产成本不断提高，农产品价格却没有相应地得到很大的上涨，虽然各级政府出台了系列优惠政策，多举并措帮助新型农业经营主体降低农业生产经营成本，使得新型农业经营主体的经营环境得到优化，成本一定程度上得到了降低。但从课题组调研情况来看，我国许多地区的新型农业经营主体的生产经营成本仍然较高，所面临的成本"地板"上升和市场价格"天花板"的同时挤压情况没有改变，使得新型农业经营主体的盈利空间越来越小，如此下去，实现产业兴旺倍加困难。根据调研，我国新型农业经营主体的生产经营成本主要

包括如下项目。

一是生产资料成本。生产资料成本主要包括新型农业经营主体在农业生产经营中，直接使用到的原材料、能源、土地等的费用支出，生产资料成本在新型农业经营主体的成本支出结构中是占比最大的项目。在生产所需的原材料方面，近年来我国农业投入品如种子、化肥、饲料等的价格已经不同程度地上涨，而且农地租金也在逐年上升，仅有水电等价格在国家控制下仍然保持着基本稳定。根据农业农村部数据显示，在所调查的新型农业经营主体样本中，生产资料成本占总成本的比重从10%到98%，均值在55%上下。在不同类型的新型农业经营主体中，龙头企业的成本投入是最大的，这是由于龙头企业需要建设规模较大、设施化水平较高的生产基地或者工厂，而家庭农场、合作社等虽然生产经营规模不如龙头企业，但这方面的成本支出比例却是最大的。以2015年家庭农场的数据为例，当年家庭农场购买生产投入品的总值为589.82亿元，平均每个家庭农场每年购买农产品的投入为17.2万元。这对于资金实力较弱、生产经营规模较小的家庭农场来说，这个数字未免有些过高，如果没有国家在这方面的政策支持和相关补贴，一般家庭农场在这样的生产资料成本下是难以得到良好的收益的。

二是营销物流成本。这方面主要包括用于营销和物流支出的费用，包括营销费、广告费、销售渠道建设费、推广费、包装费以及仓储运输费用等。根据农业农村部数据显示，在所调查的新型农业经营主体样本中，不同农业经营主体的营销物流成本占总成本比例从1%到22%，其中，如果从事的是农产品生产环节的新型农业经营主体，在营销物流成本方面的支持占比就较低，如果是从事农产品加工的新型农业经营主体，在这方面的支出占比就高。

三是管理服务成本。这方面的支出项目包括管理费用、购买农业社会化服务的费用等。课题组在实地调查的过程中发现，农业产业化龙头企业很注重管理方面的成效，对于如何节约管理服务费用非常注重，而一般农户，或者家庭农场等在管理方面则处于较为粗放的状态，精细化管理意识不强，因此，这方面的支出相对较高。

从上述分析可以看出，在小规模经营中成本支出占比很高，虽然随着经营规模扩大，支出成本占比逐渐降低，但支出数额却在不断增加。也就是说，高成本的问题伴随着新型农业经营主体从小规模发展到大规模的整个过程中，尤其在生产经营规模相对小的新型农业经营主体中，成本问题更是一个大负担。从我国的实际情况看，和美国、加拿大等国相比，规模较大的新型农业经营主体数量较少，多数新型农业经营主体仍属于小规模生产经营。根据《经济日报》中国经济趋势研究院新型农业经营主体调研组发布的《新型农业经营主体发展指数调查报告》显示，我国家庭农场、专业大户和普通农户平均经营的耕地面积分别是210亩、130亩和12亩。在这样规模的条件下，无论是合作社还是家庭农场，抑或是普通的小农户，所投入的劳动力必然不多，因此在耕种、销售、获取市场信息等方面必然要想依靠农业社会化服务实现生产环节的外包，如果规模较大，则这方面的成本支出比例较低，但在较小规模的经营中，这些环节就必不可少地成为一项占比较大的支出。因此，在降低农业生产经营成本方面，根本上还是要依托生产经营规模的扩大，从而通过实现规模效益降低成本。

（二）提高现代农业技术应用水平

现代农业的基本特征之一是科学技术含量高，要实现乡村产业兴旺，新型农业经营主体必须在生产经营过程中注重农业技术的运用，根据调查，目前我国许多地区，尤其是欠发达地区的新型农业经营主体在运用现代农业技术方面仍然存在许多困境，主要包括以下几方面：

一是在现代农业技术研发方面投入仍需提高。以龙头企业为例，目前我国在农业科研投入和电子商务交易方面的区域投资差距较大，根据农业农村部数据，2017年西部地区农业产业化龙头企业的科研投入仅占全国的17%，电商交易额比例仅为1.74%。发展现代农业离不开现代技术的支持。但不可忽视的是，任何技术的研发前期投入都比较高，且在农业领域，农作物的种植周期长，农业技术革新周期也长，欠发达地区的新型农业经营主体的资金实力相对而言没有经济发达地区那么雄厚，在一定程度上会抑制新型农业经营主体对现代农业技术研发的资金投入。因此，在技术研发投入方面，仍需加强对欠发达地区的扶持，以达到区域协调发展的目的。

二是提高新型农业经营主体对技术投入和应用的积极性。由于新型农业经营主体在前沿新技术的信息获取和技术本身获取存在难度，尤其是在欠发达地区，而且其管理者的综合创新素质有待提高，以及政策支持力度不够，相关基础设施不够完善，这不仅导致新型农业经营主体技术运用水平低，还导致了对于新技术的信息获取和研发投入存在主观上的能动性不足。另外，由于技术的研发与运用存在风险，加之新型农业经营主体的管理者多是农民出身，资金有限，而且天生对风险的厌恶程度高，新技术背后存在的风险是难以被他们所接受的。

三是新型农业经营主体在技术获取方面存在的供需脱节问题。①供需渠道脱节。新型农业经营主体对于新技术的获取大多是被动地接受，一般是相同区域内其他新型农业经营主体或者基层技术站将新技术进行推广，这样的推广方式依赖于当地政府对于技术的推广力度，以及其他新型农业经营主体的技术运用水平。也就是说，相对其他新型农业经营主体进行技术推广，从政府获取新技术是较为有效的途径，但目前政府的传统技术推广体系存在对接小农社会的时候存在"最后一公里"的问题，难以真正扎根和深入到乡土社会中，让技术难以通过规模化的推广弥补前期的投入成本。②供需内容脱节。不同类型的新型农业经营主体对不同类型的现代农业技术需求不同，家庭农场和合作社对实用类技术的需求最大，而龙头企业往往对高精尖的技术需求较大，但在现代农业技术供给过程中，许多新型农业经营主体往往难以获取到自身需要的技术，这与区域整体科技水平也有一定的关联。

（三）难以适应产业链竞争环境

改革开放40多年来，家庭联产承包责任制释放了农业经营主体的生产积极性，提高了农业劳动生产率；农业税的取消减轻了农业经营主体的纳税负担，提高了农村社会剩余；三权分置政策激活了农村沉睡的土地资源，奠定了发展适度规模经营的基础，极大地促进了我国农业生产力水平的发展（尹成杰，2014）。时至今日，我国在"三农"领域仍然不断涌现出许多新的制度创新成果，农业农村发展稳步推进，农业产业链日渐形成，形成了一个全新的竞争环境。在这个竞争环境下，单个主体已经难以适应市场的规则，因为这涉及整个产业链的竞争，即便有一些新型农业经营主体已经实现初步共生，但由于利益联结不紧密等原因导致组织松散，让其仍旧难以适应产业链竞争环境。

（四）对中小型新型农业经营主体金融扶持力度仍待加强

区别于传统农户经营模式，新型农业经营主体集约化、现代化程度较高，其通过土地流转经营的土地规模较大，再加上苗木、化肥、农药等投资，一些新型农业经营主体年资金需求往往在100万元以上。同时，随着新型农业经营主体的逐步发展，其对金融服务的需求也呈现多样化趋势。此外，由于受自然灾害、市场行情等因素的影响较大，新型农业经营主体一年的农业生产利润率可能为负，3~5年才可能达到农业生产的平均利润水平，农业实现盈利周期较长，这与当前金融供给相对单一存在一定矛盾。

一是农村金融供给主体较为单一。目前，国有大型商业银行、农村中小金融机构是支持新型农业经营主体的主力军，政策性银行、股份制银行、邮政储蓄银行、城市商业银行受网点或信贷管理模式限制，支持新型农业经营主体发展的力度相对较弱。

二是农村金融创新不足。一方面，当前农村金融市场竞争仍不充分，银行业机构创新动力不足；另一方面，全国性银行产品创新链条较长，从基层行提出需求到省级行乃至总行审批需要较长时间，影响了创新效果。而农村中小金融机构虽然创新链条短，但创新能力不足，金融服务效率也难以提高。

二、实现"生态宜居"维度存在的困境

乡村振兴，生态宜居是关键。实施乡村振兴战略，需要以习近平总书记提出的"绿水青山就是金山银山"为理念，实现人与自然的和谐共生，改变农村以前的依靠过度消耗农业资源的发展方式。

农业生产不仅是经济行为，也是生态环境行为。然而，新型农业经营主体目前存在过多追求经济利益，一定程度上忽视生态利益的问题，这种行为不仅导致自身生产的农产品难以达到消费者的需求，影响销售额的增长，还破坏了自身所处的自然环境，透支了未来的发展潜力。以粮食生产来说，长期以来的追求主要是集中在量上，集中在增产增收上，对于粮食的质量安全和是否符合国家相关标准的重视程度不够高，对生产方式是否绿色循环不够重视，这体现在过度使（施）用农药、化肥等方面。这样的方式虽然在短期内能够实现粮食增产，但其实是以生态为代价换取的，是透支子孙后代的生态财富。另外，部分新型农业经营主体的管理者认为土地流转存在期限，应该在短期内尽可能地压榨土地的价值，因此滥用农药化肥等行为相继出现。

三、实现"乡风文明"维度存在的困境

乡风文明能够有效吸引城市要素资源向乡村转移，进而促进产业兴旺。但在实践中，有一个关键问题无法忽视，与小农社会伴生的小农思想已经扎根于农村大地几千年，小农思想的种种不足造成的小农生产对传统生产生活方式的惯性依赖，与以企业化、规模化、专业化和标准化为主要特征的现代农业逻辑不相适应，自然也难以适应新型农业经营主体的运行逻辑。国家《乡村振兴战略规划（2018－2022 年）》中明确提出，农业龙头企业、农民合作社等新型农业经营主体要建立现代企业制度，这也是新型农业经营主体共生发展需要的，因为这有利于共生体中多方的合理运转。可是顶层设计要求与现实情况存在着冲突，令新型

农业经营主体构建现代企业制度陷于困境。主要包括以下四类冲突：

一是乡土情理与市场意图的冲突。中国农户向来善分不善合，且存在一定文化排外性，在一些多民族杂居的地区尤其如此，其本质是农民的人格和心理。造成这种人格和心理的原因是以土地制度为核心的农村制度设计、各民族文化风俗的迥异、自给自足的小农思想、基于乡土关系的邻里认同等。市场资本追求规模效益，高度分散且排外的小农经营无法实现规模效益，反而带来高额服务和沟通成本，不符合市场的意图，资金实力雄厚的企业能承受这个成本，但规模相对小的企业在实践中更多选择会服务有一定经营规模的农户，或侵占小农生产利益以弥补成本，这是资本的必然行为。

二是技能同质与组织壮大的冲突。现代农业与传统农业的区别之一在于现代技术所带来的专业化分工程度的不同，不同的岗位需要懂得不同技术的人来胜任，自给自足、自我承担生产全过程的小农生产可以看成是自然经济状态下传统农业小而全的缩影，造成的家家户户在技能上的高度同质化，即便组织起来也无法满足新型农业经营主体壮大的需求，易导致新型农业经营主体"大却弱"。

三是思维固化与时代要求的冲突。我国不同地区存在不同的宗教和文化信仰，而且一些地区信教群众众多，宗教文化深深影响着当地农业生产。受宗教文化影响，一些地区的小农户形成了独特且固有的发展观念，而这些观念对于发展现代农业、构建现代企业制度有时起到了阻碍的作用，如安于现状、观念保守、固守传统的生产方式等，多数文化程度较低的小农户对现代农业发展迸发的活力态度漠然，认为遵循那些在外人看来早已落后的传统生产方式天经地义，主观上甚至对发展现代农业生产、涉农互联网及大数据等政策做法不以为然，内在发展动力不足，抗拒和新型农业经营主体的合作。

四是保守印记与准则规范的冲突。即便政府为新型农业经营主体生产搭好市场舞台，也为新型农业经营主体将小农户整合起来，但小农生产的弱势令小农户与市场主体建立契约关系时产生不信任感，在个体文化认知的影响下极易演化为不公平感，这种不稳定的合作关系必然导致遵循市场准则规范概率低，过于看重眼前利益而放弃长期合作可能带来的潜在利益。如养鸡户与企业签订收购订单，销售时，农户为了增加鸡的重量，在出售前往鸡的胃里灌石粉。

四、实现"治理有效"维度存在的困境

实现乡村"治理有效"，是国家有效治理的基石，也是我国社会建设的基

石。"治理有效"的实现需要抓住乡村产业发展和基层治理两个关键点。在产业发展方面，重在调动乡村内部发展产业的内生动力。作为农村产业发展的生力军，整合不同类型新型农业经营主体的力量，提高新型农业经营主体的发展质量是很好的路径之一。在这个过程中，新型农业经营主体扎根于乡村，其发展为乡村带来了新的要素资源，带动人才回流，重塑村级组织的经济实力，改变了乡村的社会结构，进而影响并改变着乡村的基层治理。反过来，乡村的基层治理是否良好，也影响着新型农业经营主体的共生发展。

一是农民合作社"空壳"问题制约着群众对合作组织的信任。合作社是实现小农户抱团发展闯市场的良好载体，也是我国大力培育发展的新型农业经营主体，由于合作社组织小农户、带动小农户致富的特殊性，其生来就和乡村治理相挂钩，加之目前国家鼓励村两委牵头组建合作社，村支书任合作社理事长，合作社参与村庄治理是其应有之义。然而，目前我国许多合作社存在"空壳"的问题，"空壳社"只是套用国家的惠农政策，真正受益的只是几个人，没有真正发挥合作社带动小农户致富的作用，影响了合作社在农民群众心中的地位，极大地损害了合作社在民众心中的印象，导致大家一提起合作社，一些农民首先的反应就是骗取补贴的虚假项目。这极大地阻碍了正规合作社的健康发展，进一步影响其他新型农业经营主体的共生发展。

二是村庄公共服务资源供给难以平衡。多年来，党中央和各级政府大力支持新型农业经营主体，有效推动了农业农村的发展，但在这个过程中，不可避免地出现新型农业经营主体占有更多的资源问题。也就是说，很多情况下新型农业经营主体成为了农业公共资源供给的最大受益者。地方政府为了激发新型农业经营主体的发展积极性，将更多的涉农财政资金、基础设施建设、项目配套给新型农业经营主体，以至于一些地方出现"资金项目跟着老板走"的现象，财政资金的投入只是惠及了少数人。有些村庄里由于没有财政资金倾斜，农田里水渠和机耕路年久失修，阻碍了农业生产的正常进行，影响新型农业经营主体在农民群众心中的声誉，难免会出现农民抗拒新型农业经营主体到村庄发展的现象。

三是乡村社会空间被挤压，造成新型农业经营主体与农民关系脱节。几千年来，在田间劳作不仅是农民获取生活收入的方式，也是村庄主要的公共社交形式。农民在日常田间劳作过程中在田间休憩的过程中，会进行闲谈，发表对邻里和村庄事务的看法，这是农民日常最主要的交流形式。另外，在田间劳动时，农民之间往往会互相帮助，这也为村庄社会增添了不少人情味。但随着土地流转的推进，农民把土地流转出去之后，自身在田间劳作的时间少了，和村民之间的交流也相对少了，乡村的公共空间被压缩，这种农民之间共同的"业缘"随之减少，而这种"业缘"正是农民参与村庄治理的重要基础。许多新型农业经营主体在扎根乡村经营现代农业的过程中，并没有注重维护或者参与乡村居民的这种公共空间，难以介入由乡村居民构成的乡村社会网络，在一些诸如工期安排、土地流转、工人招聘等方面受到来自乡村社会网络的排斥。

四是乡村群体分化可能带来冲突。土地流转造就了新型农业经营主体的兴起，但同时也让传统的农户离开了赖以生存的土地，卷入农业资本化进程中。传统的农户对于资本化的不适应，会让其对自身的认同不断弱化，认为自身难以得到社会、经济等方面的保障，在一定程度上导致村庄社会阶层和利益分配格局的分化，可能导致因为利益分配问题可能引起的社会冲突，给村庄治理秩序带来影响，进而影响新型农业经营主体在乡土社会的发展。

五、实现"生活富裕"维度存在的困境

习近平总书记提出："说一千道一万，提高农民收入是关键。"2018 年中央一号文件明确提出，要"统筹兼顾培育新型农业经营主体和扶持小农户，采取有针对性的措施，把小农生产引入现代农业发展轨道"。作为发展现代农业的生力军，新型农业经营主体带动小农户实现共同富裕是实施乡村振兴战略对其提出的新要求。但是，新型农业经营主体目前仍处于发展的初期，无论是自身资金实力，还是规模和管理者综合素质，和其他成熟的工商主体相比仍有较大差距。特别是合作社、家庭农场、专业大户等新型农业经营主体在自身发展方面仍然面临许多制约，例如，市场风险保障不足、农业配套设施建设落后等。李瑾等（2019）的研究表明，现阶段过多地强调新型农业经营主体的社会带动作用很有可能会损害其自身发展，最终将影响其社会带动作用的实现。

但是，路虽远行则将至，事虽难做则必成。新型农业经营主体自身发展和乡村实现"生活富裕"两者间并不矛盾，也并不是不能同时进行。主要应提升新型农业经营主体长期发展能力，创新新型农业经营主体补贴机制，建立健全新型农业经营主体保障体系。

第五节　本章小结

　　本章在分析我国新型农业经营主体发展现状的基础上，对与新型农业经营主体发生共生行为的三类主体进行了探讨，分别是小农户、新型农业经营主体和社会非农主体。进一步利用耦合协调度模型分析我国新型农业经营主体共生发展的总体情况，得出如今我国新型农业经营主体、小农户、社会非农主体三者之间的共生发展水平处于"初级共生"阶段，自从实施乡村振兴战略以来，我国新型农业经营主体共生发展的进展幅度是在不断加大的。而对于农业产业化龙头企业、农民专业合作社、家庭农场三者之间的共生水平，从总体来看，处于"中级共生"阶段，正向对称性互惠共生过渡。在实施乡村振兴战略的背景下，新型农业经营主体共生发展也遇到了一些困境，本章根据实施乡村振兴战略的二十字总方针要求，从五个维度探讨了新型农业经营主体目前存在的一些困境，需要进一步推进共生程度以破解。

第五章 乡村振兴视阈下新型经营主体的共生行为效果及利益关系

第一节 乡村振兴视阈下新型农业经营主体与小农户共生发展

新型农业经营主体是发展现代农业的主力军，而现代农业是适度规模经营的农业，要扩大生产经营规模就必须获得土地。这里假设，在目前技术水平下，新型农业经营主体通过扩大生产经营规模能够提高每年的总产值。基于样本数据，以下使用柯布—道格拉斯生产函数探究生产规模这一要素对新型农业经营主体每年总产值的作用效果。得到新型农业经营主体生产函数为：

$$Q = aK^bL^c \tag{5-1}$$

两边取对数可得

$$\ln Q = \ln a + b\ln K + c\ln L \tag{5-2}$$

式中，Q 表示新型农业经营主体每年总产值，a 表示现有技术水平，K 表示固定资产投资额，L 表示农业劳动力投入，b 和 c 分别表示固定资产投资额和人数的弹性系数。

在柯布—道格拉斯生产函数中，如果 b + c > 1，则认为是递增型，表明按照现有技术水平，扩大生产经营规模是有利的；b + c < 1，则认为是递减型，表明按照现有技术水平，扩大生产经营规模是得不偿失的；b + c = 1，认为是规模报酬不变，表明效率并不会随着生产经营规模的扩大而提高，只有提高技术水平，才会提高经济效益。

为了初步探究目前我国新型农业经营主体的共生效果，我们通过收集到的不同区域的数据得到式中的 Q、K 和 L。在实际农业生产经营中，新型农业经营主体往往通过农业社会化服务获得现代技术，为了便于分析，假设一个区域内新型农业经营主体获得的农业社会化服务水平相同，即可把 α 视为常数，通过 lnQ = blnK + clnL 的模型来进行回归。详细结果如表 5－1 所示：

表 5－1　柯布—道格拉斯生产函数回归结果

模型		非标准化系数		标准化系数 Beta	Sig.
		B	标准差		
1	（系数）	− 7. 547	0. 295		0. 002
	b	0. 532	0. 001	0. 953	0. 001
	c	0. 627	0. 001	0. 147	0

可以发现，目前所收集的样本中，b + c > 1，即处于递增型，表明按照现有技术水平，新型农业经营主体通过扩大生产经营规模是有利于提高每年总产值的。柯布—道格拉斯生产函数如式（5－3）所示：

$$lnQ = 0.953lnK + 0.147lnL \tag{5-3}$$

根据式（5－3），对于新型农业经营主体来说，扩大土地规模从而总价固定资产投入，以及增加劳动力投入是扩大生产经营规模的主要方式。在我国现行土地制度下，新型农业经营主体获得土地的主要渠道是从农民手中将土地流转过来，同时在流转土地的过程中自然而然地会和农户产生劳务合作，这也变相地为新型农业经营主体增加劳动力投入提供了渠道。

如果产业化龙头企业和小农户之间不存在相互依存的关系，虽然双方仍然可以在一定程度上获得发展，但这既难以实现利益最大化，又不符合我国政策的导向。因此在实践中，两者往往通过契约和利益联结达成合作共生关系，这种关系的外在表征就是"公司＋农户"等模式。

目前我国大部分地区都存在着"公司＋农户"和"公司＋家庭农场＋农户"等多种模式，这种小农户与新型农业经营主体这两类主体在农业生产的过程中相互影响的模式，能够让双方共同服务于我国农业现代化的发展（何建兵，2019）。

就"公司＋农户"模式而言，对于龙头企业，如果没有通过订单农业的方式连接小农户群体，让小农户参与公司的农业生产，龙头企业仅仅依靠现有的一定规模的土地进行农业生产，其土地产量虽然会获得一定的缓慢增长，但会陷入Logistic 规律，即在快速增长之后进入缓慢增长阶段，最后增长趋势可能会停止，难以实现产量的最大化增长（衡霞，2008）。而当小农户通过订单农业的方式加入龙头企业的农业生产中，就相当于加大了龙头企业的劳动力投入。而且，以从事具体农业生产的角度来说，一般而言，小农户是比龙头企业更有经验的，龙头企业在资本运营、生产管理、市场营销、品牌打造等方面更擅长，其完全可以脱身于具体的农业经营，专事技术指导，拓展产品市场销售范围。因此，两者通过这种共生关系形成了分工，发挥了双方的优势，既降低了龙头企业的生产成本，增加了了产量，也为农户提供了相对稳定的市场销售渠道。

"公司＋农户"模式在发展过程中还演化为了"公司＋合作社＋农户"的模式，在该模式中，由于合作社能够帮助企业组织农户并和农户签订合作契约，进一步监督农户的生产行为，因此能够大大降低企业的交易费用和监督成本。对于农户来说，合作社是对接企业的一个桥梁，也是保障自身利益的一个载体。农户加入合作社后提升了自身的组织化程度，能够从较为稳定的渠道获取费用较低的农业社会化服务（由规模效应所产生的费用降低），所生产的农产品质量得到提高，销售渠道也得到了保障，收入因此会得到一定程度的提高。这种模式优化农业企业和农户的共生关系，使之向互惠共生方向进化，提高了双方收入（庞燕，2016）。

因此，从理论上说，包括农业产业化龙头企业在内的新型农业经营主体具有和小农户共生发展的必要性，也具有一定的实践基础，但在该共生系统中，两者的共生程度对新型农业经营主体收入水平的提升有何影响还有待进一步研究。接下来运用共生度模型进行研究。

共生度的基本含义是两个共生单元或共生系统之间质参量变化的关联度。它反映两个共生单元质参量能量相互影响的程度，也就是共生体之间的共生程度。假设存在共生单元 A 和 B，它们分别有象参量 X_i 和 X_j 和质参量 Z_i、Z_j，定义 A 和 B 的共生度 ε_{ij} 为：

$$\varepsilon_{ij} = \frac{\dfrac{dz_i}{z_i}}{\dfrac{dz_j}{z_j}} = \frac{z_j dz_i}{z_i dz_j} \quad (dz_j \neq 0) \tag{5-4}$$

式中，ε_{ij} 表示共生单元 A 和 B 的以质参量描述的共生度，其含义是共生单元 A 的质参量 Z_i 的变化率所引起或对应的共生单元 B 的质参量 Z_j 的变化率。如果 Z_i 和 Z_j 分别是 A 和 B 的主质参量，则 $\varepsilon_{ij} = \varepsilon_{ij}^m$ 称为 A 和 B 的特征共生度，它是最具有代表性的表征 A 和 B 的共生特征的变量，该式可转化为式（5-5）。

$$\varepsilon_{ij} = \frac{z_{mi}}{z_{ml}} \cdot \frac{dz_{mi}}{dz_{mj}} \qquad\qquad (5-5)$$

根据前文分析，该共生系统中新型农业经营主体的主质参量为年农产品总产量，小农户的主质参量为其年收入水平，因此，Z_i 为新型农业经营主体标准化后的年农产品总产量，Z_j 为小农户的标准化后的年均收入水平。将式（5-5）的共生度模型与调研地区的新型农业经营主体收入样本数据进行拟合。考虑到共生系统的复杂性，因此决定用多项式回归，分别使用 R 软件运行对数回归（Logarithmic）、逆回归（Inverse）、二次回归（Quadratic）和三次回归（Cubic），得到如下结果。根据输出的 P 值结果，二次回归（Quadratic）和三次回归（Cubic）的拟合效果较好。如图 5-1 所示。

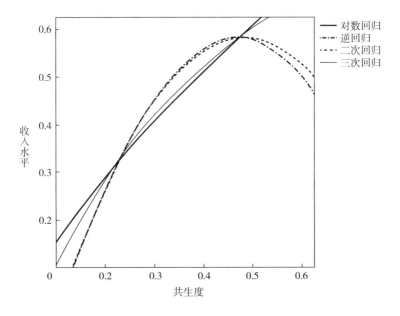

图 5-1　新型农业经营主体与小农户共生的收入效果拟合

通过图 5-1 可以看出，在一定范围内，随着共生度的不断增加，新型农业经营主体的收入水平不断提高。在小农户与小农户共生模式下，其收入在开始阶段会随着时间的推移增加，但其增长率在不断降低，当共生度超过 0.5、收入水平达到 0.6 左右时，其收入会随着时间的推移而逐渐降低，从模型拟合的角度论证了"实现新型农业经营主体与小农户的共生"只能在一定程度内实现收入水平的增长，并不具备长期的持续性，主要是因为小农户给新型农业经营主体带来的主要是劳动力以及土地规模，但小农户并不是高综合素质的劳动力，而且在我国许多地区土地规模也难以进一步扩大，因此呈现了如图 5-1 所示的倒"U"形，而要进一步提升新型农业经营主体的收入水平，还需要另寻他路。

第二节　乡村振兴视阈下新型农业经营主体与新型农业经营主体共生发展

当某种农产品种植达到了一定规模，就必须运用现代化方式提高农产品的质量与价值，才能进一步激发农产品的商业价值。新型农业经营主体与小农户之间的共生行为往往形成了"公司＋农户""合作社＋农户"等模式，但在发展现代农业的过程中，往往需要现代农机、自动化灌溉设施、市场销售渠道等现代生产要素的流入，对于许多合作社、家庭农场来说，仅通过自身的能力是难以全部实现的，因此需要和有这些要素的主体合作，实现互补有无。新型农业经营主体是实施乡村振兴战略、推进农业现代化进程的主力军，拥有着先进的技术资源和丰富的现代农业要素，尤其是农业产业化龙头企业等，通过这些要素能够在一定规模土地的条件下提升农产品的产量和品质，进而在市场销售中获得更高的销量。因此，本书认为，新型农业经营主体与小农户共生形成具有一定土地规模的小农户组织之后，还需要进一步和具有现代生产要素的新型农业经营主体进行共生，借助现代生产要素提高农业生产质量与效益，从而提高自身收入。同样使用如式（5-6）所示的共生度模型，并进一步构建收入—共生度模型。

$$\varepsilon_{ij} = \frac{z_{mi}}{z_{ml}} \cdot \frac{dz_{mi}}{dz_{mj}} \tag{5-6}$$

式中，z_{mi} 为第 i 个新型农业经营主体标准化后的年销售收入增长率，z_{mj} 为第 j 个新型农业经营主体标准化后的年销售收入增长率。根据输出的 P 值，该共生系统的回归分析中三次回归（Cubic）拟合效果较好，如图 5-2 所示。根据上文分析，这里使用新型农业经营主体与新型农业经营主体两者的年销售收入增长率作为主质参量。将式（5-6）的共生度模型与调研地区的新型农业经营主体及新型农业经营主体共生的收入样本数据进行拟合，在该共生中，共生单位为新型农业经营主体和新型农业经营主体，主质参量为新型农业经营主体的年销售收入增长率。

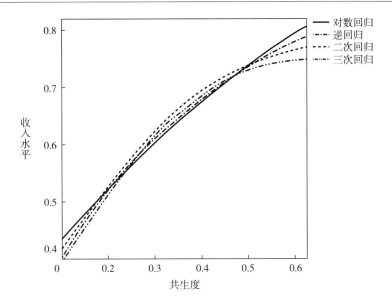

图 5 - 2　新型农业经营主体与新型农业经营主体共生的收入效果拟合

通过新型农业经营主体与新型农业经营主体的收入水平—共生度曲线回归模型可以发现，新型农业经营主体与新型农业经营主体共生相对新型农业经营主体与小农户共生来说，在共生度同样为 0.5 的条件下收入水平的峰值得到了提高，但是在该共生关系中，当共生度在 0.55 左右的时候，收入水平同样出现了下降，也就是说，新型农业经营主体和新型农业经营主体之间的共生仍然存在着改进的空间。

第三节　乡村振兴视阈下新型农业经营主体与社会非农主体共生发展

我们推测，新型农业经营主体与新型农业经营主体之间共生已经能实现适度规模经营，也具备了实现农业市场化的能力，但仍然缺乏让其收入水平提高的某些要素。随着经济时代的演进，农业已渗透到第二产业和第三产业等非农部门，在这个背景下，邓心安（2012）提出农业易相发展（Changing - phase Development of Agriculture）理论，该理论认为，传统农业的发展已经拓展到"非农"范畴，"非农"能够促进农业的发展，两者能够达到共生共荣的状态。如今实践中已经出现"家庭农场＋农民专业合作社＋网络营销商""家庭农场＋农民专业合作社＋连锁超市""家庭农场＋农民专业合作社＋产业化龙头企业""种养型家庭农场＋农民专业合作社＋农业产销企业"等模式（何劲等，2018）。在这几种模式中，包括了"网络营销商""连锁超市"等非农主体，它们往往由社会非农主体创立。

2019年11月19日，农业农村部部长在南京举行的全国新农民新技术创业创新论坛上提出，社会非农主体下乡不是新鲜事，改革开放以来先后有三次工商企业和资本下乡的热潮。20世纪80年代初很多国营企业通过"星期天工程师"等形式将人才、技术和资金带到农村，助推了乡镇企业异军突起。90年代大量社会非农主体参与农业"产加销服、贸工农旅"一体化，成为带动农业产业化市场化的重要力量。党的十八大以来，新一波社会非农主体进入农业，这些主体包括返乡农民工、互联网企业、房地产企业、大学生"创客"、农村能人、金融机构等，其中，既有农业主体，也有非农主体跨界投资。这些主体既有直接创办农业龙头企业，也有联合农民创办合作社，还有联合村集体吸引其他主体参与，共同发展农产品加工、餐饮、民宿、旅游等产业，提高了村集体经济收入水平，也有助于农村人居环境、农村基础设施建设、公共服务改善等方面的改善。社会非农主体能够利用新技术、新理念等进一步挖掘农业产业的特色，提高农业的附加值，因此，这里假设新型农业经营主体与社会非农主体共生能进一步提高其收入水平。以下同样运用收入—共生度模型，以新型农业经营主体和社会非农主体共生的样本数据进行函数拟合。

$$\varepsilon_{ij} = \frac{z_{mi}}{z_{ml}} \cdot \frac{dz_{mi}}{dz_{mj}} \qquad\qquad (5-7)$$

在该共生关系中，共生单元为新型农业经营主体和社会非农主体，其中，新型农业经营主体的主质参量为标准化后的年销售收入增长率，社会非农主体的主质参量为其固定资产投资额。根据输出的P值，该共生系统的回归分析中对数回归（Logarithmic）拟合效果较好，如图5-3所示。

通过新型农业经营主体与社会非农主体的收入水平—共生度曲线回归模型可以发现，新型农业经营主体与社会非农主体共生相对新型农业经营主体与新型农业经营主体共生来说，在共生度同样为0.5的条件下收入水平的峰值得到了提高，同时在共生度为0.55左右的时候，函数曲线下降的趋势得到了延缓，也就是说，把社会非农主体加入共生系统中，能有效对新型农业经营主体收入水平的长期增长进行改善。

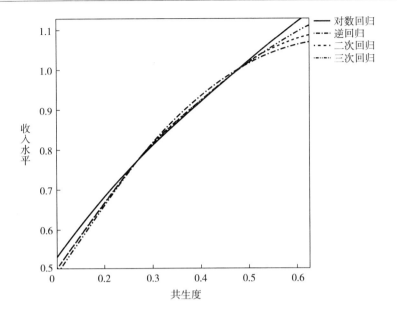

图 5 - 3　新型农业经营主体与社会非农主体共生效果函数拟合

第四节　乡村振兴视阈下新型农业经营主体
共生发展的利益关系研究

一、新型农业经营主体与小农户之间的利益关系

我国的双层经营体制产生了大量从事小规模农业生产经营的家庭承包农户，第三次全国农业普查的数据显示，我国的农业生产经营人员共有 3.1422 亿，其中 2.0743 亿是农业经营户，具有一定规模的农业经营户仅有 398 万[①]。可见，仍然有 2 亿多的农业经营户属于小农户范畴，数量非常多。因此，在乡村振兴视阈下，新型农业经营主体与小农户共生发展过程中利益关系的重要落脚点是如何构建利益联结机制带动小农户衔接现代农业发展，这也是中国特色农业现代化建设

①　第一农经. 国家统计局发布第三次全国农业普查结果［EB/OL］. http：//news. 1nongjing. com，2017 - 12 - 14.

亟待解决的理论和现实问题。

在各类新型农业经营主体中，农业产业化龙头企业一般具有较强的辐射带动能力，这是因为其往往有一定的资产规模，参与国内外市场竞争的能力较强，能够通过资本的方式把千家万户手上分散的农业资源整合起来，形成强大的集团竞争力，从而带领小农户走向市场，实现企业发展和农户增收的双赢。在如今背景下，农业产业化龙头企业要想进一步做大，需要和小农户建立利益共享及风险共担机制，这种机制的外在表现是两者之间的利益联结模式，本质上其实是两者之间的利益分配规则。这种利益联结关系分类横向联结和纵向联结，横向联结指的是企业和分散农户建立利益关系，纵向联结指的是企业和农户组织起来形成的合作社建立利益关系。目前的实践中，纵向联结是如今农业产业过程中最重要的模式。

在各地的实践中，两者之间的利益联结关系主要包括契约、合作、产权或股权三种形式，与之对应的组织形式可分为松散型、半紧密型、紧密型组织三种类型（陈学法和王传彬，2010）。

（一）契约型的松散利益关系

利益联结关系和组织形式是有密切的关系的，这是因为企业与农户之间的利益关系往往建立在契约之上，而企业或组织本质上就是一系列契约关系的联结（Jensen M. C. and Meckling，1976）。企业的存在或发展过程，本质上就是用一组契约被另一组契约代替的过程，或者是用长期契约代替短期契约，用要素契约代替商品契约，从而降低契约的数量，最终实现交易费用的降低（Coase and Ronald H.，1937）。不同类型契约之间的区分是相对的，它们之间的关系往往是相互交叉的，无论是企业和农户之间签订哪种契约，只需要按照契约进行产品交付就行，双方仍然是独立的经济体，不存在谁支配谁。从这个角度来理解，现实中存在的"企业+农户""企业+中介组织""企业+合作组织"等，本质上是一种契约型的松散利益关系，这种关系的时间长度完全基于契约所约定。

（二）合作型的半紧密利益关系

相对于契约型松散利益关系中的产品交易，要素交易则更进一步，因为要素契约包括合作与股权契约，这种关系属于长期的一体化契约，这种契约的执行往往是对要素产权进行安排，即企业通过契约将农户的要素产品进行安排，将农户纳入自身内部形成一体，这种契约安排所形成的组织形式，有学者将其分为纵向一体化以及横向一体化（龙方和任木荣，2007）。在纵向一体化组织模式中，即便有多样化的现实表征，但核心做法是企业通过一定方式购买要素，令要素进入企业生产经营过程中，比较典型的现实表征是"反租倒包"模式。在这个模式中，企业先在农户的承包地上进行生产活动，同时雇用农民在基地工作，让农民成为产业工人，农民获得土地租金与劳务工资，企业拥有剩余索取权与剩余控制权。虽然囿于我国土地制度的原因，农民所承包的土地不能进行买卖，只能通过土地经营权流转让企业在租期内拥有农民土地的经营权，但在利益联结关系方面，通过土地作为契约要素实现企业和农户的利益同时得到保障，双方之间的利益关系较契约型的松散利益关系而言更紧密。

（三）产权或股权型的紧密利益关系

对于"紧密型"的利益联结方式，则涉及横向一体化的组织模式。这种模式也有很多现实表征，从股权形式连接的角度看，能分为以下四种：第一种是新型农业经营主体之间的横向一体化，尤其体现在农业产业化龙头企业之间，企业之间通过兼并、购买或控股等形式更大型的企业；第二种是小农户之间通过横向一体化形成农民专业合作社；第三种是企业和农户之间的合作；第四种是企业和农民合作组织的合作。这种通过股权进行联结的利益关系，这里称为产权或股权型的紧密利益关系。

（四）松散利益关系的弊端

虽然我国企业与农户间的利益联结在目前主要采用契约的制度安排，但许多地区仍是"松散型""半紧密型"相结合占据主导，尤其是在欠发达地区，"松散型"仍占据主导，而在"松散型"利益联结关系中仍存在许多问题。首先，商品契约虽然对农民的利益能够有一定程度的保障，有助于缓解小农户与大市场之间的矛盾，但其本质上并没能提高小农户的组织化程度，两者之间仍然是独立的个体，小农户仍然是小规模的经营，难以实现和农业现代化有机衔接。其次，企业难以降低交易费用，由于企业直接面对数量庞大且分散的小农户，导致企业签订契约以及管理农户的成本非常高，而且农户的生产经营活动非常容易受到自然因素的影响，导致农产品的产量和价格波动较大，间接提高了企业的谈判成本和农户的履约成本。最后，存在违约率这个难以避免的问题，这个问题的存在直接导致了"公司＋农户"型组织的不稳定，对于公司来说，农户的违约行为会让公司重新选择合作对象，对于农户来说，也会重新选择合作公司。

从上述分析可知道，契约型利益联结关系是较为松散的联系，完全可以用合作机制或者股权机制来代替，使其变为紧密型联结，从而大大缓解了上述问题。

在紧密型连接中，利益双方有严格的经济约束，而且由于双方形成了利益和风险共同体，能够以更高的积极性参与生产经营。

因此可知，目前虽然不少地区仍然存在"公司+农户"型的松散型利益联结，但该模式会不断改进，朝着紧密型的利益联结方向转变，合作与股权联结将替代传统的商品契约联结。

（五）紧密型股权联结的优势及其路径选择

股权联结的组织形式在我国各地已经有了大量的实践，并取得了良好的成效。目前来说，这种利益联结组织形式主要包括两种模式，第一种是农业产业化龙头企业之间的并购或控股，第二种是农户之间的股份合作。第一种模式主要作用于提高农业产业的集中程度以及企业的组织化程度，但难以解决分散小农户的组织化问题；第二种模式通过股权把大量的小农户联结起来，形成了有组织的农民群体，但仍然缺乏现代化要素的流入，很容易形成"大而不强"的农民组织。所以，企业与农民合作组织之间的紧密股权联结更为适合今后的发展，这种模式如今在实践中已经开始铺开，取得了良好的效果，但为了更进一步对其进行改进，仍需要对企业和农户之间的不同股权联结方式作比较。

根据企业和农户之间股权联结的方式的角度，可有两种类型的联结：

第一种是农户以要素入股到企业中，这里说的要素包括劳动力、土地、设备等，通过这种方式，农户可以获得企业的股份，从而建立起紧密的利益联结关系。这种紧密的利益联结关系以股份的形式进行分红，表现了企业和农户之间的新型资产关系，缓解了两者之间的矛盾冲突，同时两者在产权层面上形成了利益共享、风险共担的利益共同体。但这种模式也存在现实问题，即农户往往能得到的股份较小，容易被大股东侵吞利益，而且企业仍需要挨家挨户进行对接，交易费用仍然高企。

第二种是农户先以要素入股成立农民合作组织，农民合作组织再将农户的要素整体入股到企业中，与企业建立紧密的利益联结关系。在这种方式中，"公司+农户"模式演变成了"公司+合作社+农户"的模式，在模式上有了很大的改进，主要体现在：一是保证了农产品的品质和农民收入的稳定，这是因为通过农民合作组织对单个农户生产的农产品进行集中采购和初级加工后，能够在一定程度上保证农产品的质量和价格稳定；二是这种模式通过提高农业生产经营的企业化程度，使得合作组织和农民的利益有一致性，降低了整个合作过程中的交易费用等成本；三是由于有严格的经济约束，而且双方同样投入要素，形成了利益和风险的共同体，这能够充分调动合作双方的积极性；四是能够让企业的经营规模得到迅速扩大，实现规模效益。

二、新型农业经营主体与新型农业经营主体之间的利益关系

在上文中已经提到，向紧密型利益联结关系转变是以龙头企业为代表的新型农业经营主体和小农户共生过程中的必然趋势，而随着这个转变的是两者之间的组织形式会变成"公司＋农民股份合作组织"模式，这也是新型农业经营主体和小农户共生过程中利益关系的演化方向。在该模式中，农民股份合作组织的实际载体为农民专业合作社、土地股份合作社等，这已经属于新型农业经营主体的范畴。各类新型农业经营主体的功能定位不同，优劣势也不同，从分工协作从而提高效率的角度来说，新型农业经营主体之间具有合作共生的基础和必要性，接下来进一步讨论新型农业经营主体与新型农业经营主体共生过程中的利益关系。

构建新型农业经营体系需要多主体融合发展，从本质上来说，这和多种类型新型农业经营主体共生发展是有异曲同工之妙的，当前我国新型农业经营体系中的主要形式有"公司＋农户"、"公司＋合作社＋农户"、"合作社＋农户"、农工商一体化等，前两种形式发挥了企业和农户各自的长处，也保证了农户的生产主体地位，但也存在违约率高等问题。而"合作社＋农户"的形式则受限于合作社运行机制待完善等问题，让合作社难以成为引领农业产业化作用的核心。农工商一体化的形式，是把农民变为产业工人，公司通过把控各个生产经营环节从而提高契约的稳定性，但相应地也面临监督成本高企等问题。因此，股权合作是新型农业经营主体之间的主要利益关系表现，但仍需要进一步整合产业链，降低成本。

在这种背景下，农业产业化联合体应运而生。农业产业化联合体是新型农业经营主体之间合作共生形式的一种创新，也是新型农业经营主体共生发展的典型体现。党的十九大提出实施乡村振兴战略后，农业部（现农业农村部）等6部门印发了《关于促进农业产业化联合体发展的指导意见》（农经发〔2017〕9号，以下简称《意见》），《意见》提出，发展农业产业化联合体有利于构建现代农业经营体系，通过"公司＋农民合作社＋家庭农场"组织模式，让各类新型农业经营主体发挥各自优势、分工协作，促进家庭经营、合作经营、企业经营协同发展，加快推进农业供给侧结构性改革。从宏观层面来讲，通过将家庭农场和农民专业合作社纳入其中，农业产业化联合体坚持和完善了家庭联产承包责任制，规避了直接将土地流转给企业可能带来的农地非农化、耕地质量下降等问题。还能够保障粮食安全，提高农户和地方政府的收入。

农业产业化联合体是龙头企业、农民合作社和家庭农场等新型农业经营主体以分工协作为前提，以规模经营为依托，以利益联结为纽带的一体化农业经营组织联盟。一般来说，农业产业化龙头企业是联合体的发起者，而农民专业合作社和家庭农场则为共同发起者，从数量上来说，最少要有1家农业产业化龙头企业，1家成立1年以上的农民专业合作，5家以上的注册家庭农场。联合体只是一种由地方政府部门认定的组织形式，其自身并不具备法人资格。在联合体内部，三种类型新型农业经营主体通过构建契约和章程来确保联合体运行，龙头企业先和家庭农场制定由生产计划、生产标准、收购价格组成的协议，农民合作社为家庭农场提供农业社会化服务，代表企业对其进行质量监督。

在农业产业化联合体中，紧密的利益联结机制是维持联合体内多方合作的关键纽带，也是联合体的主要特征之一。联合体内的成员是基于优势互补的一体化经营，形成了增值利益共享的盈利模式。对于农业龙头企业来说，一方面通过向联合体内其他成员提供农资等产品来获得利润，另一方面通过多方合作形成规模效益，减少了采购环节，改善了农产品质量，拥有了从第一产业向第二产业延伸的基础，也为打造品牌提供了前提。对农民专业合作社来说，其可按照"基本保底，小有盈利"的原则向家庭农场提供农业社会化服务，依托稳定的服务群体和集中连片、一定规模的作业环境获得利润，还可通过监督家庭农场进行农产品生产，完成龙头企业对其的指标任务，从而获得利润。对家庭农场来说，通过加入联合体，既可以获得龙头企业提供的农业社会化服务来提高自身的产量和产品质量，又能获得高于市场收购价格的、相对稳定的农产品销售渠道。

更具体来说，联合体内三大不同类型新型农业经营主体之间的利益关系主要包括以下几种：一是资金联结，龙头企业为家庭农场申请银行贷款提供担保，或者直接向家庭农场提供资金借贷服务，然后直接在回购家庭农场的农产品时将其扣除；二是资产联结，如家庭农场可将自身所拥有的农机等资产入股联合体，或者以土地等其他资产进行入股；三是技术联结，联合体内的农业龙头企业通过合作社将新型种养技术推广到家庭农场，在这个过程中，农业龙头企业起到技术研发者的作用，合作社作为一个技术传播中介，将技术传播到农业生产的一线——家庭农场手中；四是品牌联结，联合体根据国家质量标准制定统一的生产标准，对于符合生产标准的家庭农场和农民专业合作社，龙头企业授权它们所生产的农产品使用企业品牌；五是服务联结，联合体内的龙头企业往往具备一定水平的农业社会化服务供给能力，龙头企业通过为农民专业合作社、家庭农场提供粮食仓储、加工烘干、市场销售、农机租赁、信息咨询、金融贷款等一系列服务，通过农业社会化服务实现联合体内各方之间的紧密联结。

三、新型农业经营主体与社会非农主体之间的利益关系

在城市资本过剩（温铁军，2006）和国家政策不断加大对农业农村发展支持的背景下，城市的工商资本纷纷下乡参与发展现代农业，这种"资本下乡"浪潮成为中国农业转型最明显的表征之一（陈义媛，2019）。在新一轮社会非农主体下乡浪潮中，既有传统农业企业，也有房地产、信息、电商等企业跨界投资，以及相关专业技术、社会服务、金融机构参与其中①。这些社会非农主体，要么通过土地经营权流转成为农业产业化龙头企业，发展适度规模经营，进一步与村集体、农民专业合作社、家庭农场或者小农户中的农村能人合作，要么通过投资冷链物流设施和公益性服务，参与农业社会化服务供给。因此，新型农业经营主体与社会非农主体之间的利益关系，与上文所述的新型农业经营主体之间共生的利益关系类似。

要特别说明的是，相对于乡土社会本土成长起来的企业，由于社会非农主体多为外来角色，很容易遭受到来自村庄内部的抵触。这是因为我国乡村社会是一个人情社会，从我国农耕社会开始，中国的农业生产一直高度嵌入在乡村社会中，乡村社会既是一个生活共同体，也是一个农业生产共同体。社会非农主体作为乡村社会的外来者，其在下乡与新型农业经营主体发生共生行为、产生利益关系的过程中，不可避免地会"纠缠"于乡村社会关系网络中，这些社会关系影响着社会非农主体与新型农业经营主体之间的利益关系。

第五节　本章小结

共生行为对新型农业经营主体的主要作用在于对其收入水平的提升。通过本章的分析，新型农业经营主体与小农户之间存在共生的前提与可能，两者之间的

---

①　中华人民共和国中央人民政府网．社会非农主体下乡指南——农业农村部部长韩长赋解析乡村投资兴业大潮［EB/OL］．http：//www.gov.cn/xinwen/2019－11/19/content_ 5453598.htm.

共生有助于扩大新型农业经营主体的生产规模，从而提高收入。新型农业经营主体之间的共生行为能够改善其与小农户共生时缺乏现代要素流入的困境，通过互相供给农业社会化服务集约现代要素提高农业生产质量与效益，从而提高自身收入，但在该共生系统中新型农业经营主体的收入水平仍存在提升空间。进一步地，在社会非农主体下乡背景下，新型农业经营主体通过和社会非农主体共生，能够利用新技术新理念等进一步挖掘农业产业的特色，提高农业的附加值，实现新型农业经营主体收入水平的进一步提升。

在利益关系方面，新型农业经营主体和小农户之间的利益关系主要采用三种形式，即契约、合作、产权或股权；与利益联结机制相对应的组织形式可分为三种类型，即松散型、半紧密型、紧密型组织，基于产权或股权合作的紧密型利益联结机制是两者之间共生发展的趋势。新型农业经营主体之间共生的利益联结关系包括资金联结、资产联结、技术联结、品牌联结、服务联结五种类型。新型农业经营主体和社会非农主体之间共生行为的利益联结关系与新型农业经营主体之间共生的利益联结关系类似，但由于社会非农主体的外来性，两者之间的利益关系受到乡土社会关系网络的影响。

第六章　乡村振兴视阈下新型经营主体共生发展的机制

第一节　新型农业经营主体共生发展的影响因素

由上文可知，新型农业经营主体共生发展涉及的主体包括小农户、其他新型农业经营主体、社会非农主体三类，它们之间存在不同的利益联结关系。但不同主体之间存在何种共生机制仍需要进一步探究，这是提炼乡村振兴视阈下新型农业经营主体共生发展模式的重要基础。探究新型农业经营主体共生发展的机制需要先研究其中的影响因素。

一、有关新型农业经营主体共生发展影响因素的文献回顾

新型农业经营主体共生发展源于不同主体出于优势互补、利益共享的目的进行合作，从而达到收入水平提高的效果。心理学家库尔特·列文（K. Lewin）提出，可用一个公式 B = f(P，E) 概括人的行为，这个公式表示的意思是，人的行为受其自身特征和所在环境共同影响。对应到本书所研究的话题，可以推断，新型农业经营主体共生发展行为是众多因素综合作用的结果。

关于新型农业经营主体参与共生的影响因素。首先，了解生态位的概念，生态位（Ecological Niche）是指每个个体或种群在种群或群落中的时空位置及功能关系（王子龙等，2005）。新型农业经营主体参与共生的影响因素，可以借鉴企业参与共生的影响因素的相关研究。由于企业竞争的实质是生态位重叠并引发资源相对不足（钱言和任浩，2006），因而生态位部分重叠的企业通过生态位分离可实现共生（李勇和郑垂勇，2007）。如集群企业通过收缩生态位，将自身的生态位与其他企业分离，创造出新的生态位等以实现同类企业共生合作（杨雪锋和

刘超群，2014），或者通过调整竞争优势，降低生态位重叠度（Hyeonju Seol et al.，2012）。此外，构建基于生态位的战略联盟，通过以产业创新为内核，利用共生机制和模式（Yu Xizhan and Sui Yinghui，2013），打造内部协同效应的网络体系（王东宏，2012），实现生态位的相对分离，减少企业间的直接竞争也是实现共生合作的有效途径（Dedy Sushandoyo and Thomas Magnusson，2014）。其次，环境资源的协同利用是实现生态位共生合作又一策略（李勇和郑垂勇，2007），如农户和龙头企业可从技术、产量与质量等共有介质上进行充分的物质、信息和能量交流（孙昊，2014），即通过上下游企业之间特殊的产业链接关系，形成资源互补和依赖关系。彭建仿等（2012）研究结果表明，企业与农户的互动程度与依赖程度、利益分配方式、安全农产品生产能力、安全农产品生产意识、企业实力、合作伙伴特质、安全农产品生产环境七大因素对企业的共生合作行为有显著的正向影响，安全农产品经济效益对企业的共生合作行为有一定的正向影响，但不显著。此外，人多地少的国情决定了我国的新型农业经营主体难以像欧美国家那样成为农业生产经营的主力军，我国农业生产经营还是以大量的小农户为主，加之新型农业经营主体作为特殊的一种市场主体，在乡村振兴战略过程中还承担着辐射带动小农户致富、带动农业农村发展的责任（阮荣平等，2017）。这方面，钟真等（2014）基于北京调查数据的实证研究表明，新型主体兼具生产和社会服务的双重功能，且政府支持、本地人特征对新型主体提供农业社会化服务有显著的正向影响。鲁钊阳（2016）基于西部 10 个省份的微观调查数据，立足收入和就业视角的研究发现，以偿债能力、营运能力和盈利能力表征的新型主体的发展带动周边农户就业。庞燕（2016）认为，需求和供给的不匹配是影响当前农企共生关系进化的根本原因，促进农户和企业共同进化是保证二者共生关系向互惠共生方向发展的重要实现路径。

关于小农户参与共生的影响因素，可从订单农业发展的支撑条件、影响合同双方履约的因素以及农户参与订单农业的行为选择的研究文献中获得启迪。Eaton 等（2001）的研究表明，订单农业的成功发展取决于多方面因素的作用：农户要有要求，企业的产品要有销路；合同条款要设计合理，农户的选择要有针对性，要对农民提供好的培训和服务；政府要在法律、农业技术推广、基础设施建设等方面为订单农业的发展创造条件。Rusten（1996）对墨西哥订单农业的研究得出结论：合同条款设计是否合理、契约人的选择是否恰当以及风险基金是否设立对农户履约都有影响。Williams 和 Karen（1985）认为，资产专用性对契约的履行有重大影响，专用性资产投入越多的农户履约率越高。Tregurtha 和 Vink（1999）认为，在订单农业中，合同双方越信任，履约率越高，反之则反；合同双方的信任关系比正式的法律制度在保证合同履行方面更有效率。Warning 和 Soo Hoo（2000）的研究表明，企业对签约农户的选择和农户参与订单农业的意愿之间存在着不对称现象，企业希望和大规模农户建立合作关系，而小规模农户更愿意参与订单农业。Zylbersztajn 和 Nadalini（2003）对巴西农户在订单农业中履约行为的研究表明，农户的履约率与农户的经营规模呈正向关系，规模越大的农户履约率越高，反之则反。郭红东（2005）基于 1036 个农户的计量分析结果表明，农户生产的专业化和商品化程度对其参与订单农业行为有显著的正向影响；同时，政府的支持有利于提高农户参与订单农业的可能性。祝宏辉和王秀清（2007）基于新疆 481 个番茄种植户的调查分析结果表明，农户的经营规模、对订单农业的了解程度以及政府的支持对农户参与订单农业有显著的促进作用，随着户主年龄、户主文化程度、家庭劳动力人数以及番茄产业经营年数的增加，农户参与订单农业的可能性将减小。郭锦墉和冷小黑（2006）基于江西省 1085 户农户的研究表明，农产品营销中农户的合作意愿与其农产品经营规模、农产品价格波动程度及政府支持等因素呈显著的正相关关系，而与户主文化程度因素的关系不显著。刘德军等（2014）研究表明，机会主义动机、契约不完全、信息不对称、市场价格波动、心理契约破裂和利益分配机制不合理等六个因素对农户非合作行为具有正向显著影响，其中契约不完全、信息不对称和市场价格波动是通过中介变量机会主义动机因素影响农户的非合作行为。林乐芬和李伟（2015）研究表明，农户对土地股份合作制的相关政策越了解，其越倾向于入股土地股份合作社，这是影响最为显著的因素；农户会随着家庭非农工作比例的扩大而提高入股概率，但也会随着家庭承包土地规模的扩大而降低入股概率；年龄较大的农民因就业途径较窄而更倾向于自营土地而非拿土地入股，但具有养老保险与非农化职业倾向的农民则更容易做出积极的决策响应。叶琴丽和王成（2015）研究显示，显化农户共生效益、增强"精英"农户及村干部的正向引导、提升农户成员受教育水平、培养农户"共生共荣"理念等是深化农户共生关系，促进和谐乡村人居环境建设的重要路径。赵兰香和张素罗（2013）以河北农户为研究对象，认为农户中血缘社会非农主体浓厚；合作意愿较强，但合作能力不足；农户中有良好的社会规范。这种社会非农主体既能激发农民的合作意愿，又能增强农民的合作能力，对建设新型的农民合作组织有着积极的作用。

关于社会非农主体参与共生的影响因素。主要包括工商资本、高校科研机构、第三部门组织、返乡农民等。工商资本方面，曾博（2018）认为，资本稀缺是农业农村发展过程中需要克服的要素禀赋因素之一，工商资本进入现代农业弥补了农业资本投入的不足。周振等（2019）认为，工商资本下乡是城乡资本边际生产率变化、制度结构调整、乡村功能转变与企业履行社会责任等共同作用的结果，近年呈现规模增长、领域拓展、方式优化等新特征。涂圣伟（2019）认为，工商资本参与乡村振兴既要让企业"有利可图"，又要保障农民利益不受侵害，关键要建立合理的利益联结机制。利益联结机制包括利益分配机制、利益保障机制和利益调节机制。曾博（2018）认为，工商资本与农户合作须体现投资绩效与农户主体权益的双重平衡。高校科研机构方面，张博文（2018）认为，高等教育作为社会子系统，具有培养人才、发展科技、服务社会三大基本职能，在新农村建设中，高等院校需充分发挥其在科技、教育、经济、文化等方面的社会职能，促进农村社会转型，助力乡村振兴战略。钟裕民（2017）认为，政策议题的性质、地方领导者的民主风格等都会影响智库的有效参与。第三部门组织方面，第三部门组织一般是为了解决相关的社会问题而存在。张和清等（2008）总结出一种优势视角下的农村社会工作实践模式，以能力建设和资产建立为核心，强调如何利用社会工作的介入手法和策略，发掘农村当地社区和民众所拥有的资产和能力，从而使得当地社区和民众成为农村发展的真正主体。张照新和吴天龙（2019）认为，培育农村社会组织，尤其是农民的自组织，是构建具有中国特色乡村治理体系的内在要求，对于激发农村社会的活力、实现以"农民为中心"的乡村振兴具有重大意义。马良灿（2018）认为，梁漱溟从社会结构视野出发，以乡村社区组织建设为切入点，从社会意识重建、社会关系协调、社会秩序重构层面，建构了一套完整的乡村建设理论。吕方（2013）认为，通过适当的助力和管理，农村社会组织将能够与其他一些基层组织形成"共生合作"的局面，共同构筑乡土"新公共性"，从而再造乡土团结。返乡农民方面，纪志耿（2012）认为，在资源和亲情的双重张力之下，四川农民工返乡创业走出了一条独特的"四川模式"，即各级政府和返乡创业农民工深入挖掘四川地区的后发优势，有效促进生产要素的集约使用，充分利用乡土社会的熟人网络，实现内嵌共生与包容共赢的乡村工业化、城镇化、农业现代化联动发展模式。夏柱智（2017）从创业动机形成、创业资源获得和创业模式转型三个角度展现返乡创业农民工和乡村社会的互动机制。

二、新型农业经营主体共生发展影响因素假设

根据上述文献分析，可对影响新型农业经营主体共生发展的因素进行假设。新型农业经营主体共生发展的行为包括两层意思：一是小农户、新型农业经营主体和社会非农主体选择进行共生合作促进各方收入提升；二是收入提升基于各方的互惠共生行为而得以进一步促进，共生合作机制促使多方共同发展、共享利益。因此，对其影响因素的选择即是从以下两方面来考虑的：

（一）小农户、新型农业经营主体和社会非农主体为什么要共生合作

从小农户角度来说，随着生产力的发展，农业向着专业化、产业化发展，但农业生产经营中深层次的矛盾仍然困扰着农业现代化进程，解决这些矛盾要通过发展农业专业化合作组织，从而提高农民的组织化程度（蔡国平，2000）。单独的农业经营主体势单力薄，需要相互协作、配合，激发小农户自身的意愿来进行组织生产合作（张红宇，2018）。将农民组织起来是实行乡村振兴战略的基本前提（贺雪峰，2019），通过专业合作组织有效地组织起农民进行生产和销售，降低了市场风险，提高了农民的组织化程度（陈雯桢，2000），能够更好地提高农户的收入水平（陈纪平，2008）。另外，"公司＋农户""企业＋家庭农场"和"公司＋家庭农场＋农户"等多种模式能够有效地让农户组织起来，将农民组织化的视野范围进一步扩大（罗必良，2012）。还有的学者进一步提出，不仅要靠合作社来提高组织化，还可以学习农业先进国家，实现合作社之间的联合体，构建具有中国特色的以农民专业合作社为基础的农业组织化体系以及合作社的联盟组织（徐旭初等，2013）。从组织生态学视角看，这些农业经营组织的演进过程可视为农户、涉农企业、合作组织等不同主体之间通过特定联系建立起互惠共生系统的过程（刘畅和高杰，2016），因此共生行为有利于小农户收入提升。

从新型农业经营主体的角度来说，新型农业经营主体之间相互合作、优势互补、形成农业产业链是全球农业发展的大趋势。新型农业经营主体共生发展不仅有助于缓解同质化竞争问题，这个过程中还能将分散的单个农户家庭组织起来，形成具有一定生产经营规模的经济组织，在节约经营成本的同时也提升了抵抗各种风险的能力。因此，共生行为有利于新型农业经营主体收入提升的同时，能提升其市场竞争实力。

从社会非农主体的角度来说，对于工商资本，调查结果显示，许多工商资本出于抓住市场机会、政府号召、竞争需要、自身立足等因素参与共生行为，乡村

振兴战略的实施带来了巨大的市场机会，加之政府不断出台有利于工商资本下乡、推动土地流转、发展乡村产业的政策，工商资本出于开拓企业版图、开发新市场机会、差异化竞争、满足社会需要等因素进入乡村市场。为了嵌入当地社会关系网络，社会资本会选择与当地的小农户、新型农业经营主体合作。另外，当地基础设施水平也影响共生资本进入的意愿。对于高校科研机构，理论源于实践，一方面，多年来乡村一直是高校科研机构理论研究的题材来源和技术研发的试验田，而且乡村各方面的发展一直也对高校中的技术、人才有极高的需求；另一方面，服务乡村发展也是高校服务社会的职能所在，加之实施乡村振兴战略背景下我国政府加大号召高校参与服务乡村振兴力度，高校科研机构在乡村振兴进程中的参与度也会不断提高。对于第三部门组织，出于解决乡村社会问题、提升乡村社会治理水平、维护农民集体利益等多方面的使命感参与其中，协调小农户和各方的利益。对于返乡农民，其自身有很强的通过创业带动乡亲致富的意愿，从而促使其参与共生。

（二）小农户、新型农业经营主体和社会非农主体的连续共生合作（稳定合作）为什么有利于收入提升

多方建立连续共生合作关系是基于稳定合作关系所带来的好处。稳定的合作伙伴关系有利于保证农产品生产质量的稳定和安全，长期的合作关系不仅能加深多方之间的信任感和依赖度，通过优势互补降低多方之间的竞争程度和交易成本，更能在生产经营活动中确保安全生产标准和规范的执行。因此，连续共生合作关系有利于多方在产业发展中相互促进和共享利益，从而在促进产业发展的同时满足各方在利益上的需求，这种关系的建立和延续主要受以下几方面的影响：一是三者之间对于合作伙伴的选择要求，即合作伙伴的特质会对共生关系的质量带来影响。二是合作过程中多方之间互动关系的质量，根据各方体量和乡村振兴战略要求，实质上可将新型农业经营主体和社会非农主体划为一方，小农户划为另一方，新型农业经营主体和社会非农主体往往起着主导作用。如果新型农业经营主体和社会非农主体经常对小农户进行共生合作意识的教育及培养，及时为小农户的生产经营提供技术支持、培训和资金支持等，则它们之间的合作关系会越加亲密，合作质量必然较高，信任感和依赖度也会提高。三是合理完善的利益分配方式。对理性决策主体来说，利益分配方式应当是决定共生合作关系深入发展的根本，合理的利益分配方式会强化双方的合作意愿，进而加深双方之间关系的密切程度和生产经营的协同程度。

因此，本书将影响共生的因素大致分为两类：一类因素称之为合作动机因素，并具体化为进行共生的外部环境和内在动机因素；另一类因素则称为共生合作机制因素，主要包括共生伙伴选择、互动程度和利益分配方式。如表6－1所示。

表6－1　新型农业经营主体共生发展的影响因素

影响因素			具体指标
合作动机	外部环境	共生发展环境	各共生单元对政府优惠政策的了解程度
	内在动机	共生实力	农产品加工率、农作物耕种收综合机械化率、生产标准化程度、土地流转面积、土地利用率、单位土地劳动力投入、农业科学专利申请数、生产设备先进度、产品营销强度、销售渠道建设强度（营销环节的经费与企业总销售收入的比值）、营销人员占比（营销人员数量和企业总人数的比值）、风险防范与危机处理能力、"三品一标"率
		共生意识	参与共生的新型农业经营主体数量、愿意参与共生的新型农业经营主体比例、参与共生的小农户数量、公共物品供给、领办合作社或家庭农场的乡土能人数量、愿意参与共生的小农户比例、村级综合文化中心覆盖率、农村初中及以上文化人口比例、农村道路通村率、农村固定资产投资额
		共生效益	龙头企业销售收入、农民专业合作社销售收入、家庭农场销售收入、新型农业经营主体带动农户致富的水平
合作机制	共生伙伴	共生伙伴特征	新型农业经营主体所获荣誉级别、人均土地占有量、调查的行政村户籍人口数
	互动关系	互动程度与依赖程度	金融服务供给、技术服务供给、信息服务供给、公共物品供给、基础配套设施投入、订单农业规模、农业科技进步贡献率、村集体平均年收入
	利益分配	利益分配方式	利益分配方式等级

表6－1中，共生发展环境指的是政府鼓励各主体进行共生发展的政策力度，各主体在了解政府的优惠政策后会对共生更有信心，继而会促使共生行为的出现，因此，具体指标用各共生单元对政府优惠政策的了解程度来表示。

共生实力指的是共生系统中各个共生单元的综合实力，现代农业是综合性产业，一二三产业融合发展已经是现代农业发展的必然趋势，共生单元的综合实力越强，越能加强共生系统的整体效能，提高各个共生单元的利益收获水平。这种综合实力包括农产品生产能力、土地利用能力、农业科技运用能力、产品销售能力、抗风险能力、品牌建设能力等方面，具体指标用农产品加工率、农作物耕种收综合机械化率、生产标准化程度、土地流转面积、土地利用率、单位土地劳动力投入、农业科学专利申请数、生产设备先进度、产品营销强度、销售渠道建设强度、营销人员占比、风险防范与危机处理能力、"三品一标"率表示。

共生意识指的是各共生单元参与共生的意识，参与共生的新型农业经营主体越多，在其带动下参与共生的小农户数量就越多，在这个过程中，乡土能人的村庄动员和原有已共生小农户的口碑影响，会有越来越多的小农户参与到共生系统中，同时小农户的这个行为受到村中文化氛围和自身受教育水平影响。外来社会资本在参与当地投资过程中，如果当地的交通基础设施和可投资基础良好，会提高其投资意愿。因此，具体指标用参与共生的新型农业经营主体数量、愿意参与共生的新型农业经营主体比例、参与共生的小农户数量、领办合作社或家庭农场的乡土能人数量、愿意参与共生的小农户比例、村级综合文化中心覆盖率、农村初中及以上文化人口比例、农村道路通村率、农村固定资产投资额等表示。

共生效益指的是共生发展为各方带来的收益，这里主要指收入上的收益，因为这个是最直接衡量市场主体和农民生活水平的指标。调查显示，由于社会非农主体在参与共生过程主要是参与到现代农业发展，其要么帮助新型农业经营主体发展，要么成为新型农业经营主体，通过利益共享与其他主体（尤其是小农户）共享利益。乡村振兴视阈下参与共生的社会非农主体具有多元化的特点，考虑到指标设置的可操作性，这里用新型农业经营主体带动农户致富水平作为具体衡量指标。因此，具体指标为龙头企业销售收入、农民专业合作社销售收入、家庭农场销售收入、带动农户致富的水平。

共生伙伴特征指的是共生单元的特征，具备更好能力、信誉水平的新型农业经营主体会更吸引其他主体与其共生合作，在共生合作过程中，小农户的加入带来了土地，共生系统的土地经营面积会不断增加，总体生产经营规模也会不断加大，因此，这里用新型农业经营主体所获荣誉级别、人均土地占有量、调查的行政村户籍人口数作为具体指标。

互动程度与依赖程度指的是各共生单元之间的互动与依赖，社会非农主体利用自身在资本、技术、信息通过为新型农业经营主体或小农户提供社会化服务，新型农业经营主体也为小农户提供农业社会化服务。除了服务供给这个纽带外，投资当地基础配套设施、土地股份合作、发展订单农业、技术转移落地也会提高共生单元之间的互动和依赖程度。另外，村集体在共生过程中往往承担着连接各方的作用，其实力越强，连接作用越强。因此，这里用金融服务供给、技术服务供给、信息服务供给、公共物品供给、基础配套设施投入、订单农业规模、农业科技进步贡献率、村集体平均年收入等作为具体指标。

利益分配方式指的是各个共生单元之间利益分配的等级，包括市场决定、合同契约、中介组织协调、二次返利、按股分红等。这里用利益分配方式等级来作为具体指标。

三、样本数据获取

根据上述分析及具体指标设置，在界定新型农业经营主体共生发展过程中各主体共生行为的主要影响因素基础之上，设计问卷进行实地调查。2018 年 1 月至2019 年 10 月，笔者组织 50 余位经管类专业研究生分批次在广西、贵州、云南、广东、四川、甘肃、湖南、湖北、安徽、山西、陕西、新疆、黑龙江、浙江等地展开实地调查，涉及种植业、养殖业（包括禽畜、水产）。

实地调查前，笔者进行了问卷初步设计，征求相关专家、学者意见后对问卷进行修改，接着进行预调研，根据预调研过程中存在的问题对问卷进行进一步修改完善。为了确保问卷调查质量，笔者在调查员的挑选、培训、跟踪和支持方面做了大量的工作。在实地调查过程中，调查人员通过田野调查、入户访谈、与企业座谈等方式，发放农户问卷 1232 份，回收问卷 1173 份，问卷有效率为95.2%；发放新型农业经营主体和企业问卷 563 份，回收 542 份，问卷有效率为96.2%，问卷具有较强的代表性和可研究性。

在实地调研中，笔者选择西部地区的广西、贵州、四川，中部地区的安徽、山东，东部地区的广东、浙江、江苏作为进一步的详细调研地区。主要考虑是：兼顾东、中、西地区，所选省份在现代农业发展、多主体合作共生方面有较好的基础，均能代表三大板块。此外，调研的方便性、可实现性也是重要的考虑因素。

根据问卷设计，以下将指标进行赋值，具体如表 6 - 2 所示。

表 6 - 2 变量赋值

影响因素	指标	指标赋值
共生发展环境	各共生单元对政府优惠政策的了解程度	不了解 = 1；不太了解 = 2；比较了解 = 3；非常了解 = 4

续表

影响因素	指标	指标赋值
共生实力	农产品加工率（%）	20 以下 = 1；20～30 = 2；30～40 = 3；40～50 = 4；50 以上 = 5
	农作物耕种收综合机械化率（%）	20 以下 = 1；20～30 = 2；30～40 = 3；40～50 = 4；50 以上 = 5
	生产标准化程度	不太符合安全生产标准 = 1；基本符合安全生产标准 = 2；非常符合安全生产标准 = 3；不清楚 = 4；
	土地流转面积（亩）	100 亩以下 = 1；100～300 亩 = 2；300～500 亩 = 3；500～1000 亩 = 4；1000 亩以上 = 5
	土地利用率（%）	20 以下 = 1；20～30 = 2；30～40 = 3；40～50 = 4；50 以上 = 5
	单位土地劳动力投入（人/亩）	10 以下 = 1；10～20 = 2；20～30 人/亩 = 3；30～50 人/亩 = 4；50 人/亩以上 = 5
	农业科学专利申请数（个）	没有 = 1；1～3 = 2；3～5 = 3；5～10 = 4；10 个以上 = 5
	生产设备先进度	低端 = 1；一般 = 2；国内顶尖 = 3；国际顶尖 = 4；国际领先 = 5
	产品营销强度（%）	5 以下 = 1；5～10 = 2；10～15 = 3；15～20 = 4；20 以上 = 5
	销售渠道建设强度	非常弱 = 1；较弱 = 2；一般 = 3；较强 = 4；非常强 = 5
	营销人员占比（%）	5 以下 = 1；5～10 = 2；10～15 = 3；15～20 = 4；20 以上 = 5
	风险防范与危机处理能力	非常弱 = 1；较弱 = 2；一般 = 3；较强 = 4；非常强 = 5
	"三品一标"率（%）	5 以下 = 1；5～10 = 2；10～15 = 3；15～20 = 4；20 以上 = 5
共生意识	参与共生的新型农业经营主体数量（个）	3 以下 = 1；3～6 = 2；6～10 = 3；10～15 = 4；15 以上 = 5
	愿意参与共生的新型农业经营主体比例（%）	10 以下 = 1；10～15 = 2；15～25 = 3；25～35 = 4；35 以上 = 5
	参与共生的小农户数量（个）	20 以下 = 1；20～50 = 2；50～100 = 3；100～200 = 4；200 以上 = 5
	公共物品供给	没有 = 1；有 = 2
	领办合作社或家庭农场的乡土能人数量（个）	20 以下 = 1；20～50 = 2；50～100 = 3；100～200 = 4；200 以上 = 5

续表

影响因素	指标	指标赋值
共生意识	愿意参与共生的小农户比例（%）	10 以下 = 1；10 ～ 20 = 2；20 ～ 40 = 3；40 ～ 60 = 4；70 以上 = 5
	村级综合文化中心覆盖率（%）	10 以下 = 1；10 ～ 20 = 2；20 ～ 40 = 3；40 ～ 60 = 4；70 以上 = 5
	农村初中及以上文化人口比例（%）	10 以下 = 1；10 ～ 20 = 2；20 ～ 40 = 3；40 ～ 60% = 4；70 以上 = 5
	农村道路通村率（%）	60 以下 = 1；60 ～ 70 = 2；70 ～ 80 = 3；80 ～ 90 = 4；90 以上 = 5
	农村固定资产投资额（万元）	200 = 1；200 ～ 400 = 2；400 ～ 600 = 3；600 ～ 800 = 4；800 以上 = 5
	农村金融机构人民币贷款余额（万元）	200 = 1；200 ～ 400 = 2；400 ～ 600 = 3；600 ～ 800 = 4；800 以上 = 5
共生效益	龙头企业销售收入（万元）	300 以下 = 1；300 ～ 500 = 2；500 ～ 700 = 3；700 ～ 1000 = 4；1000 以上 = 5
	农民专业合作社销售收入（万元）	100 = 1；100 ～ 200 = 2；200 ～ 300 = 3；300 ～ 400 = 4；400 以上 = 5
	家庭农场销售收入（万元）	50 以下 = 1；50 ～ 100 = 2；100 ～ 200 = 3；200 ～ 300 = 4；300 以上 = 5
	新型农业经营主体带动农户致富的水平（元）	带动人均增收 500 以下 = 1；带动人均增收 500 ～ 1000 = 2；带动人均增收 1000 ～ 1500 = 3；带动人均增收 1500 ～ 2000 = 4；带动人均增收 2000 以上 = 5
共生伙伴特征	新型农业经营主体所获荣誉级别	区县级 = 1；市级 = 2；省级 = 3；国家级 = 4；没有 = 5
	人均土地面积（亩）	1 以下 = 1；1 ～ 3 = 2；3 ～ 5 = 3；5 ～ 8 = 4；8 以上 = 5
	调查的行政村户籍人口数（万人）	0.1 以下 = 1；0.1 ～ 0.3 = 2；0.3 ～ 0.5 = 3；0.5 ～ 1 = 4；1 以上 = 5
互动程度与依赖程度	金融服务供给	没有 = 1；有 = 2
	技术服务供给	没有 = 1；有 = 2
	信息服务供给	没有 = 1；有 = 2
	公共物品供给	没有 = 1；有 = 2
	基础配套设施投入（万元）	50 以下 = 1；50 ～ 100 = 2；100 ～ 200 = 3；200 ～ 300 = 4；300 以上 = 5

续表

影响因素	指标	指标赋值
互动程度与依赖程度	订单农业规模（万元）	50 以下 = 1；50～100 = 2；100～200 = 3；200～300 = 4；300 以上 = 5
	农业科技进步贡献率	10 以下 = 1；10～20 = 2；20～30 = 3；30～40 = 4；40 以上 = 5
	村集体平均年收入（万元）	没有 = 1；0.1～1 = 2；1～2 = 3；2～5 = 4；5 以上 = 5
利益分配方式	利益分配方式等级	市场（企业）决定 = 1；合同 = 2；中介组织协调 = 3；二次返利 = 4；按股分红 = 5

四、新型农业经营主体共生发展影响因素的系统动力学分析

从指标体系可以看出，新型农业经营主体共生发展涉及许多要素，要素之间相互作用、相互影响，是一个复杂的巨系统，下面运用系统动力学的方法对新型农业经营主体共生系统中各因素的作用进行分析，探究其中的作用机理，为进一步提炼乡村振兴视阈下新型农业经营主体共生发展机制作铺垫。

系统动力学（System Dynamics）方法由美国麻省理工学院的福瑞斯特（Forrester）教授于 20 世纪 50 年代创立，通过将系统科学理论和计算机仿真技术结合，实现定性分析和定量分析的统一，其通过构建各个子系统之间的因果关系系统模型，以此容纳大量的变量，通过相应的系统仿真语言编写函数方程式，运用计算机仿真软件 Vensim PLE 对系统的运行情况进行模拟，可实现模拟未来一定时期内各个变量的变化趋势，也可实现改变某个变量来观察系统的改变情况，即达到"政策实验"的效果。系统动力学擅长处理高阶次、非线性、多重反馈的复杂社会系统的相关问题，能实现结构、功能、历史研究的结合。乡村振兴视阈下新型农业经营主体共生发展是个复杂系统，涉及新型农业经营主体收入水平等多个子系统，这些子系统之下包括若干个变量，加之时间变量的影响，使其具有正负因果反馈关系及延迟的特点。因此，运用传统的计量方法难以处理此类问题，将系统动力学的研究成果用在乡村振兴视阈下新型农业经营主体共生发展的研究中，用系统的观念能够全盘考察新型农业经营主体共生发展的各个方面因素，并对系统未来动态进行预测。

系统动力学的系统模型构建需要基于真实全面的因果关系描述，但系统动力

学自身缺少具备分析问题因果关系的方法，因此必须借助其他办法来确定各个子系统的因果关系。在基于因果关系构建系统流图之后，再通过 Dynamo 语言建立数学方程式，当模型通过检验后即可进行模拟仿真。本书遵循以下步骤来构建乡村振兴视阈下新型农业经营主体共生发展的动态模型：

步骤 1：绘制因果关系图，充分参考各类相关文献，确定系统边界，提炼发展乡村振兴视阈下新型农业经营主体共生发展的相关变量，根据前文所列的影响因素，明确各子系统内部变量之间的因果反馈环关系，绘制因果关系图。

步骤 2：通过流率基本入树建模法建立系统流图，根据各个变量的性质确定相关参数，建立 Dynamo 系统方程式，绘制系统流程图。

步骤 3：模型检验，发放调查问卷，通过 SPSS 软件进行模型信度和效度的检验。

步骤 4：策略模拟，运用 Vensim PLE 软件，对关键影响因素进行模拟仿真。

步骤 5：结果分析和政策建议，根据系统的模拟仿真结果分析方案的政策含义，以此提出相关的政策建议。

（一）因果关系图

结合前文所述的乡村振兴视阈下新型农业经营主体共生发展的理论描述，根据前文所分析的关键影响因素，通过问卷调查进一步确定因果关系中的影响因素，对问卷的有效性及正确性进行检验，结果显示 KMO 值（ = 0.823）在可接受范围内，Bartlett 卡方值（ = 0.000）呈显著，说明通过问卷提取的影响因素有效。根据本节对于新型农业经营主体共生发展因素的假设，应用 Vensim PLE 软件绘制的因果关系如图 6 - 1 所示。

（二）系统流图

图 6 - 2 是根据因果关系图（见图 6 - 1）确立的乡村振兴视阈下新型农业经营主体共生发展系统流图。该系统由新型农业经营主体收入水平、政策资金支持量、土地流转面积、新型农业经营主体销售收入、愿意参与共生的新型农业经营主体比例、愿意参与共生的小农户比例、新型农业经营主体带动农户致富的水平、共生单元的共生动力水平八个子系统构成。新型农业经营主体收入水平是最直接体现共生行为对新型农业经营主体效益的指标；政策资金支持量体现政府对共生行为的鼓励水平，是新型农业经营主体进行共生发展后能从政府处获得何种力度政策支持的重要体现；土地流转面积是体现新型农业经营主体与小农户共生的重要指标之一，这是由于新型农业经营主体需要从小农户处将土地流转过来，

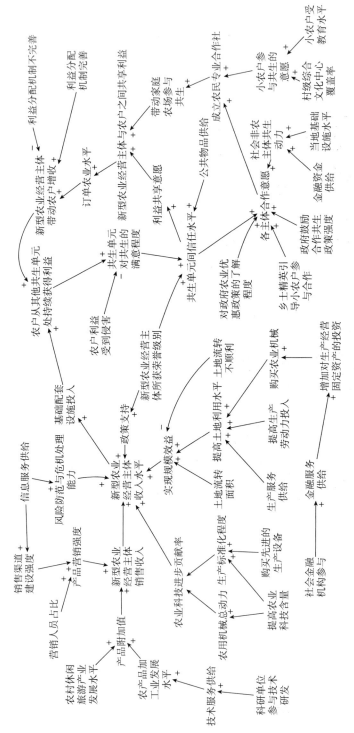

图 6-1 系统因果关系

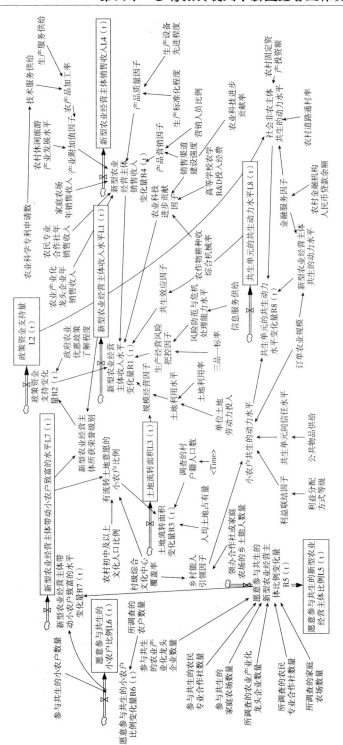

图 6−2 系统流

需要与小农户进行共生，两者共生水平越高，土地流转面积相应越大。新型农业经营主体销售收入也是直接衡量新型农业经营主体共生效益的指标之一，共生行为能降低新型农业经营主体所面对的竞争激烈程度，提高资源利用效率和产品质量，从而在市场上获得更高的销售收入。愿意参与共生的新型农业经营主体比例是衡量新型农业经营主体共生比例的指标。愿意参与共生的小农户比例是衡量小农户参与共生比例的指标。新型农业经营主体带动农户致富的水平是衡量共生发展过程中新型农业经营主体带动小农户增收致富的体量。共生单元的共生动力水平是衡量新型农业经营主体、小农户、社会非农主体参与共生意愿水平的指标。

图 6 - 2 所表示的系统是一个八阶的复杂系统，下面对八个子系统的结构进行一一分析。

（1）新型农业经营主体收入水平子系统。该子系统的结构如图 6 - 3 所示，该子系统的目标是探究新型农业经营主体收入水平的变化。在新型农业经营主体收入结构中，销售收入是重要部分，同时包括政府用于支持"三农"、培育新型农业经营主体的资金。新型农业经营主体由于是市场化经营，其收入水平还会受到生产经营风险把控能力、农业科技运用、规模效益、共生效应等因子的影响。其中，生产经营风险把控能力用于衡量新型农业经营主体在农业生产经营过程中对风险的把控和处理能力，该指标受到"三品一标"率和信息服务供给的影响。打造"三品一标"意味着市场对该产品的稳定认可，能提高新型农业经营主体的抗风险能力，而良好的市场信息供给能让新型农业经营主体制定恰当的经验政策，避开风险。农业科技运用能提高新型农业经营主体所生产产品的技术含量，提高市场要价能力和竞争力，其受到农业机械运用、新技术运用、科研院校技术研发支持的影响，分别用农作物耕种收综合机械率、农业科技进步贡献率、高等学校农学 R&D 投入强度表示。规模经营能为新型农业经营主体带来规模效益，而规模经营效益的实现要建立在一定规模的土地和较高的土地利用率之上，土地利用率也受到单位土地劳动力的影响。对于新型农业经营主体来说，与其他主体进行共生发展能起到"1 + 1 > 2"的效果，而共生效应受到共生单元共生动力的影响。

（2）政策资金支持量子系统。该子系统的结构如图 6 - 4 所示，该子系统的目标是探究政策资金支持量的变化。共生单元中各共生主体对政府农业优惠政策的了解程度有助于其抓住政策契机，申请相关项目经费。目前，国家有许多针对新型农业经营主体的荣誉评价，例如，国家级农民专业合作社、省级农民专业合作社等，不同级别的荣誉评价会给予相应的政策性资金支持。

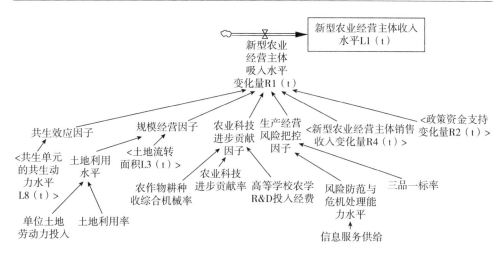

图6-3　新型农业经营主体收入水平子系统结构

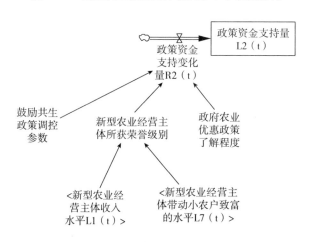

图6-4　政策资金支持量子系统结构

（3）土地流转面积子系统。该子系统的结构如图6-5所示，该子系统的目标是探究新型农业经营主体共生发展过程中土地流转面积的变化。在共生系统中，新型农业经营主体通过土地流转的方式将土地从小农户手中流转过来，形成具有一定规模的土地从而实现规模效益，在我国现行以家庭承包经营为基础的土地制度下，农村户籍人口均承包着一定的土地，这可根据所调查村的户籍人口数、当地人均土地占有量和有流转土地意愿的小农户比例计算得到。其中，小农户的受教育程度影响其流转土地的意愿，同时本村其他农户在向新型农业经营主体流转土地获得家庭收入的增长后，也会对其他农户形成榜样效应，吸引其他农户参与土地流转。另外，村级综合文化中心在丰富农户精神生活的同时，也能发挥其思想传播的作用，宣传流转土地参与现代农业经营的好处，从软性角度提升农户流转土地的意愿。

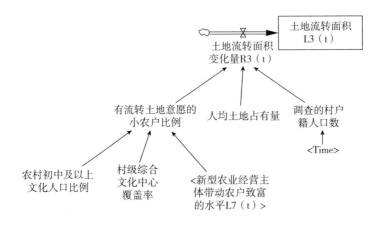

图6-5　土地流转面积子系统结构

（4）新型农业经营主体销售收入子系统。该子系统的结构如图6-6所示，该子系统的目标是探究新型农业经营主体共生发展过程中销售收入的变化。新型农业经营主体的销售收入主要包括农业产业化龙头企业年销售收入、农民专业合作社年销售收入、家庭农场年销售收入，同时，安全、绿色、质量过硬的农产品在市场上会较为受消费者欢迎，而要生产出这样的农产品，需要购买相应的现代化生产设备，以及按照国家生产标准进行标准化生产。作为市场主体，新型农业经营主体的市场营销力度同样会影响其销售收入，市场营销力度受销售渠道建设强度和营销人员比例的影响。另外，在如今农村一二三产业融合发展的大趋势下，第二产业和第三产业能提高第一产业产品的附加值，如通过对农产品原材料进行加工、发展休闲旅游从而提高农产品的销售价格，其中农产品加工受到生产性服务供给和技术服务供给的影响，而科研院校的农业科学专利申请能提高面向新型农业经营主体的技术供给能力水平。

（5）愿意参与共生的新型农业经营主体比例子系统。该子系统的结构如图6-7所示，该子系统的目标是探究愿意参与共生的新型农业经营主体比例的变化。该指标可通过参与共生的农业产业化龙头企业数量、所调查的农业产业化龙头企业数量、参与共生的农民专业合作社数量、所调查的农民专业合作社数量、参与共生的家庭农场数量、所调查的家庭农场数量进行计算得出。

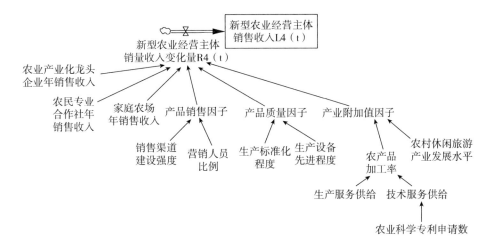

图6-6　新型农业经营主体销售收入子系统结构

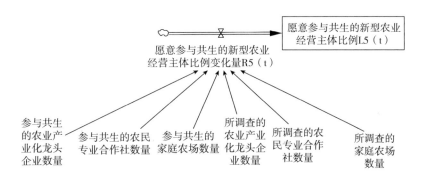

图6-7　愿意参与共生的新型农业经营主体比例子系统结构

（6）愿意参与共生的小农户比例子系统。该子系统的结构如图6-8所示，该子系统的目标是探究愿意参与共生的小农户比例的变化。该指标可通过参与共生的小农户数量、所调查的小农户数量计算得出。

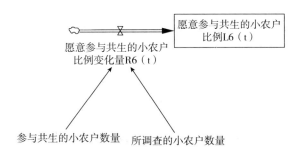

图6-8　愿意参与共生的小农户比例子系统结构

（7）新型农业经营主体带动农户致富的水平子系统。该子系统的结构如图 6 – 9 所示，该子系统的目标是探究新型农业经营主体带动小农户致富水平的变化。社会非农主体一般通过成立农业公司、合作社或者支持新型农业经营主体发展而参与现代农业，因此这里将其归为新型农业经营主体一起考虑。基于共生理论，实现共生的共生单元之间会有完善的利益联结机制，共生单元之间共享利益、共同发展，因此，可用参与共生的新型农业经营主体的比例和参与共生的小农户的比例来共同计算衡量新型农业经营主体带动小农户致富的水平。

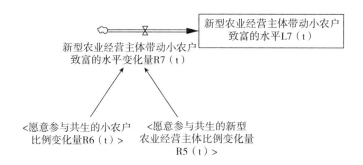

图 6 – 9　新型农业经营主体带动农户致富的水平子系统结构

（8）共生单元的共生动力水平子系统。该子系统的结构如图 6 – 10 所示，该子系统的目标是探究共生单元的共生动力水平的变化。在本书研究范畴内，新型农业经营主体共生发展系统中所涉及的共生单元包括新型农业经营主体、小农户、社会非农主体，在笔者调查过程中，发现在现行政策鼓励下，许多受调查的新型农业经营主体在发展过程中大多都存在带动农户致富、寻找社会力量支持的意识，但往往受限于自身资金实力难以实现，因此，加大面向新型农业经营主体的金融服务支持是促进其共生发展的重要途径之一，新型农业经营主体一般通过订单农业的方式带动小农户致富。同时，订单农业的规模也会促进新型农业经营主体收入提高，进而提高其参与共生的动力。对小农户来说，通过共生单元之间完善的利益联结机制，订单农业能给小农户带来最直接的收益，订单农业的规模越大，小农户家庭收入水平越高，其参与共生的动力也越高，而且在这些收入得到增长的小农户榜样带领下，其他农户参与共生的意愿会得到提升。乡贤、乡村创业者、第一书记等乡土能人也能利用其自身在乡土社会的社会资源动员小农户参与共生，而这个社会动员的有效载体是村级综合文化中心。此外，新型农业经营主体或社会非农主体为村庄提供基础设施建设等公共物品供给，能提高其在村庄居民心中的地位，间接促进小农户参与共生的意愿。对于社会非农主体来说，当地交通基础会影响其到当地投资发展的便利性，进而会影响其与当地其他主体共生的意愿。另外，当社会非农主体在当地的固定资产投资越大，其离开的沉没成本越高，越希望通过与其他主体共生发展当地经济从而获利。当地政府引入社会非农主体的力度（主要体现在资金支持）越大，社会非农主体参与共生的意愿也越高。

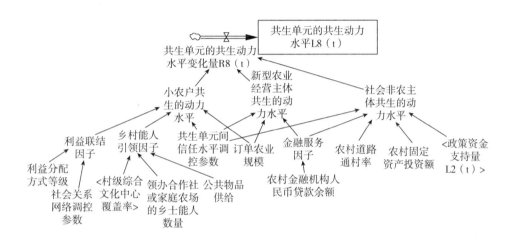

图6-10　共生单元的共生动力水平子系统结构

在上述复杂系统中，共存在8个状态变量，8个速率变量，以及若干个辅助变量。表6-3列出了系统中各个变量的 Dynamo 语言函数方程，并在 Vensim PLE 软件上进行仿真。

表6-3　主要变量及方程式

变量名称（单位）	系统动力学方程
新型农业经营主体收入水平（Dmnl）	INTEG（新型农业经营主体收入水平变化量）
新型农业经营主体收入水平变化量（Dmnl）	（新型农业经营主体销售收入变化量＋政策资金支持变化量）×共生效应因子×农业科技进步贡献因子×生产经营风险把控因子×规模经营因子
共生效应因子（Dmnl）	ln（共生单元的共生动力水平 L8）

续表

变量名称（单位）	系统动力学方程
规模经营因子（Dmnl）	ln（土地流转面积）×土地利用水平
农业科技进步贡献因子（Dmnl）	农业科技进步贡献率×农作物耕种收综合机械率×ln（"高等学校农学 R&D 投入强度"）
生产经营风险把控因子（Dmnl）	"三品一标"率×风险防范与危机处理能力水平
新型农业经营主体销售收入变化量（Dmnl）	（家庭农场年销售收入＋农民专业合作社年销售收入＋农业产业化龙头企业年销售收入）×产品质量因子×产品营销因子×产业附加值因子
政策资金支持变化量（Dmnl）	新型农业经营主体所获荣誉级别×政府农业优惠政策了解程度×鼓励共生政策调控参数
土地利用水平（Dmnl）	土地利用率×单位土地劳动力投入
单位土地劳动力投入（Dmnl）	［（1，0）－（5，1）］，（1，0.15），（2，0.22），（3，0.38），（4，0.185），（5，0.065）
土地利用率（Dmnl）	［（1，0）－（5，1）］，（1，0.23），（2，0.26），（3，0.31），（4，0.15），（5，0.05）
农作物耕种收综合机械率（%）	WITH LOOKUP（Time，［（0，0）－（10，1）］，（1，0.57），（2，0.59），（3，0.6），（4，0.63），（5，0.64），（6，0.652），（7，0.67），（8，0.7））
农业科技进步贡献率（%）	WITH LOOKUP（Time，（［（0，0）－（10，1）］，（1，0.53），（2，0.552），（3，0.556），（4，0.56），（5，0.57），（6，0.575），（7，0.58），（8，0.583）））
高等学校农学 R&D 投入强度（Dmnl）	WITH LOOKUP（Time，（［（0，0）－（10，1）］，（1，0.19），（2，0.192），（3，0.201），（4，0.209），（5，0.212），（6，0.215），（7，0.219），（8，0.221）））
风险防范与危机处理能力水平（Dmnl）	ln（信息服务供给）
信息服务供给（Dmnl）	［（0，0）－（2，1）］，（1，0.35），（2，0.65）
"三品一标"率（%）	WITH LOOKUP（Time，（［（0，0）－（10，1）］，（1，0.1），（2，0.2），（3，0.25），（4，0.35），（5，0.1）））
政策资金支持量（万元）	INTEG（政策资金支持变化量）
政府农业优惠政策了解程度（Dmnl）	［（1，0）－（4，1）］，（1，0.13），（2，0.47），（3，0.35），（4，0.05）
新型农业经营主体所获荣誉级别（Dmnl）	WITH LOOKUP（新型农业经营主体收入水平"×新型农业经营主体带动小农户致富的水平，（［（1，0）－（5，200）］，（1，0.5），（2，5），（3，10），（4，200），（5，0）））

续表

变量名称（单位）	系统动力学方程
土地流转面积（亩）	INTEG（土地流转面积变化量）
土地流转面积变化量（Dmnl）	人均土地占有量×有流转土地意愿的小农户比例×调查的村户籍人口数
有流转土地意愿的小农户比例（Dmnl）	INTEG（农村初中及以上文化人口比例×新型农业经营主体带动小农户致富的水平×村级综合文化中心覆盖率）
人均土地占有量（Dmnl）	[（1, 0）-（5, 1）]，（1, 0.12），（2, 0.33），（3, 0.31），（4, 0.14），（5, 0.1）
调查的行政村户籍人口数（Dmnl）	WITH LOOKUP（Time,（[（1, 0）-（5, 1）]，（1, 0.11），（2, 0.13），（3, 0.35），（4, 0.32），（5, 0.1）））
农村初中及以上文化人口比例（%）	[（1, 0）-（5, 1）]，（1, 0.23），（2, 0.27），（3, 0.26），（4, 0.14），（5, 0.1）
村级综合文化中心覆盖率（%）	[（1, 0）-（5, 1）]，（1, 0.05），（2, 0.18），（3, 0.29），（4, 0.35），（5, 0.13）
新型农业经营主体销售收入（Dmnl）	INTEG（新型农业经营主体销售收入变化量）
农业产业化龙头企业年销售收入（万元）	[（1, 0）-（5, 1）]，（1, 0.13），（2, 0.17），（3, 0.25），（4, 0.24），（5, 0.21）
农民专业合作社年销售收入（万元）	[（1, 0）-（5, 1）]，（1, 0.12），（2, 0.15），（3, 0.43），（4, 0.13），（5, 0.17）
家庭农场年销售收入（万元）	[（1, 0）-（5, 1）]，（1, 0.14），（2, 0.15），（3, 0.31），（4, 0.25），（5, 0.15）
产品营销因子（Dmnl）	ln（营销人员比例×销售渠道建设强度）
产品质量因子（Dmnl）	ln（生产标准化程度×生产设备先进程度）
产业附加值因子（Dmnl）	ln（农产品加工率×农村休闲旅游产业发展水平）
销售渠道建设强度（%）	[（1, 0）-（5, 1）]，（1, 0.21），（2, 0.43），（3, 0.26），（4, 0.06），（5, 0.04）
营销人员比例（%）	[（1, 0）-（5, 1）]，（1, 0.31），（2, 0.59），（3, 0.05），（4, 0.04），（5, 0.01）
生产标准化程度（Dmnl）	[（1, 0）-（4, 1）]，（1, 0.21），（2, 0.39），（3, 0.28），（4, 0.12）

续表

变量名称（单位）	系统动力学方程
生产设备先进程度（Dmnl）	［（1，0）－（5，1）］，（1，0.21），（2，0.25），（3，0.24），（4，0.25），（5，0.05）
农产品加工率（%）	ln（技术服务供给×生产服务供给）
农村休闲旅游产业发展水平（Dmnl）	［（1，0）－（5，1）］，（1，0.15），（2，0.25），（3，0.41），（4，0.19），（5，0.05）
生产服务供给（Dmnl）	［（1，0）－（2，1）］，（1，0.32），（2，0.68）
技术服务供给（Dmnl）	ln（农业科学专利申请数）
农业科学专利申请数（个）	［（1，0）－（5，1）］，（1，0.12），（2，0.22），（3，0.46），（4，0.11），（5，0.09）
愿意参与共生的新型农业经营主体比例（%）	INTEG（愿意参与共生的新型农业经营主体比例变化量）
愿意参与共生的新型农业经营主体比例变化量（Dmnl）	ln（（参与共生的农业产业化龙头企业数量/所调查的农业产业化龙头企业数量）×（参与共生的农民专业合作社数量/所调查的农民专业合作社数量）×（参与共生的家庭农场数量/所调查的家庭农场数量））
参与共生的农业产业化龙头企业数量（个）	132
参与共生的农民专业合作社数量（个）	265
参与共生的家庭农场数量（个）	101
所调查的农业产业化龙头企业数量（个）	147
所调查的农民专业合作社数量（个）	289
所调查的家庭农场数量（个）	106
愿意参与共生的小农户比例（%）	INTEG（愿意参与共生的小农户比例变化量）
愿意参与共生的小农户比例变化量（Dmnl）	参与共生的小农户数量/所调查的小农户数量
参与共生的小农户数量（人）	1072
所调查的小农户数量（人）	1173
新型农业经营主体带动小农户致富的水平（Dmnl）	INTEG（新型农业经营主体带动小农户致富的水平变化量）

续表

变量名称（单位）	系统动力学方程
新型农业经营主体带动小农户致富的水平变化量（Dmnl）	ln（愿意参与共生的新型农业经营主体比例变化量×愿意参与共生的小农户比例变化量）
共生单元的共生动力水平（Dmnl）	INTEG（共生单元的共生动力水平变化量）
小农户共生的动力水平（Dmnl）	ln（乡村能人引领因子×共生单元间信任水平调控参数×利益联结因子×订单农业规模）
新型农业经营主体共生的动力水平（Dmnl）	ln（订单农业规模×金融服务因子×共生单元间信任水平调控参数）
社会非农主体共生的动力水平（Dmnl）	ln（（农村固定资产投资额+政策资金支持量）×农村道路通村率×金融服务因子×共生单元间信任水平调控参数）
利益联结因子（Dmnl）	ln（利益分配方式等级×社会关系网络调控参数）
乡村能人引领因子（Dmnl）	ln（领办合作社或家庭农场的乡土能人数量×村级综合文化中心覆盖率×公共物品供给）
订单农业规模（Dmnl）	［（1，0）－（5，1）］，（1，0.15），（2，0.32），（3，0.13），（4，0.29），（5，0.11）
金融服务因子（Dmnl）	ln（农村金融机构人民币贷款余额）
农村道路通村率（Dmnl）	［（1，0）－（5，1）］，（1，0.11），（2，0.11），（3，0.25），（4，0.23），（5，0.3）
农村固定资产投资额（Dmnl）	［（1，0）－（5，1）］，（1，0.2），（2，0.15），（3，0.22），（4，0.23），（5，0.2）
利益分配方式等级（Dmnl）	［（1，0）－（5，1）］，（1，0.18），（2，0.22），（3，0.26），（4，0.24），（5，0.1）
领办合作社或家庭农场的乡土能人数量（人）	366
社会关系网络调控参数	调控参数
鼓励共生政策调控参数	调控参数
共生单元间信任水平调控参数	调控参数

（三）系统检验

由于新型农业经营主体共生发展是一个长期的过程，因此本书构建系统动力学的主要目的是通过该模型进行系统行为观察和未来的变化趋势进行预测，在预测之前需要对系统的稳健性进行检验。一般来说，对系统动力学模型进行检验的方法有系统结构检验、一致性检验、敏感度检验等几类，各个方法的检验结果如下：

1. 系统结构检验

主要检查系统中的各个变量是否为内生变量，模型的构建是否考虑到外生变量对内生变量的影响，主要的检验方式是检查系统流图及相关的函数方程式。本书在 Vensim PLE 软件中运行 Model Check 指令来执行系统结构检验。经过反复的系统调试，软件反馈的检验结果为 OK，即本书所构建的系统模型通过了系统结构检验。

2. 一致性检验

该检验的目的是将模型的模拟结果与过去一段时间的历史数据进行比较，以验证模型的客观真实性。在绘制系统流图以及建立变量之间的函数关系之后，本书通过 Vensim PLE 软件来进行一致性检验。检验的数据来自调研地区政府部门提供的历史数据和调研所得的问卷数据，将系统输出值和实际值进行比较，发现误差率都小于 10%。按照一致性检验的原则，10% 以内的误差可以认为该系统是准确的。因此可知本文构建通过了一致性检验。

3. 敏感度检验

敏感度检验指通过改变模型中指标变量的参数值，观察比较系统输出的结果，分析系统是否会因为细微的调整而出现大的变化及偏差。敏感度检验结果的意义是当参数的变动在可接受范围内，即现实中的政策改变在可接受范围内，根据模型仿真得出的政策结果不会发生改变。本书采用如式（6-1）所示的敏感度指数进行检验。

$$S_Y = \left| \frac{\Delta Y_t}{Y_t} \times \frac{X_t}{\Delta X_t} \right| \tag{6-1}$$

式中，S_Y 为参数 Y 对参数 X 的敏感度指数。当 S_Y 小于 1，表明 Y 不会因为参数 X 的变动而发生较大变动，即模型通过敏感度检验。本书所构建模型中的共生效应因子、规模经营因子、农业科技进步贡献因子、生产经营风险把控因子、产品营销因子、产品质量因子、产业附加值因子、利益联结因子、乡村能人引领因子、金融服务因子等变量的设置虽然借鉴了现有的文献，但取值尚未有定论。因此，本书将这些参数的取值分别上升和下降 10%，并按照式（6-1）计算敏感度指数。通过计算发现，各参数的敏感度指数皆未超过 1，表明本书所选取的八个状态变量不会因为变量的细微变化而发生较大波动。因此本书所构建的系统模型通过了敏感度检验。

基于上述系统检验，本书建立的系统动力学模型较为准确且全面地描述了新型农业经营主体共生发展过程中各主体之间的相互作用关系，虽然调研区域之间会存在一定差异，但一致性检验值的误差率都在允许范围内，因此，可以确定构建的系统动力学模型与实际客观系统较为一致，能够反映实际系统的运行情况。

（四）政策仿真及结果分析

1. 政策模拟方案设置

系统动力学的一个重要作用是"政策实验室"，即通过设置调控参数来模拟不同政策下各变量的发展变化趋势。本书设置了三个政策实施力度调控参数来模拟政策实施的行为，分别是政府鼓励共生的政策调控参数、社会关系网络调控参数和共生单元间信任水平调控参数。通过分别逐步调节三个调控参数的数值，改变地方政府对共生发展政策环境营造、调用社会关系网络从而调控利益联结关系政策、加强共生单元之间信任程度政策的实施力度，来模拟不同政策的实施情景，考察新型农业经营主体收入水平和共生单元的共生动力水平这两个状态变量的变化趋势。另外，由于利益联结机制的一个重要作用是让共生单元共享共生发展的利益，从而稳定共生关系，促进各单元共同发展和进步，因此，本书重点考察政策实施对利益联结因子的影响。三个政策调控参数取值范围均为（0，2]，数值由小到大表明政策实施强度由弱到强，取值为1表示现有水平。模拟时间为10年（见表6-4）。

表6-4 政策模拟方案的参数设置

	社会关系网络调控参数	政府鼓励共生的政策调控参数	共生单元间信任水平调控参数
原值	1	1	1
方案1	2	不变	不变
方案2	不变	2	不变
方案3	不变	不变	2
方案4	2	2	2

2. 仿真结果分析

系统仿真结果如图6-11、图6-12、图6-13所示。

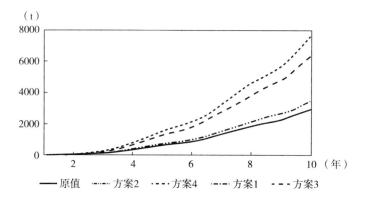

图 6 - 11　新型农业经营主体收入水平模拟

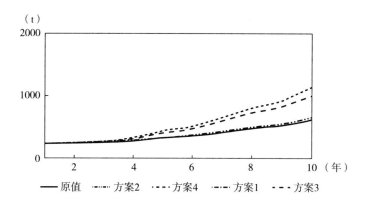

图 6 - 12　共生单元的共生动力水平模拟

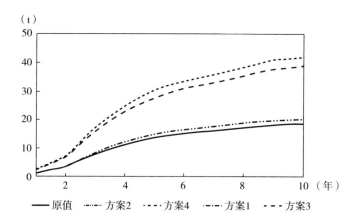

图 6 - 13　利益联结因子模拟

方案 1：在图 6-11、图 6-12、图 6-13 所示的模拟结果中，方案 1 所表示的线条和原值所表示的线条几乎重合，表明如果仅仅加强调用社会关系网络的政策支持力度，对新型农业经营主体收入水平、共生单元的共生动力水平、利益联结因子不会有明显的改变。因为相对于正式制度，作为非正式制度的社会关系网络中的亲情、朋友等关系机制大多是作为正式制度的补充，仿真结果也表明，仅仅依靠这种非正式制度的确有一定作用，但作用有限。

方案 2：在图 6-12 中，方案 2 所表示的线条相对原值有些许提高，但提高幅度不大，而在图 6-11 和图 6-13 中，相对原值提高的幅度较为明显，说明如果仅仅加强新型农业经营主体共生发展的政策环境营造，对共生单元之间的共生动力有一定的影响，但影响不大。可能的解释是政策推动属于"硬"推动，或者说属于外部推动，根据共生单元的共生动力水平子系统可知，共生动力还涉及"软"的方面，比如共生单元之间的信任、共生单元之间的社会关系网络、利益联结等。但加强该政策能在一定程度上提高新型农业经营主体的收入水平和共生单元之间的利益联结机制。

方案 3：在图 6-11、图 6-12、图 6-13 所示的模拟结果中，方案 3 所代表的线条相对原值及方案 1、方案 2 都有显著的提升，表明政府提高共生单元之间信任程度政策能较为有效提高新型农业经营主体收入水平、共生单元的共生动力水平、利益联结机制水平。图 6-13 中的关于利益联结的曲线近似于 S 形曲线，可能的解释是共生单元之间的信任在一开始新型农业经营主体规模较小的时候能在一定程度上代替契约等正式制度，从而促成各共生单元共生发展，但当各共生单元共生发展到一定程度之后，仅依靠非正式制度是不够的，可能会出现违背契约、法律纠纷等一系列问题，这时候如果没有政府相关政策规范等正式制度的介入，利益联结关系就难以继续深入，甚至可能难以为继。

方案 4：方案 4 表示政府在鼓励新型农业经营主体共生发展，营造良好共生政策支持环境的同时，还为鼓励新型农业经营主体利用乡土社会关系网络，并积极出台系列措施增加共生单元之间的信任程度，从图 6-11、图 6-12、图 6-13 中可以发现，该方案的效果最好，即这些政策之间存在协同的作用，产生了"1+1+1>3"的效果。

从上述系统动力学仿真中可看出，新型农业经营主体共生发展过程中会受到系列因素影响，其中，良好的政策资金支持和政策环境、共生单元参与共生的主动性、共生单元之间的信任水平是推动新型农业经营主体共生发展水平提升的关键要点。接下来基于系统动力学分析进一步探究新型农业经营主体共生发展的机制。

第二节　乡村振兴视阈下新型农业
经营主体共生发展机制

共生机制是指共生系统中各个要素相互作用的动态方式。在共生机制作用下，共生单元、共生界面与共生环境良性互动，合理配置相关资源，促使共生系统呈现共生共荣的共生状态，达到利益最大化的多赢目的。根据前文分析，构建如图 6 - 14 所示的新型农业经营主体共生发展机制。

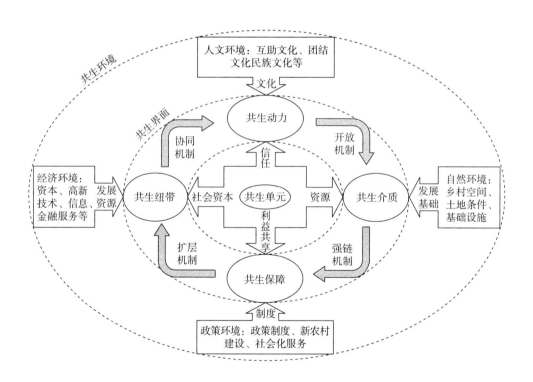

图 6 - 14　新型农业经营主体共生发展机制

图 6 - 14 描述了新型农业经营主体共生发展的动态变化过程，共生机制由共生环境、共生界面和共生单元三要素组成，共生界面中蕴含着协同机制、开放机

制、强链机制、扩层机制，以下对其进行阐述。

一、组成结构

（一）共生单元

共生单元是共生系统中最基本的能量生产与交换单位，是共生体的基本组成单位，一般而言，不同共生单元的组合能形成不同的共生关系。相同类别的共生系统主体称为同质共生单元，不同类别的共生系统主体称为异质共生单元。在新型农业经营主体共生发展过程中，共生单元包括农业产业化龙头企业、农民专业合作社、家庭农场等新型农业经营主体，小农户，以及社会组织、高等院校、返乡人员、大学生、工商资本等系列社会非农主体。

在现代化的市场制度作用下，同类别的共生单元，例如，农业产业化龙头企业与农业产业化龙头企业，农民专业合作社与农民专业合作社，或者农业产业化龙头企业与农民专业合作社等，这些都属于新型农业经营主体，是同质共生单元，同质共生单元提供同样的产品或服务，为了提高市场占有量，它们之间会形成一定的竞争关系，若过度竞争则两败俱伤，若没有竞争，则易形成市场垄断。只有形成适度、均衡、有序的市场竞争环境，通过良好的竞争达到协同发展目的，促进同质共生单元之间的资金流、信息流和人才流形成良好互动与合作，强化共同的竞争优势，才有利于多方共赢。

异质共生单元主要强调不同共生单元之间的取长补短、优势互补和互利合作。如农业产业化龙头企业和小农户之间，龙头企业能弥补小农户在资金、人才和市场方面的不足，小农户能弥补龙头企业在农业生产经验、农业劳动力、乡土社会关系融入等方面的不足；工商资本与农民专业合作社，工商资本能弥补农民专业合作社在资金、市场销售渠道方面的不足，农民专业合作社能弥补工商资本对接乡土社会、整合农户自愿、进行农业生产等方面的不足。

无论是同质共生单元，还是异质共生单元，都是共生系统的基本组成单位，不同共生单元的组合，应根据新型农业经营主体发展过程中的不同需要进行。

（二）共生环境

共生单元以外的所有要素的总和统称为共生环境，共生环境是共生关系及其单元产生和发展的基础条件，也是诱导共生单元进行共生发展的重要外部条件。本书构建的共生机制的共生环境中，主要由经济环境、人文环境、自然环境、政策环境四个方面组成。

（1）经济环境。经济环境能为新型农业经营主体发展提供资本、高新技术、信息、金融服务等要素。可以说，在市场化条件下，经济环境直接决定了新型农业经营主体经济效益的获得水平。在良好的经济环境下，新型农业经营主体会选择较为快速的发展策略，社会非农主体会更有意愿考虑到乡村进行投资，总体共生系统会获得更多的利润盈余，相应地，包括小农户在内的共生单元也会获得较多的利益收入。

（2）人文环境。共生理论认为，平等合作、互利共享、共同发展是共生的本质特征，这些行为的产生是共生单元深层次的主动意识，这些意识会受到共生单元所在区域的人文环境的影响。人文环境包括互助文化、团结文化、民族文化等，互助文化、团结文化浓厚的地区，新型农业经营主体带动其他农户、吸引社会非农主体参与当地发展的意识会相对较为强烈，利益共享机制建立过程会相对顺利，共生行为也会相对容易发生，民族文化会让个体民族有较强的认同感、荣誉感和归属感，同民族群众之间的交流会相对容易许多，共生行为也会相对容易发生。

（3）自然环境。自然环境包括乡村空间、土地条件、基础设施等要素，是新型农业经营主体共生发展的物理载体，也是共生机制孕育、形成和发展的外部物质环境。乡村空间是土地、劳动力、资金等农业生产基本要素的主要自然载体，为新型农业经营主体开发利用土地、聚集投入劳动力、筹集资金等提供基础性的平台。同时，乡村作为我国基层治理单元，承担着农地产权流转、管理和保护等功能，也承担着教育、组织农民，资源要素整合优化等功能。此外，乡村空间作为连接乡村内部和外部的空间纽带与载体，是"自然—经济—社会"复杂系统的基本空间，涉及经济、教育、文化、生态、制度等多个层面，为新型农业经营主体共生发展提供广泛的物质、信息和能量。土地是基本的生产要素，土地条件是新型农业共生发展的基础物质或能量，土地条件（包括是否肥沃、是否整块、是否可开发等）背后映射着新型农业经营主体所生产的农产品、农户组织化方式、社会非农主体参与方式、市场开发方式等多种问题。基础设施是新型农业经营主体、小农户开展现代农业生产经营的基础条件，也是社会非农主体考虑是否到当地参与共生的重要方面。

（4）政策环境。政策环境包括政策制度、新农村建设、社会化服务等要素，决定了新型农业经营主体是否可以进行共生发展。政策制度指政府支持新型农业经营主体共生发展的系列支持政策、法律保障和项目支持，良好的支持共生发展的政策制度有助于保障新型农业经营主体共生发展的合法性，激发各共生单元进行共生的主动性。新农村建设过程中有大量的优惠政策供给，对于新型农业经营主体来说，借助新农村建设的相关政策鼓励参与其中，不仅能够营造良好的共生发展载体，有效立足乡村社会，在乡土社会中获得威望，也能间接得到政府的政策支持；对于小农户来说，新农村建设为其共生发展提供了良好的物质载体，良好的乡村环境有助于激发小农户进一步追求美好生活的意愿；对于社会非农主体来说，新农村建设为其提供了参与乡村经济社会发展、介入乡土社会关系网络的一个渠道。另外，良好的乡土社会环境也能提升对其他主体的吸引力。

（三）共生界面

共生单元之间的接触方式和机制的总和称为共生界面，它是共生单元之间进行物质、信息和能量传导的媒介或载体，是共生关系形成和发展的基础。新型农业经营主体共生发展过程中，可以存在多个不同的共生界面，在这些界面上，不同共生单元能进行充分的物质、信息和能量交流，正是由于共生界面的存在，共生单元之间的共生行为才具有动态性，才促进了连续互惠共生关系的形成。本书所构建的共生机制中，共生界面包括共生纽带界面、共生动力界面、共生介质界面和共生保障界面，以下分别进行阐述分析。

共生纽带界面。共生纽带界面包括社会关系网络、社会资本、契约合作、发展资源共享等，作为共生单元在共生界面上的能量交流介质，对共生关系的优化有着重要作用。其一，共生纽带有效连接共生系统中的各个共生单元，降低各个共生单元之间的连接成本，让共生单元在生产经营过程中只需要考虑提高效率；其二，共生纽带能为共生系统带来更多的优质发展资源，通过共生纽带中的社会关系网络、社会资本等，共生单元能够接触到共生系统之外的发展资源，如资本、技术、信息等，并通过这几种共生纽带将其运用到共生发展中，进一步通过共生纽带将这些资源输送到共生系统内的其他共生单元，实现资源整合、内化与共享。

共生动力界面。共生动力基于共生单元所处的区域人文环境，通过共生单元之间的信任进行运转。共生动力界面的主要作用在于通过物质、信息和能量的交流，激发共生单元参与共生的动力，这种共生动力有助于优化共生关系。其一，当共生动力充足的主体有足够强烈的意愿时，其自身能够主动克服共生过程中的各种困难；其二，共生单元的共生动力能促使他们有直接或间接投入资源优化共生环境的意愿，这种投入对于共生系统的整体优化是有益的，例如，有些农民专业合作社带头人在致富后不忘乡村发展，投入资金建设当地道路等基础设施，让群众有更好的生产和生活条件；其三，共生动力有助于提高各共生单元之间的利益联结水平，当共生单元意识到合作共赢有助于自己和他人长远发展，加上当地人文环境和政策引导，其会很愿意将发展红利与其他共生单元共享。

共生介质界面。该界面的存在主要有如下几点益处，其一，提供共生单元进行交流的介质和物质基础，如乡村空间、土地条件、基础设施等；其二，吸收共生单元投入的资源，对乡村空间、土地条件、基础设施等进行优化提升。

共生保障界面。该界面为共生系统中的各个共生单元的发展和合作提供保障，主要包括制度、利益共享等内容。共生单元之前通过利益共享来实现各方的平等长远发展，这种行为能够得到社会主流价值观的承认与认可，也符合社会主义的发展思想，政府或公共服务机构因此会通过该共生界面为各个共生单元的发展提供系列优惠政策与财政资金支持，保障共生系统的稳定运行。

二、内部机制

新型农业经营主体共生发展的机制是一个动态的机制，共生环境是基础，共生单元是主要角色，而在四个共生界面中，存在"协同机制""开放机制""强链机制""扩层机制"，四种机制互为作用，让共生系统中各个共生单元进行动态、稳定的能量交流，呈现共生共荣的状态，达到利益最大化的目的。接下来分别对四种机制进行介绍。

（一）协同机制

协同，就是指协调两个或者两个以上的不同资源或者个体，协同一致地完成某一目标的过程或能力。新型农业经营主体共生发展是一个复杂巨系统，涉及范围广、层次多，要素杂，而且随着参与提供新型农业社会化服务主体的多元化，城市要素不断涌向乡村，这个共生系统的要素将更丰富和复杂。这个过程中，政府、新型农业经营主体、小农户和社会非农主体之间的相互关系逐渐被改变，越来越多涉及农民组织化、行政管理、资产管理、利益纠纷调解的事件被嵌入整个共生网络中，若是无法协同多方则会造成发展效率低下、冲突矛盾等一系列问题。要让这一复杂的巨系统良好运转，多方之间的协同机制显得尤为重要，协同机制能统一共生系统中各个共生单元的发展目标和发展步伐，加快新型农业经营主体共生发展。

在调研过程中我们也发现，一些地区初步建立起了各共生单元之间的协同机制雏形，形成了一些做法。应该承认，这些做法在促成各个主体共生发展、引导各主体共享发展利益、设立共同发展目标、化解不同利益主体分歧的行政管理手段确实起到了一定的效果，但从可持续发展的角度来说，根本举措是基于共生纽带，发挥共生纽带连接各方的作用才实现多方协同发展。共生纽带的有效载体是乡村基层组织，需要"软硬结合"来促进多方协同："软"指发挥行业协会、老人协会等基层社会组织在协同多方之间的软作用；"硬"指以基层党组织为引领，发挥基层党组织的政治优势和组织优势。

（二）开放机制

开放，指的是无论是同质共生单元还是异质共生单元之间，都要打破壁垒进行资源共享。开放是我国"十三五"期间的五大发展理念之一，在"十三五"经济社会发展过程中，开放的思想已经渗透到我国经济社会发展的方方面面。共生发展的特性决定了各个共生单元之间要进行能量和信息的交流，这就需要开放机制进行支撑。开放机制基于共生单元的共生动力，开放的对象是共生介质，将共生介质对各个共生单元进行开放和共享，从而实现各共生单元之间共同发展。

共生介质的开放，指的是不同类型共生单元之间需要根据对方的长处和短处，将自身资源与对方共享，从而实现资源共享，提高资源利用效率。例如，不同县、乡镇、村庄的基础设施和服务供给能力不同，加上农业生产具有季节性的特点，各个共生单元对资源、基础设施、农业社会化服务的需求并不一定是同一时间阶段的，不同县、乡镇、村庄之间完全可以对多方进行开放，扩大需求方的选择范围，实现资源共享、服务互补。另外，许多新型农业经营主体自身拥有着农业生产器械，非农忙时节也可共享给其他有需要的新型农业经营主体或农户。因此，建立开放式的社会化服务制度从而提高资源利用效率显得尤为必要。

（三）强链机制

共生单元之间开放共享共生介质，有助于形成链条式的共生合作链，例如，笔者在调查过程中发现，G省G市A乡镇中的政府部门通过提供物流、销售、市场信息等服务，将该乡镇建设的大型农产品销售市场与其他乡镇的新型农业经营主体进行共享利用，其他乡镇的新型农业经营主体将生产的农产品拿到这里售往全国，虽然A乡镇在农业生产方面并不具备很大的体量，但通过该方式也实现了当地不同乡镇新型农业经营主体、农户和物流商的收入共同提升。

农业生产包含产前、产中、产后环节，不同环节需要不同的基础设施、生产资料和农业社会化服务进行支撑，同时这三个环节也将这些支撑进行了链条式的组合。尤其是在乡村振兴战略背景下,这种组合更多是以新型农业社会化服务进行呈现,其具体内容可分为农业生产性服务、农业保险、土地评估、农村物流、农业农村金融等,是一个很长很复杂的价值输出链条。因此,强链机制的作用机理在于通过新型农业社会化服务,将共生介质以服务的形式在各个共生单元之间进行流通,其前提是共生单元具有共生主动性,而且不同共生单元之间的协同和开放有助于强化这个链条,当链条得以强化之后,会更容易得到政府部门的相关保障支持。

(四)扩层机制

通过强链机制,在新型农业经营主体共生系统内已经形成了基于新型农业社会化服务的各主体共生联结、共享共生介质的链条。不同经营主体和模式对于农业服务的种类、规模要求各有不同,且实现乡村产业兴旺对也催生多元化、多层次的农业服务需求。在城乡融合发展,城市要素不断涌向乡村的背景下,加上加大引导工商资本下乡力度、培育发展新型农业经营主体等已经成为各级政府的共识,这个链条会越来越壮大,内容会越来越丰富,也会越来越有利于共生系统的发展。但在这个过程中,需要扩层机制的支撑,扩层机制体现了跳出"三农"与立足"三农"之间矛盾与统一的辩证关系,新型农业经营主体共生发展不仅需要"农村层"的要素,更需要"城市层"的要素。

扩层机制的作用机理在于,以政府部门搭建城乡融合发展平台、吸引城市要素流向乡村等政策体系为支撑,引导鼓励新型农业经营主体利用自身社会资本在现有基础上吸收各类工商资本、高校科研机构、社会组织等社会力量,将其所拥有的资本、高新技术、信息、金融服务等资源纳入新型农业经营主体共生系统中,发展农业生产经营不同环节的新农业社会化服务供给主体,从而形成基于新型农业社会化服务的共生纽带,这是"硬性纽带"。"软性纽带"是利用各主体之间的社会关系网络,通过其中的信任机制、契约机制、分享机制等吸收更多主体参与,进而发展原有的社会关系网络,提高其中各主体的关系黏度。

第三节　本章小结

本章对乡村振兴战略视阈下新型农业经营主体共生发展的机制进行了研究,首先通过文献分析、因素假设、系统动力学分析的方法,提炼出影响新型农业经营主体共生发展的关键要素，通过系统动力学分析可知，良好的政策资金支持和政策环境，共生单元参与共生的主动性，共生单元之间的信任水平是推动新型农业经营主体共生发展水平提升的关键要点。进一步以此为基础构建新型农业经营主体共生发展的机制，该共生机制由共生环境、共生界面和共生单元三要素组成，共生界面中蕴含着协同机制、开放机制、强链机制、扩层机制。

第七章　乡村振兴视阈下新型经营主体共生发展的模式与路径

第一节　乡村振兴视阈下新型农业经营主体共生发展的典型案例分析

前文已经得出乡村振兴视阈下新型农业经营主体共生发展的机制，但新型农业经营主体终究是新生事物，其共生路径的提炼仅仅依靠理论方法分析是不够的，还需要进一步结合实际典型案例进行印证。以下从我国西部、中部和东部遴选典型案例进行分析，以期提炼共生发展路径。

一、西部地区案例：广西壮族自治区 S 畜牧业有限公司

该案例通过和广西壮族自治区 S 县 S 公司负责人交流记录得到。

（一）公司介绍

广西 S 畜牧业有限责任公司于 2014 年 7 月 29 日成立。公司经营范围包括：畜禽（鸡、猪、牛、羊、兔等大宗畜禽养殖动物）的饲养、投资、屠宰、销售；农作物种植的投资及种植；饲料（预混饲料）的生产及销售；兽用药品零售；动物配种及畜牧养殖技术的推广服务；企业广告、活动、展览、宣传策划；对农业、畜牧业、金融业、商业贸易的投资及管理；投资咨询；非融资性担保服务（取得前置许可或审批方可经营的项目除外，不含融资性担保）；自产农产品、农副产品、办公用品的销售等。

广西 S 畜牧业有限责任公司位于国家贫困县、中国长寿之乡广西 S 县，是一家以肉牛养殖为基础，全产业链打造，产业圈融合，新零售体验营销的现代化农业企业。广西 S 畜牧业有限责任公司以"龙头企业＋党支部＋金融＋合作社＋贫

困户"为养殖扶贫模式，截至 2018 年 6 月，已养殖肉牛 10997 头，发动成立 84 个 S 合作社，辐射带动贫困户 3972 户参与肉牛养殖，占上林全县脱贫攻坚总户数 20619 户的 19.3%。公司拥有 94 项专利以及 HCNR 标准养殖体系，所出品的 S 肉，具有健康的光泽樱桃红，脂肪蛋白比为 1∶6.8 的黄金比例。口感上，淡淡清甜、肉香回甘，内在品质上，富含肌氨酸及有益矿物质，硒、钾、镁、铁、锌含量是普通牛肉的 1.5 倍以上，达到中国人最喜欢的香嫩（见图 7－1）。

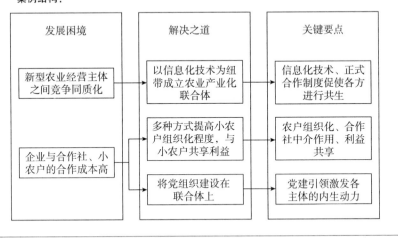

案例摘要与案例结构

案例摘要：农业产业化联合体是新型经营主体联合的一种组织形态。作为农业产业化联合体中的核心，龙头企业广西 S 畜牧有限公司明白只有抱团才能获得更大利益。公司通过深化产业发展上的合作、建立健全联合体合作制度、提升联合体内各个新型农业经营主体的信息化水平，提高新型农业经营主体之间的联合水平；通过"认养养殖"模式、提高小农户组织程度、开展对小农户的培训、完善与小农户的利益联结机制将小农户纳入联合体中；通过"党建 + 新型农业经营主体"的模式实现产业发展和基层治理的协同创新发展。

案例结构：

发展困境	解决之道	关键要点
新型农业经营主体之间竞争同质化	以信息化技术为纽带成立农业产业化联合体	信息化技术、正式合作制度促使各方进行共生
企业与合作社、小农户的合作成本高	多种方式提高小农户组织化程度，与小农户共享利益	农户组织化、合作社中介作用、利益共享
	将党组织建设在联合体上	党建引领激发各主体的内生动力

图 7－1　案例 1

（二）公司的发展困局

1. 新型农业经营主体之间存在恶性竞争影响公司发展效益

在市场经济中，合作社往往能起到政府起不到的作用，合作社本身是为了解决小规模农户生产散、乱、小的局面，合作社发展好了就可以提高农民的组织化程度，提高农副产品的收益。在 S 县，由于 S 公司以及政府的大力支持，养殖专业合作社数量剧增，但目前的养殖专业合作社大多规模小、服务差，无法获得村民的信任，而有些养殖专业合作社由于管理不规范，没有专业人才来运营，离真正意义上的合作社相去甚远，最终形成"质量低、数量多、竞争激烈"的局面。

一是养殖专业合作社之间争价格。因为同类产品同质化严重，个立山头的养殖专业合作社之间的竞争是主打价格战，在销售农产品时，合作社之间还会出现相互压价、恶性竞争等状况，最终导致农民的养殖积极性以及多方经济效益严重受损。

二是各养殖专业合作社以及养殖户之间争扶持。当地政府对于合作社以及养殖户的扶持资金有限，S 公司能提供的生产资源也是有限的，因此具有同类经营范围的合作社就面临着资源竞争。

上述原因导致了当时 S 县的 S 公司养殖产业整体效益偏低，影响了作为产业化龙头企业的 S 公司的发展。

2. 合作社和小农户的缺陷令公司与其合作的成本居高不下

一是目前与公司所合作的养殖专业合作社以及养殖户合作意识薄弱。S 公司尚处于快速发展阶段，需要公司的各个部门形成合力共同发展。但在发展初期，与公司签订合作协议的合作对象中，部分养殖合作社以及农户的合作意识不够浓厚，农户对 S 公司的组织化程序能给自身增收致富带来的作用和认识不够。有的农民单纯地认为组织合作社就是为了满足个人的需要，甚至是为了给公司负责人提高政治资本，积累一定的人脉；有的农民认为挣钱也不都给大家，大头还是合作社社长以及公司负责人落下；还有的农民认为自我的能力也不低，即使是不与公司合作也能挣到同样多的钱，合不合作效果不明显。因此，许多小农户合作的需求并不强烈。由于农户缺乏积极性，导致产品难以标准化，这不仅损害了 S 公司的利益，而且由此带来的农产品质量安全问题令人担忧。同时大多数合作对象为躲避风险，确保旱涝保收，即便是已经组织起来形成了合作社，但合作社内部的农户普遍同时种植多种作物或养殖多种畜禽、水产品等，有的是种养兼顾，没有摆脱传统农业思维的束缚，严重影响了农业技术创新和劳动生产率提升，降低了公司带动农户抵御市场风险的能力。

二是养殖专业合作社以及养殖户生产规模相对较小、效益低，产品难以标准化。S 公司扎根基层，离不开与地方政府打交道，在实施乡村振兴战略背景下，带动小农户增收是 S 公司获取政府政策资源的基础。但是，部分小农户虽然联合起来组建了养殖合作社，但从整体来说 S 县的合作社发展水平不高，而且加入养殖专业社的农户非常弱小、劳动生产水平太低，无法满足公司的发展需求。

三是新型农业经营主体的分工与专业化程度很低。养殖专业合作社以及养殖户对特色产业和主导产业带动不够明显。养殖专业合作社的组织协调能力较弱，懂技术会管理、市场开拓能力强的复合型人才缺乏，且合作社的组织者文化程度大多在高中以下，且在合作社建设上同属"摸着石头过河"，一定程度上制约了 S 公司的创新和发展。

（三）多主体共生发展之路

上述问题总的来说是属于组织形式上的问题，为了破解公司发展遇到的组织上的难题，S 公司创新性地组建农业产业化联合体，通过与其他新型农业经营主体联合，实现规模经济、范围经济和协同效应、网络效应；将小农户纳入联合体，深化分工协作及对农户的服务功能；将党组织建在联合体之上，实现产业发展、基层党建创新和乡村治理有效的有机融合。通过上述举措，最终实现了公司组织创新的腾飞之路。

农业产业化联合体是一二三产业融合发展的重要组织方式。通过各自具有一二三产功能的经营主体的联合，将产业的"外部性"变为联合体的"内部性"行为，打通了从生产向加工、储藏、流通、销售、旅游等二三产业环节连接的路径，环环相扣，业业相连，实现了一体化、融合式生产和发展。

1. 与其他新型农业经营主体、互联网企业联合

（1）深化产业发展上的合作。广西 S 公司采取的农业产业化联合体是提升农业社会服务水平的有效形式。联合体内各类主体既是服务对象，也是服务端，结成了一个覆盖农业产前、产中、产后全程环节的服务链，各类要素得到充分优化配置，极大地提升了农业的社会化服务水平。通过以"龙头企业＋党支部＋金融＋合作社＋家庭农场＋养殖户"为发展模式，截至 2018 年 6 月，已养殖肉牛 10997头，成立 84 个 S 合作社，辐射带动贫困户 3972 户参与 S 公司养殖，由公司提供牛犊、管理技术、保价收购，金融部门发放贴息贷款，养殖合作社带动贫困户。

广西 S 公司不断完善发展，为合作社成员及当地养殖户提供畜牧养殖业相关的生产资料、品种改良、牲畜养殖及销售、饲草粉碎、购销。为本社成员提供有关的技术培训，技术交流，技术信息咨询等服务，在产前、产中、产后服务中发挥了积极和有效的作用，深受广大群众欢迎，为当地养殖户脱贫致富奔小康起到

了良好的带头和示范作用。为解决产品销售，S公司积极深入市场调研，走遍了各大市场，因地制宜，结合市场需求，调整产业结构，继续扩大S公司的生产规模，牛肉产成品主要销往北京各批发市场。同时，研发目前消费者最喜欢的方式，购买及参与式劳动相结合，让消费者体验劳动带来的快乐，满足广大群众的需求，也提高了销售价格。

联合体内的合作不仅限于农业生产的合作，还包括一二三产业融合方面的合作。广西S畜牧业有限公司在S县贫困村创业致富带头人服务中心申请到了1000万元融资贷款。今后，广西S畜牧业有限公司将带领该公司及合作社养殖户实现"特色养殖＋特色旅游""特色食品＋特色体验""线下体验＋线上新零售"，在帮助贫困户养牛脱贫致富的同时，更要养好牛、出好牛肉，打造中国自己的牛肉品牌。此外，广西S畜牧业有限公司积极响应扶贫产业的产销难题，通过山水壮都小镇的建设，深入挖掘上林旅游、扶贫、壮乡文化，跨界整合"山水旅游＋壮族文创＋壮都小镇＋长寿产业"，通过壮族文创、夜色山水旅游吸引旅游人口到壮都小镇进行体验消费，打造新零售大卖场，有效衔接乡村振兴，并形成系列农业产业的生态圈。

（2）建立健全联合体合作制度。为了支持、引导畜牧专业合作社以及养殖户的发展，规范畜牧专业合作社以及养殖户的组织和行为，保护公司及其成员的合法权益，促进畜牧业和农村经济的发展，公司结合自身实际，建立符合公司发展的章程、会计制度，健全理事会、监事会等组织机构。同时，制定出职责与各项制度，并将这些制度装框上墙。一方面，能保证畜牧专业合作社以及养殖户随时对S公司的负责人起到监督的作用；另一方面，对公司负责人的工作标准起到鞭策。对养殖户与合作社签订的协议、成员账户等手续进行完备，把畜牧专业合作社社员以及养殖户在参加培训学习、现场指导种植、出售冬季作物、签订合同等图片保留归档，以便查阅。

（3）提升联合体内各个主体的信息化水平。在公司负责人看来，互联网时代的到来为联合体发展带来了全新的机遇。联合体内部需要各个主体紧密联系，形成一个整体，而互联网、云计算、大数据、物联网等新技术能够在联合体内建立信息共享平台，让多方共享信息资源，提高信息传输效率。

对此，公司采取了相应的措施。在生产方面，从互联网上下载相应的音乐，让牛羊在吃草的时候听着音乐，这样不仅可以培育特色的S品种，也能促进农业和艺术相结合；在管理领域，通过和外界的互联网企业合作，入驻互联网企业构建的电商平台，实现将互联网企业纳入联合体的日常经营中，同时采用信息化内部管理系统，将联合体的日常运行进行信息化，加强联合体内各个主体、各个部门之间的信息共享水平，提高管理效率；在产品质量管理领域，运用信息化手段全程推动标准化生产，建立信息化的农产品质量安全可追溯体系，保证产品的质量，提升品牌美誉度。在员工教育培训方面，运用网上教育等方式，向员工提供最新的养殖技术信息、市场信息等。

2. 将小农户组织起来，将小农户纳入联合体之中

（1）通过"认养养殖"模式将小农户纳入公司中。为了调动农户的积极性，将农户纳入联合体中，实现利益共享，公司推行"认养养殖"的致富模式：由社会资本出资 1 万元，农户认养一头"致富牛"，一年后公司退还本金，并赠送部分牛肉，而对接的农户将获得公司提供的一头价值 5000 元牛犊。公司用科学方式养殖的 S 市场售价每斤比普通牛肉贵 0.5 元，对于参与公司合作养殖肉牛的农户，在出售肉牛时，政府给予每斤 0.5 元回购补贴。当地村民韦某等看到了致富的希望，"今天我养牛，明天牛养我"的观念成为越来越多农户的共识。"前提条件是，农户每年负责种植或自行收集价值 6000 元以上草料，销售给合作社或龙头企业。"公司负责人说，这是为引导农户靠勤劳致富，避免"等靠要"思想。这一致富模式很受合作社和农户欢迎，目前已有 46 个合作社、1000 多户农户报名，对当地小农户致富起到了良好的作用。

（2）提高小农户组织程度，降低小农户市场失利的可能性。农民作为农业经营的主体，由于自身实力有限，仅靠自己难以实现又好又快发展。S 公司适应市场经济新形势，运用市场机制，联动地方政府充分发挥养殖大户、经营能手、龙头企业等各个层面的优势，鼓励他们牵头领办专业合作社，再与 S 公司进行合作。

"去年邻县的养禽业出现疫情，市场一落千丈，活禽市场全部关闭，不少养殖户血本无归。相比之下，我们就好多了，因为搭上了 S 公司的大船，公司仍按订单照单全收，且价格稳定。"联合体内的一位合作社理事长说，面对市场风险，如果没有联合体这把"保护伞"，没有品牌效应的支撑，农户将很难生存。

"抵御市场风险，单靠一家一户是肯定不行的。只有由企业牵头，监督农户按标准化养殖，从严把控产品质量，对市场预期做出科学预判，唯此才能将风险化解到最小。"S 公司负责人说，在建立紧密的利益分配机制的同时，增强风险防控意识也很重要。"在化解内部风险的同时，如何抵御外部风险对联合体本身

的冲击，也应引起我们的重视。"

（3）开展对小农户的培训。与 S 公司合作的大多是农民，农民的素质与公司的发展息息相关，因此，S 公司加大了对联合体内畜牧专业合作社与养殖户的培训力度。为实现要向市场要效益的目标，S 公司在对新品种、新技术试验成熟的前提下，推荐给畜牧专业合作社以及养殖户使用，这样既赢得了民心，也使大家养殖出来的 S 公司的品质有了保证。同时，通过订阅实用的报纸、杂志，聘请有关专家技术人员讲课、开展技术指导等形式，满足公司与合作社以及农户在日常生产生活中实用技能的需要。组织社员学习合作社的有关政策、法律、法规，收集市场信息，进行分析，提高养殖户的素质。

（4）完善与小农户的利益联结机制。必须要让畜牧专业合作社以及养殖户得到实实在在的利益，才能增强合作社、农户与公司合作的信心和积极性。基于此，公司在完善利益联结机制和对农户的服务功能上做了很多工作，主要是充分发挥公司在技术、资金等方面的优势，以涉农社会化服务、以牛入股为纽带，为合作方提供系列服务，并将公司的部分利润与合作社、农户共享，促进多方增收。

3. 将党组织建设在联合体上

在广西 S 公司的带领扶持下，联合体蓬勃发展，成为推动 S 县现代农业产业发展的重要力量。在乡村振兴战略的号召下，公司认为要实现社会责任，应利用公司的产业优势参与到基层治理中。

在实践过程中，广西 S 公司摸索出了打造"红色合伙人"党建品牌的路子。"红色合伙人"是"党建＋新型农业经营主体"模式的有效实践，指的是引导农民专业合作社中的致富带头人（尤其是党员）与地方党委政府签订合作协议，同时对致富带头成绩突出但未入党的人员优先发展为党员。广西 S 公司鼓励公司自身以及联合体内的合作社、家庭农场等高层管理人员与地方政府签订"红色合伙人"协议，充分发挥基层党员在组织群众过程中的优势，也通过党的理论提高了"红色合伙人"的思想先进性，形成基层产业发展的红色动力。在打造"红色合伙人"党建品牌的过程中，公司和地方党委政府主要采取了以下四个方面的做法。

（1）以红色标准选准合作对象。在选定"红色合伙人"方面，通过公司和地方党委政府商量，确定了以下四个标准，一是政治面貌必须为党员或者预备党员；二是要有可行的创业致富项目，具有一定的发展执行项目的基础；三是信用良好，在群众中口碑声誉良好；四是有带动群众致富的社会责任心。除此之外，如果有特别优秀的人员，可以根据实际情况适当放宽标准，将这些人吸引到党组织中。

（2）以"1＋5"工作法开展工作。"1＋5"中的"1"是以建立在新型农业经营主体上的党支部为核心，开展红农课堂、红农论坛、红农指导站、红农大棚（山头、田块）、红农竞技的"5"个系列活动。其中，红农课堂是每个月通过"红色合伙人"将党中央和各级政府最新的政策传达到基层，并引导"红色合伙人"为联合体内的群众开展相关党课。红农论坛是每季度由"红色合伙人"邀请知名企业家和技术专家为联合体内的各个主体开展涉农技术以及其他方面的大讨论和大讲坛。红农指导站是"红色合伙人"定期到田间地头为农民群众答疑解惑，建立常态化的指导联系关系。红农大棚（山头、田块）是"红色合伙人"认领一个大棚（山头、田块），由党员一对一管理，做出良好管理的模范表率；红农竞技是每年举办一次合作社之间和帮扶对象之间的技艺竞赛。

（3）以合作协议实现目标导向。公司和"红色合伙人"签订协议合作书，在合作书中明确双方的责任义务。对于"红色合伙人"来说，其主要发挥执行项目、模范带头、带动农民增收等作用，要与选定的合伙对象建立帮扶联系卡，每月将合伙项目开展情况向S公司报送一次。对于公司来说，主要负责联合政府为"红色合伙人"提供信贷、政策等多个方面的支持，帮助推广新技术、新成果，建立销售渠道。

（4）以三大措施保障执行落实。一是强化组织领导。成立以S公司负责人为组长的"红色合伙人"工作领导小组，领导小组下设"红色合伙人服务站"，成员以年轻党员为主，为"红色合伙人"提供服务。二是实行激励机制。对于表现优秀的"红色合伙人"，颁发荣誉证书并给予一定的政策支持和资金奖励。三是畅通引进退出机制。对于积极向党靠拢的优秀致富带头人可考虑向政府推荐发展为党员，纳入"红色合伙人"队伍；对于履行义务不到位或出现违规违纪等行为的"红色合伙人"，则解除合伙人关系。目前，广西S公司拟利用两年时间在全县建立一支20人左右的"红色合伙人"队伍，力求将"红色合伙人"的"红农"力量打造成为地方农业农村发展的一面精神旗帜。

从上述实践可以看出，"红色合伙人"的运行主要抓住了基层党员和新型农业经营主体两个关键主体，依托了公司、农民合作社、家庭农场等联合体内成员中的有文化、懂技术、思想先进的党员致富带头人形成先锋模范带头作用，创新性地实现了基层党建、产业发展、基层治理等的有机结合。

S公司打造"红色合伙人"党建品牌的组织运作模式响应了实现乡村组织振兴的要求，同时也抓住了当前基层党组织建设较为薄弱的问题，找到了乡村产业发展和基层党建工作的契合点。具体来说，"党建＋新型农业经营主体"的"红色合伙人"模式的创新主要体现在：一是创新基层党建工作的理念，将农村产业发展与基层党建工作相结合，在推动乡村产业振兴的同时也推动了乡村组织振兴的相关工作；二是创新了基层党建工作的方式，通过将新型农业经营主体中的优秀党员以及其他致富能手吸引到基层党组织中，有利于为基层党组织补充优秀的新鲜血液，壮大基层党组织队伍；三是创新了党建的活动方式，不同于以往纯粹地进行理论学习的党建活动方式，"红色合伙人"将理论学习与实践相结合，通过"红农论坛""红农指导站"等系列活动让党建活动能够取得切实的效果，不再流于形式；四是创新了基层党员发挥才干的平台，实际上基层党组织中有许许多多的能人，他们想干事，想为乡亲们做点事，但一直苦于没有能够发挥才干的平台，而"红色合伙人"构建了基层党员干事创业的舞台，为他们提供了发挥的空间，并让其中优秀的党员能够起到示范引领作用，进一步地发光发热。

广西S公司通过打造"红色合伙人"党建品牌，发挥"党建＋新型农业经营主体"的优势，充分调动了农村发展的内生动力，实现了农村基层党建创新、乡村治理创新和农业产业发展创新的有机融合。该基层治理创新方式发挥了基层党组织的主导作用，调动了村庄内多元主体力量参与乡村振兴，尤其是凸显了基层优秀党员的先锋模范作用，体现了协同治理的理念。其意义体现在：首先，通过"党建＋新型农业经营主体"，可以克服党建方式单一、党建成效不凸显的问题，强化基层党组织在带领农村发展中的作用，提升基层党组织的威信和群众基础；其次，通过"党建＋新型农业经营主体"，可以克服"富人治村"中经济与政治合一而导致的"权力寻租"和"政治排斥"问题，同时又保留了农村经济精英在帮助发展农村经济和带动农民增收方面的功效；最后，通过"党建＋新型农业经营主体"，可以克服农业产业发展中各养殖专业合作社以及养殖户之间的不信任问题，降低与广西S公司的对接成本。

（四）结语

随着市场经济和四化同步的深入推进，在农业适度规模经营的实践中，单一的市场主体不能有效应对自然、市场、技术等环节可能带来的风险，如企业面临原材料供应渠道不稳定及质量安全问题，养殖专业合作社以及养殖户遭遇技术、资金、社会化服务等问题，服务性合作社缺少稳定的服务对象等。因此，通过主体间的联结融合，以契约形式结成稳定的利益共同体，在化解难题、降低风险的同时，形成分工合作、优势互补、互惠互利的长效机制和新型农业经营方式，能够有效解决上述不足。广西 S 畜牧业有限公司通过"龙头企业 + 党支部 + 金融 + 合作社 + 家庭农场 + 养殖户""互联网 + 联合体""党建 + 新型农业经营主体"等模式，打造农业产业化联合体，凭借强大的加工、技术、市场、品牌优势，集聚了一批养殖大户、家庭农场和上下游关联企业。联合体内各经营主体发挥各自优势，开展多元化、社会化服务，涵盖产前的农资供应环节，产中的饲养作业环节，以及产后的销售、运输、加工等环节，实现了生产要素在联合体内的有效自由流动。同时，通过"党建 +"的模式，还实现了农村产业发展和基层治理创新的协同。

联合体经营最大的受益者是各新型农业经营主体和养殖大户，而养殖大户的养殖场背后又连接着千家万户农民的直接利益。企业通过与养殖专业合作社以及养殖户联结，建立稳定的生产基地，既确保了原料稳定供给，又减少了原料采购中间环节，节约了成本。同时，企业指导监督养殖专业合作社以及养殖户开展标准化生产，保障了企业对农产品质量安全的要求。无论是要素配置、市场对接，还是三产融合、提质增效等，这种模式适应了当前我国农业农村改革和发展的现实需求，是农业供给侧结构性改革的重大创新，具有复制推广价值。

【案例启示】

分工合作能提高农业生产经营的效率，而选择哪一种组织形式作为载体是一个关键的问题。该案例中，广西 S 公司选择了农业产业化联合体作为组织载体，成功实现了"1 + 1 + 1 > 3"的多方共赢发展，而这种形式已经在一定程度上超越了传统的组织形式，具备了多主体共生的特征。

二、西部地区案例：四川省 C 农业开发有限公司

该案例通过和四川省 C 农业开发有限公司负责人交流记录得到。

（一）公司介绍

四川省 C 农业开发有限公司于 2013 年创建。公司主要从事花椒、核桃、蔬菜等农作物的种植、收购、储藏，调味品的加工、运输、销售等业务，截至 2019 年，公司共拥有藤椒综合加工厂 2 间，年产 220 吨干椒、260 吨椒油、600 吨保鲜椒，年加工产值高达 2800 万元，同时公司还创建了名优品牌，进一步提升了公司产品的附加值（见图7-2）。

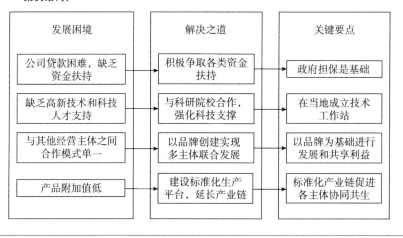

案例摘要与案例结构

　　案例摘要：四川省C农业开发有限公司创立之初，缺乏资金扶持，发展缺乏科技支撑等问题。针对资金扶持问题，公司积极向政府争取各类资金扶持项目，并引入金融平台解决了公司资金周转问题；针对缺乏科技与人才支撑问题，公司与科研院校合作，强化了科技与人才支撑。随着公司规模的扩大，单打独斗的发展方式成为了阻碍公司发展的新障碍，针对这个问题，公司突出品牌联合，创新合作模式成立产业联合体，并与其他主体共享利益，进一步实现了企业规模的扩大。为了进一步提高公司竞争力，公司还和其他主体合作，建设了标准化的生产平台来保证产品质量。

　　案例结构：

发展困境	解决之道	关键要点
公司贷款困难，缺乏资金扶持	积极争取各类资金扶持	政府担保是基础
缺乏高新技术和科技人才支持	与科研院校合作，强化科技支撑	在当地成立技术工作站
与其他经营主体之间合作模式单一	以品牌创建实现多主体联合发展	以品牌为基础进行发展和共享利益
产品附加值低	建设标准化生产平台，延长产业链	标准化产业链促进各主体协同共生

图7-2　案例2

（二）发展之困

1. 公司贷款困难，缺乏资金扶持

由于农业存在较高风险，投入与产出也不是绝对成正比，而且客观存在的类似自然风险、市场、政策等一系列不可控的因素，导致资本对大部分的涉农企业十分谨慎，涉农企业绝非银行等金融机构天然追逐的对象。四川省C农业开发有限公司要扩大经营规模，实现发展，就需要大量资金投入，而现实问题是公司在申请贷款资金的过程中，缺乏适当的抵押物进行贷款。公司虽然流转了许多用于种植农作物的土地，然而这些土地并不能成为抵押物；企业产出的各类藤椒产品，若是作为抵押物，由于其在不同时期具有不同的价值，银行无法进行评估，并且很难管理和经营这些物品。加上C公司成立之初规模不大，加上信息变换太快，使企业信息与银行掌握的信息难以对称，银行在面对该公司时的状况是：贷款数额较小，贷款次数较多。这种种的不确定因素，加剧了C公司的贷款难度。另外，公司在申请贷款时发现，银行审查的资料比较多，手续复杂，门槛高，这让刚成立不久的C公司望而却步。

2. 缺乏高新技术和科技人才支持

放眼国内农作物种植市场，企业从业者经验少、管理水平差、种植科技含量低，企业可持续发展能力跟国外的种植企业差距很大。

C公司也存在类似问题。首先，C公司于2013年成立，成立之初C公司在藤椒种植、深加工等方面由于缺少专家指导，藤椒产品质量差，生产成本居高不下，生产效率低。其次，企业缺乏优秀人才，当地农村存在大量的文盲和半文盲，加之教育与实践严重脱钩，缺乏相应的继续教育机制，没有人才输入通道，造成了C公司人才匮乏，削弱了C公司的市场竞争力。另外，在人才培养方面，C公司成立之初只重视生产技术的培训而忽略了市场营销，企业管理等方面知识和技能的培训，为日后公司电商板块发展不好、产品销量差埋下了祸根。

3. 与其他经营主体之间的合作模式单一

C公司与其他农业经营主体的合作模式过于单一，仍然主要依赖"公司＋农户"的组织合作模式，而且还是较为初级的合作。同时，受农户信用观念淡泊、直接对接散户的精力和成本高等因素影响，公司不愿意再与零散种植户建立深层次合作关系。

此外，C公司与其他经营主体的合作也缺乏深度和广度。C公司与其他农业公司，家庭农场合作的方式主要是相互走访交流考察、农产品收购、农业技术培训为主。但是，以上合作方式往往具有形式单一、受时空限制大等缺陷，影响力相对有限。另外，合作双方也尚未建立成熟的常态化合作机制，缺乏统一的管理和有序的规划，这难免会出现资源分配不均甚至资源浪费等现象。

4. 产品附加值低

C公司把太多的注意力放在了如何解决农产品供应数量上，对于产业体系、产业链的重视则非常不足，所以导致了产品附加值低。公司一产向后延伸不充分，多以藤椒种植为主，从产地到餐桌的链条不健全；二产连两头不紧密，藤椒产品精深加工不足，副产物综合利用程度低；三产发育不足，C 公司生产生活服务能力不强，产业融合层次低。企业销售最多的还是藤椒的原产品，这限制了藤椒产品的增值效益，最终导致企业的绩效无法得到提升。

（三）解决之道

1. 积极争取各类资金扶持

公司利用当地政府大力支持农业产业化龙头企业发展的契机，积极争取各级土地流转、基础设施建设补贴、降息贷款、产业扶持项目资金等财政补贴资金。同时，公司还积极争取现代农业园区水利项目、土地整理等项目、市级财政支持主导产业发展项目和产业化补助资金等资金，通过"银政担"平台，以藤椒产业基地为抵押标的物，获取产权抵押融资贷款。此外，公司还通过引进"农当家"的产业扶持项目资金，吸纳周边个体、工商主体的金融资本。

2. 与科研院校合作，强化科技支撑

针对种植技术落后问题，C 公司通过和四川农业大学、县农业部门联合成立了"藤椒技术工作站"，工作站成立的主要目标是能够推动以 C 公司为核心的高新科技创新与推广机制，通过大力设立藤椒新品种培育、藤椒副产品的研发，新种植技术推广和技术咨询等服务，快速推进藤椒产业的标准化建设和绿色化、品质化、品牌化发展。工作站主要负责对各新型农业经营主体、公司内的职业农民等进行农业技术培训和企业管理培训，最终实现了公司藤椒产品产业链技术服务全覆盖，提高了广大农户对藤椒种植的信心和决心。基于工作站，藤椒种植前，由县农业部门的相关高校专家和专业技术人员受 C 公司的委托邀请，为广大种植户进行种植技术指导现场会，培训科学化现代化的种植技术；藤椒种植过程中，对镇乡、重点村进行有针对性的培训，就藤椒种植的时间、种植密度、种苗选择、病虫害防治等主要种植技术进行详细的讲解，并由技术人员进行现场示范如何挖坑、施肥、种苗、灌定等藤椒种植的关键技术。此外，为了加快藤椒产业发展，公司以工作站为载体，坚持将规范化种植技术指导到位，在全县范围内开展藤椒新品种、新技术推广。

针对缺乏新型科技人才的问题，C 公司依托新型职业农民培育工程，实施优秀青年农户培养、公司实用型领头人培训以及优秀企业管理人才轮训计划，将培训重点放在企业领头人和核心管理人员。为了进一步办好农民职业教育培训，C 公司鼓励企业实用型人才能够通过线上线下等多种方式积极接受专业教育，提高自身的农业技术能力。鼓励进城务工人员、大学毕业生、退伍军人等回家乡一起发展。

3. 以品牌创建实现多主体联合发展

C公司通过品牌联合的模式实现多要素、多主体融合发展。C公司积极牵头各类新型农业经营主体成立藤椒产业联合体，致力于推动"龙头公司＋合作社＋家庭农场"模式的产业化联合，同时注册了"川椒王子"品牌商标，通过签订协议，明确联合体各成员若要使用品牌商标，则要在种苗供应、产品收购、农资服务等方面达到相应的要求，通过品牌创建，不仅提高了藤椒的质量，带动了藤椒产业的品牌化发展，还实现了藤椒产业上各主体的抱团式高效发展。

在发展过程中，公司与其他合作主体采用利益互惠、互保共赢的利益分配模式。公司推广"公司＋集体＋农民"股份合作模式，创新利益共享机制，由合作社和公司投资种苗、技术、肥料农药和负责产品回收、加工销售，农民和村集体以土地和集体资产入股合作社发展种植业，种植业收益按"541"分成，投产前按每亩300元支付土地租金，投产后收益按541（农户50%，公司40%，村集体10%）进行分成和按300元/亩保底，投产后农户亩均增收在2000元以上。新模式让农户有稳定持续增加的收入，让村集体经济不断壮大，让公司有稳定的产品来源，实现了村企民共同发展，激发了农户、村社全员自愿参与公司藤椒产业发展的热情。

4. 建设标准化生产平台，延长产业链

公司以规模化、标准化、集约化生产为目标，在盐亭县建立了26个专业化的藤椒种植基地，制定了种植、采摘、保鲜、包装、储存、运输等环节的操作规范和技术标准。同时，公司加大培训力度，将标准化的种植生产技术落实到各个生产环节中，推动公司的现代化生产经营。在产业园区内，C公司发挥自身技术优势与产品加工优势，与藤椒合作社、家庭农场、农户等经营主体采取"八统四分"经营模式进行合作，即统一藤椒品种和种苗供应、统一标准化栽植、统一技术培训、统一农资供应、统一价格收购、统一生产加工、统一品牌销售、统一盈余分配，分户经营管理、结算成本、承担盈亏、参加农业保险，共享资源、信息和营销网络，带动主导产业健康快速发展。统一技术规范推动标准生产。

为了能够有效地延长公司的产业链，C公司与县国有投资公司在盐亭县内建造藤椒产品初加工厂，进行藤椒烘干、初选、分级等初步工作；积极筹建藤椒产品深加工工业园区，为其他合作主体提供产品精深加工相关服务，通过延长产业链来增添相关产品附加值，显现出产业集约效应。

【案例启示】

该案例描述了新型农业经营主体中的农业产业化龙头企业在发展过程中如何利用共生的思想克服各种困难进行发展。在该案例中，C 公司通过政府资金支持、与其他金融主体进行共生来度过创立初始的资金困难期，然后通过和科研机构共生解决公司遇到的技术难题，进一步和其他农业经营主体，以及加工等非农要素进行共生实现公司效益提升。这种共生方式强调新型农业经营主体自身在共生系统中的作用。

三、东北地区案例：黑龙江省 C 玉米种植农民专业合作社

（一）引言

龙江县位于大兴安岭南麓，处于和松嫩平原的过渡地区，是闻名全国的玉米高产区。龙江县政府在 2013 年扶持农户成立了黑龙江省最大的玉米种植专业合作社——龙江县 C 合作社。合作社成立之初，农户积极性高涨，合作社也通过规模生产而降低了农户的生产成本，玉米销量上去了。然而就在农户对合作社未来的发展充满希望时，由于合作社缺乏抵御风险的能力、专业的技术指导、固定的销路，导致合作社资金周转出现很大问题，玉米产量和销量也相应下降，农户生产积极性受到了严重打击，大量农户开始离开合作社进城务工，人员流失严重，合作社发展状况不容乐观。

为了解决 C 合作社遇到的难题，更好地发展 C 合作社，当地以政府为主导搭台，合作社积极主动抓机遇唱戏，引入各类非农公司为合作社发展护航保障。目前，以 C 合作为基础组建的龙江玉米产业化联合体拥有跨国合资肥料公司 2 家，种植基地 1 家，大型玉米种植公司 4 家，玉米加工厂 2 家，农贸市场 1 处，银行 2 家，保险公司 2 家，玉米种植专业合作社 12 家，年出产玉米 50 万吨以上种植户 12 家，年出产玉米 20 万吨以上种植户 23 家，普通种植户 35 家，有力地推动了龙江玉米产业由"分散经营"向"抱团发展"转变，为龙江县玉米产业科学化、规模化、集约化发展奠定了基础。那么，C 合作社在发展过程中是如何做的呢？以下对其进行分析（见图 7 - 3）。

案例摘要与案例结构

案例摘要：黑龙江省 C 合作社在发展过程中遇到了生产经营活动缺乏风险抵御保障、人才流失导致合作社缺乏能人带动、缺乏稳定的合作机制的问题，在当地政府主导下，C 合作社主要采取了如下做法：第一，政府牵头引入保险企业提供保险服务；第二，联合高校专家提高玉米种植技术含量；第三，利用社会化服务提高合作社组织化程度；第四，引进现代化管理模式。通过上述做法，C 合作社成功实现了利用非农要素弥补自身发展短板，实现了跨越式发展。

案例结构：

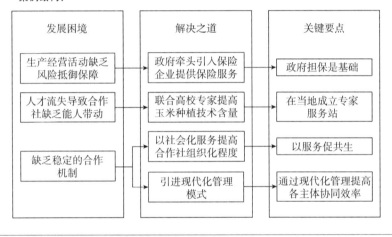

图 7-3 案例 3

（二）龙江县 C 合作社情况介绍

2013 年 2 月，龙江县 7 位种植大户牵头创办了黑龙江省龙江县 C 合作社，合作社自成立以来，就是各农民专业合作社中亮眼的明珠。合作社紧紧围绕"科技兴农、产业致富、生态文明"的建设目标，争取能在龙江县建立专业化的玉米种植产业种植基地。合作社创立时启动资金 1200 万元，截至 2019 年，合作社共有社员 369 户，占地面积 3 万平方米，拥有现代化储藏玉米仓库一间，一次性储藏玉米量可高达 3 万吨，农机设备置放库 8000 平方米，各类农业机械设备齐全。经过几年的发展，C 合作社不断发展壮大，截至 2019 年，合作社的服务范围已经拓展到了与龙江县相邻的讷河市、甘南县及内蒙古扎赉特旗、阿荣旗。合作社在黑龙江省各地设立多家线下销售网点，在哈尔滨市的繁华街区建设 3 家龙江玉米专卖店，全面打响龙江玉米名特优品牌，不断提升农产品的品牌溢价能力，目前每斤龙江玉米产品市场价可比同类玉米高出 0.5～0.8 元，备受广大消费者的青睐和好评。

（三）发展之困

1. 合作社的生产经营活动缺乏风险抵御保障

玉米种植业作为一项前期需要较大投入、栽种到收割的周期长、市场风险较高的产业，必须有稳定且连续的政策为支撑。玉米种植行业更是呈现"玉米价格上涨—玉米种植量大增—玉米供应增加玉米价格下跌—大量淘汰玉米—玉米供应减少—玉米价格上涨"的周期性恶性循环。而且市场反馈信息通常具有"迟滞效应"，导致玉米种植户对市场信息的反应出现"错位现象"，这在很大程度上挫伤了农户的生产积极性。

据龙江县 C 合作社负责人介绍，近年来洪灾、风灾等恶劣自然灾害频发，仅上年夏季洪水及今年的风灾就让 C 合作社的玉米种植损失在 100 万元以上，对合作社的生产经营造成了很大的损失。目前，当地农业保险服务的缺失，合作社从事种植业过程中没有得到基本的保障险种，让 C 合作社在面对生产经营风险时缺乏抵御应对风险的能力，不能满足其发展需求。

2. 人才流失导致合作社缺乏能人带动

随着我国城镇化的一步步推进，龙江县大量受过教育的农村适龄劳动力外流，人才的外流趋势成为了 C 合作社进一步发展的绊脚石。由于合作社是由几位玉米种植大户牵头带领当地农民群众建立，受农民自身条件限制，合作社内不具备懂管理、具有较强市场拓展能力的人才。C 合作社的领头人虽然是玉米种植大户，有一定的种植经验，但综合水平不够，无法灵活地适应各项市场经济变化。而且其缺乏相应的合作意识，因此在实际运营过程中，C 合作社与其他经营主体的合作大多也只是停留在种植生产技术方面的简单合作，缺乏更深层次的精细合作。

3. 缺乏稳定的合作机制

目前签订流转土地的方式主要有以下三种：一是直接同村民签约，二是经村干部与村民签约，三是以交易平台为中介签约。在土地流转的成本方面，通过中介服务平台流转的费用最高，直接和村民签约成本最低。因此，C 合作社选择直接同村民签约流转土地，虽然这种签约方式成本较低，但也存在规范性差，缺乏法律保护容易出现租方任意毁约，从而给合作社造成巨大损失的弊端。龙江县 C 合作社通过和村民成功签约，流转了 150 余亩土地用来大规模种植玉米，流转初期就投入 100 余万元进行玉米种植的基础设施建设。但仅仅到流转的第四年，就出现大量农户不愿意继续签订流转合同的现象，由于土地流转的保护机制尚未成熟，导致农户中途毁约的现象普遍，合作社流转的土地很难按照前期规划持续规模化经营，没有长期稳定的种植土地，这严重影响了 C 合作社的发展。

（四）解决之道

1. 政府牵头引入保险企业提供保险服务

当地政府积极引入保险公司，健全玉米种植和玉米产品生产过程的参保机制来提高当地新型农业经营主体抵御市场风险的能力，打造农业保险服务链条。C 合作社抓住这个契机，积极参与由太平洋保险公司提供的农业保险项目，太平洋保险公司以每亩地 20 元的标准向合作社收保险费，天津农业科技公司向合作社给予了资金支持，合作社则负责保障种植户每亩玉米收益 750 元以上，充分保证了玉米种植户的收益。

2. 联合高校专家提高玉米种植技术含量

C 合作社与黑龙江省农业科学院齐齐哈尔分院对接成立龙江玉米种植专家服务站，向社员和当地其他种植户提供技术支持、肥料供应、食品加工、市场销售等服务，突出产业链全服务。基于专家服务站，在保持现有土地关系的前提下，合作社向所有社员都提供设备供应、有机肥料、机械化作业、统防统治病虫害、玉米储藏加工的社会化一体服务，合作社成员只需要向 C 合作社支付基本的管理费用即可。此外，合作社还充分发挥服务站对接高校的优势，联合高校专家突出新型农业技术的支撑与应用。具体做法为：聘请高校农业专家对种植户进行种植技术的集中培训、现场演示等，定期组织各社员参与玉米种植的有利政策分析、高新技术推广、未来市场预测等培训。

同时，合作社向中化农业公司购买了智能软件：智农管理系统，这一套系统实现了在办公室联网就能够监控玉米的耕种情况，有效地提高了合作社的生产经营效率。

3. 利用社会化服务提高合作社组织化程度

为了打开市场销路，提高玉米销量，C 合作社与中粮集团进行"粮食银行"的项目合作。玉米收集过后直接送到中粮集团的仓库，玉米收购的结算则由农户自己自由决定。从分散化的细碎经营到与大集团合作卖粮，合作社逐步实现了让玉米种植户能在玉米市场上掌握话语权，享受主动性，大大拓宽了玉米的销售方式，玉米的销量连年上涨。

另外，合作社为了降低玉米种植的成本，集中购买种苗和种植所需的其他农资；为了能有效降低玉米产品生产作业的成本，合作社全面推广标准化、科技化的生产，这一举措大大提高了玉米单位面积的产量和质量，实现了社员的增收。通过实行全产业链托管服务，C 合作社每位玉米种植户平均节约近 100 元生产成本，组织化经营的土地玉米产量明显好过传统方式下农户的细碎化经营。2018年，C 合作社通过进行全产业链托管服务 18.2 万亩，实现了合作社获利 380 万元，合作社成员收入达到了 4857 万元。与此同时，C 合作社还凭借自身生产、技术、信息、市场等优势，努力帮助贫困农户脱贫，针对贫困户缺乏适龄劳动力的情况，合作社与广大贫困户签订了玉米种植帮扶协议，力求通过现代化科学种植、机械化生产、专业化服务，向广大贫困户提供高标准的免费生产经营服务。

4. 引进现代化管理模式

C 合作社在成立之初由于缺乏现代化的管理经验，生产方式仍然采用传统的雇用方式，导致合作社在经营管理上出现大量问题，合作社成立第一年就亏损了。为了改变现状、实现发展，C 合作社通过调研发现了合作社存在的许多问题，针对合作社出现的这些问题，合作社参照现代企业的管理模式同时与绩效、奖励机制相结合，对流转的土地进行分块管理经营，为合作社不断扩大规模奠定了基础。合作社管理者将合作社分为六大模块，分别是玉米种植队、产品服务队、栽种服务队、玉米储藏队、收购包装队和有机施肥队。玉米种植队是核心板块，其他五个队都是为其服务。玉米种植队以 2800 亩为一个区块，整个种植基地共成立了 8 个玉米种植队，每个种植队包含 1 名组长、1 名副组长和 5 名队员，玉米种植队从事由玉米种植到收购的所有工作，小队的经济效益与其负责的土地玉米产量挂钩。该模式帮助合作社实现增收，突破了发展困难的瓶颈。

【案例启示】

从该案例中可以看出，C 合作社一直在抓住当地政府发展现代农业的机遇，在这个过程中更多体现的是政府主导引要素、合作社主动抓机遇、多要素聚合共生促发展的整个过程，说明在新型农业经营主体共生发展过程中，政府部门体现的更多是促成共生、引导共生、保障共生的作用。

四、中部地区案例：安徽 Y 粮油生产联合体

（一）引言

2015 年，安徽省政府出台相关文件，提出龙头企业要发挥自身的作用，带动联合体向农业产业化发展，促进一二三产业的融合。之后安徽各地不断涌现出农业产业化联合体，就粮食行业来说，Y粮油生产联合体是其中的佼佼者。Y粮油生产联合体通过与各类新型农业经营主体共生，实行"农户+公司""农户+合作社""农户+龙头企业""农户+互联网企业"等合作方式不断将各类新型农业经营主体纳入联合体中，实现共同发展。联合体积极改善农业发展环境，鼓励新型农业经营主体发展，勇于创新农业服务体系，将电子商务、人工智能引入农产品生产中，既提高了社员的作用效率，又降低了生产成本，使得各个农业主体增产增收。下面将探究Y粮油生产联合体在发展过程中如何与各类主体共生，促进各类主体共同发展（见图7－4）。

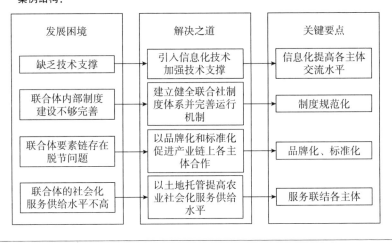

图7－4　案例4

（二）Y粮油生产联合体情况介绍

Y粮油生产联合体是由相关农业产业化龙头企业、粮油联合社、农业专业合作社和家庭农场一起建成的，联合体的种养面积超过1.2万亩，联合体采取全村土地流转的方式进行规模化生产，大力推广"公司＋合作社＋科技农业公司＋农户"的全托管模式，并融合地方特色产业，创新黑米、黑玉米等黑粮，和当地的"黑茶、黑果、黑鸡、黑猪"结合组成"五黑"产业，进行产业升级、农户增收和集体经济壮大的多种效果，成功引领农户进入农业现代化发展轨道。联合体依据高质量的产品标准进行种植，为社员提供种植过程中的技术咨询，成功依托粮油生产示范基地打造了"Y"品牌。联合体通过市场需求来确定产量，之后凭借互联网技术和电子商务平台拓宽销售渠道。此外，联合体为合作个体提供生产过程中的各种服务，促进各主体增产增收。

（三）发展之困

Y 粮油生产联合体成立于 2016 年，其将相关龙头企业、合作社、家庭农场组织在一起，实现合作主体之间的资源共享。然而，在发展初期，Y 粮油生产联合体遇到了一些困难，具体有以下几点：

1. 缺乏技术支撑成为初期制约联合体发展的难题

技术的缺乏导致农作物生产效率低下。在联合体的种植品种里，水稻的生长周期较长，各类蔬菜的存活率低下。联合体内种植人员的技术水平普遍偏低，仅凭自己的能力难以解决病虫害泛滥、土壤受损度大、施肥比例不协调、反季农作物产量低等一系列农业问题。如何高效率、高质量地种植农产品成为 Y 粮油生产联合体成立初期需要解决的一大问题。

2. 联合体内部制度建设不够完善

首先，Y 粮油生产联合体在创立初期，其内部规章、制度不健全。同时，联合体原有的运行机制不能完全适应联合体的结构特征。由于缺乏合理的规范制度，联合体的组织化程度低下，各经营主体之间的交流不密切，社员的参与度低。其次，联合社与合作主体签订的合同不规范，社员对自己的责任与权利不清楚，导致联合体内部缺乏向心力，联合体的凝聚力与稳定性差。更重要的是，联合体在采购与销售环节缺乏有效组织，容易出现信息不对称，提高了购入成本，在市场中几乎没有议价权。

3. 联合体要素链存在脱节问题

Y 粮油生产联合体致力于做到产业链、要素链和利益链贯穿整个联合体。然而，因为联合体内部制度建设不够完善、各经营主体之间的组织化程度不高，导致 Y 粮油生产联合体内部链接脱节严重。

产业链脱节。联合体生产的通用粮食远远大于专用粮食，而且主要对当地的通用粮食进行大量加工，很少考虑专用粮食带来的效应，导致联合体生产的农产品缺乏附加值，影响农业的现代化发展。另外，虽然联合体进行农产品的初步加工，但由于联合体缺乏与外界的信息交流，让其难以准确捕获市场需求信息，导致产品加工标准不符合广大消费者的喜好，从而导致农产品的部分滞销，影响第一产业和第二产业的融合。

要素链脱节。第一，Y粮油生产联合体的备用资金少、融资方式少、融资相关成本高；第二，Y粮油生产联合体主要从事种植业，但种植业的相关保险投保要求高、保险额较小，因此当地面向种植业的农业保险种类十分缺乏；第三，Y粮油生产联合体既缺少周边农村的劳动力支撑，又缺少外界相关人才支持；第四，虽然当地农村的农地流转方式多种多样，但在土地流转过程中，Y粮油生产联合体面临不少土地纠纷，这大大减缓了联合体扩大生产经营规模的进程；第五，联合体内的龙头企业与供销商的联系不紧密，导致市场上的销售渠道不稳定，无法帮助联合体提高市场销售利润，不能实现农业产业化发展。

利益链脱节。发展初期，Y粮油生产联合体和成员之间的利益联结不够紧密，当联合体遭遇农产品价格大幅度变动和农作物生产过程中的自然灾害时，很有可能出现成员违约的情况。久而久之，合作农户的种植积极性被挫伤，甚至导致联合体解体。

4. 联合体的社会化服务供给水平不高

当地政府在农业市场、农户融资、自然灾害保险等方面对联合体的扶持还不够，不管是有偿的，还是无偿的，政府提供的服务范围都较小，无法满足Y粮油生产联合体的需要，尤其在新型农机供给、农产品仓储及粮食烘干等服务上。

（四）解决之道

1. 引入信息化技术加强技术支撑

随着农业产业现代化发展，农作物生产过程中引入信息化已经成为主流趋势。Y粮油生产联合体满怀激情地拥抱互联网，Y粮油生产联合体与高新科技公司合作，抓科技攻关，以互联网思维对联合体的发展模式进行改进，使之对接现代农业，发展智慧农业。主要有以下几点措施：

第一，加快信息化基础设施建设。Y粮油生产联合体重视粮油产业的大数据，与当地政府和相关企业合作，积极完善整个产业链中的信息交流平台，促进联合体内的资源共享。合作主体凭借该平台能够及时关注供销市场中的动态，有效避免联合体的市场信息不对称。此外，联合体不断优化内部体系，推出一系列制度帮助合作主体共同创建农业信息化系统，做到联合体与合作主体共赢。

第二，在农业生产中引入信息技术，提高生产效率。Y 粮油生产联合体在农业生产中引入电子商务、财务云平台、大数据统计等现代技术，把农业与高新产业贯穿在一起，发展智慧农业，推动农业产业化发展。在农作物生产环节，联合体研发了具有各种功能的无人机，实时监控农作物的生长，一旦发现异常就把信息传导给系统。联合体结合物联网技术，有效地预防了农作物在生长过程中出现大面积问题，同时节省了大量劳动力成本。联合体和省农科院合作，对联合体的土壤进行质量测评，并结合实际制造出合适的化肥，有效促进农作物健康生长。联合体根据种植情况研发特色栽培技术，既减少了工人的劳动量，又提升了联合体的种植效率。农业与互联网业的合作，既有效地规避了农作物种植过程中的风险，又大大降低了生产过程中的成本，增加了联合体的利润。

第三，引入信息技术联结联合体内的各个主体。Y 粮油生产联合体与"互联网＋"公司合作，通过现代信息技术创立农产品选材、种植、销售全程服务平台，维持各经营主体之间的信息交流，保障合作中的消息互通。该平台的建立可以在遇到重大事件时及时找到最优方案，也可以保障各个合作主体之间相互监督。

2. 建立健全联合社的制度体系并完善其运行机制

一方面，Y 粮油生产联合体成立理事会、监事会和社员代表大会，简称"三会"，负责监督联合社运作、重大事件的决策以及完善相关的服务体系。联合体的"三会"成员中农民社员的比重较大，能够更大范围地惠及农民。

另一方面，联合体明确规定了"三会"三者的权利和义务，进行合理的分工。这种民主管理和监督，不仅拉近了联合体与农户的关系，而且完善了联合体的管理机制。

3. 以品牌化和标准化促进产业链上各主体合作

品牌化方面，在不断扩大自身规模的同时，Y 粮油生产联合体积极获取市场信息，坚持打造绿色生态品牌，从其中选出一批综合能力强、信誉好的公司进行合作，创立自己的品牌，依据品牌标准对粮食的具体要求，选择适合的优质品种进行种植，对成员提供相关技术服务和咨询，引导成员依据要求进行生产。在后期加工时能依据统一标准进行加工，保证产品的质量满足消费者需求的同时与让品牌加强联合体内各个主体之间的合作程度，实现生产资源、相关技术和市场消息共享。随着品牌知名度的不断提升，区域内其他农民专业合作社、大型家庭农场、大规模生产农户出于增加自身产品品牌附加值的初衷加入联合体，扩大了联合体的规模。

此外，Y粮油生产联合体依托核心龙头企业，根据品牌建设的相关要求，对生产环节进行规范化操作，制定并实施耕、种、收、管、灌全过程标准，而且按照这些标准生产，进一步强化产成品的规范化。

4. 以土地托管提高农业社会化服务供给水平

黟县Y粮油生产联合体创立特色化的农业社会化服务方式：联合体利用地方政府所给予的支持，整合各类服务商参与联合体运营，并设定生产标准，对联合体成员提供全程土地托管方式，成员生产出农产品后联合体统一收购生产的产品进行品牌化销售。

第一，整合服务资源。在当地政府部门的帮助下，Y粮油生产联合体整合各个服务商参与联合体的生产经营活动。其中，参与合作的农业生产公司负责农作物的加工、销售等后期生产和相关的财务、金融服务；参与合作的科技公司负责联合体内的技术研发、电子商务平台的建设和相关技术的咨询服务；参与合作的合作社负责农作物的种植服务，包括种植全流程中的农业机械化服务，提供服务的具体内容包括农资的供给、农作物生产过程中的各种组织化管理、农产品面向大市场的销售活动和销售过程中的农产品运输等。联合体整合了各个合作主体之间的服务资源，充分发挥了各个主体在服务方面的优势。

第二，推行土地全程托管的服务方式。Y粮油生产联合体采取全程托管的服务方式。Y粮油生产联合体内的农业产业化龙头企业和村集体、合作社、家庭农场等制定"全程托管"的合同，龙头企业对合同参与方的农产品生产提供一条龙服务（原料采购、种植、加工、销售），生产出农产品后公司进行收购。在农业生产的原料采购环节，由联合体内的龙头企业事前询问其他合作方，确定购买数量，再统一向农资公司购买，最后转卖给合作方，由于批量采购的成本大大低于单独购买时的花销，农户在托管模式下可节省两成以上的成本；在联合体的农机服务环节，联合体实行"菜单化"服务，农户可以选择单点、组合、全包相关的农耕机械，大大减少了农业生产过程中的成本，2018年，Y粮油生产联合体对农户提供的全托管服务高达9083亩，提供的半托管服务有13640亩。

第三，培养农村服务经纪人。Y粮油生产联合体坚持培养农村服务经纪人，农村服务经纪人的主要任务是将市场和农产品生产者有机连接，负责产成品的包装和批量销售，打通农业社会化服务的"最后一公里"，大大增加了合作农户的利润。

【案例启示】

从该案例中可看出，Y粮油生产联合体的发展是基于良好的联合体运营规章制度，在此基础上通过引入技术、品牌、标准化生产、农业社会化服务等要素加强联合体内各方之间的关系联结，促使各个主体协同发展、共享利益。

五、东部地区案例：乐清市 J 水稻专业合作社联合社

（一）引言

浙江乐清是水稻种植大市，每年的水稻种植面积高达 17300 公顷，从事水稻种植的农民专业合作社有 87 个。然而，因为缺乏专业技术的支持和组织化管理低等，单个合作社无法有效地进行优势聚集，从而导致粮食生产的成本高，资源的集约化程度和合作社内部管理水平偏低等问题。2014 年，一家合作社的领头人积极对接整合当地的农民专业合作社，以生产资料入股的方式成立了乐清市 J 水稻专业合作社联合社。虽然联合社在发展过程中也遇到了系列困难，但联合社的制度优势让其能够有效解决这些困难，实现跨越式发展（见图 7－5）。

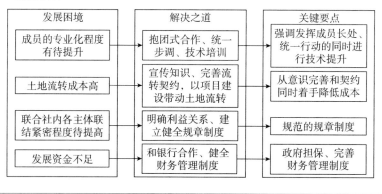

图 7－5　案例 5

（二）浙江 J 水稻专业合作联合社介绍

乐清市 J 水稻专业合作联合社成立于 2014 年，包含 150 多个农业生产主体，合计种植面积超过 3 万亩。乐清市 J 水稻专业合作联合社主要提供农作物养殖、加工和储藏服务；产成品的销售服务；农资的租赁服务；农业生产原料的统一采购服务；生产过程中的技术咨询服务。当地的农业专业合作通过入股的方式加入联合社，联合社采取生产、购销、信用"三位一体"合作模式，实行农业一体化服务的同时，创新发展新型农机服务模式，通过 4 年来的规范运作和创新发展，2018 年经营额达 1650 万元，固定资产达 230 万元，社员每年每亩可增收 100～300 元。

（三）发展之困

1. 联合社中各成员的专业化程度有待提升

联合社面临着优秀人才短缺的难题。一方面，专业技术人才不愿意返乡务农；另一方面，当地的农民受教育程度低、年龄普遍偏高，接受新事物需要一段时间。同时，J 水稻专业合作联合社由于缺少专业精英，联合社很少有技术创新，即使偶尔引入新的生产技术，也只是昙花一现。据调查显示，乐清的新型农业经营主体中存在农民年龄偏高现象。

2. 土地流转成本高

乐清独特的地貌使得可种植土地较少。在山区地段，因为农作物生长条件无法满足等原因，大部分农户选择弃耕，其他的农业经营主体也不想花费大成本在山区进行农业活动，山区的耕地资源无法得到合理利用。

另外，乐清不规范的土地流转方式提高了联合社的土地流转成本。许多农户会采取土地转包的方式获取收益，但接受土地的农户只是单纯地从自身利益出发进行土地流转操作，这样的流转方式对推动农业规模化生产毫无意义，自然也无法实现现代化农业。相反地，由于利益驱动，这些土地接收者在土地规模经营时往往不愿把土地交出去。而且，当地的土地流转多为熟人之间的交易，交易过程缺乏契约合同规范。为了说服他们推动规模化经营，J 水稻专业合作联合社所花的精力和成本都很高。

3. 联合社内各主体联结紧密程度待提高

第一，联合社内部凝聚力不足。联合社员之间的利益联结不够紧密，社员对未来收益无法准确预期，不愿把所有精力花费在联合社中，使得联合社缺少凝聚力。

第二，信息共享程度低。在专业技术服务的供给方面，联合社没有制定明确的供给方法，各个社员无法知道其他成员能否共享技术资源，供给方式也不明确，没有实现真正意义上的信息共享，导致技术服务供给效率低下。

4. 发展资金不足

第一，生产模式单一导致自身资金流紧张。J水稻专业合作社联合社在生产经营中属于风险规避型主体，主要进行小额投资、短周期生产，而且联合社与农业相关企业的合作少，农业产业化程度不高，单一的生产模式导致联合社的收益过低，造成联合社资金流紧张。

第二，缺乏担保导致难以获得商业贷款。发展初期，由于联合社在市场中的信誉较低，农户和相关公司大多不愿意把钱投到联合社中，此外，J水稻专业合作社联合社没有政府的担保，联合社很难向金融机构进行贷款，更不用说进行社会筹资。

第三，联合社的财务管理体系不够健全。联合社的管理人员大多从基层选拔而来，他们虽然精通农业种植方法，但对于投资理财、联合社管理和财务划分等方面的能力还有待提高。社员对法律法规的了解程度低往往造成联合社的资金整合能力弱。

（四）解决之道

1. 如何解决联合社农民专业化程度的问题

第一，社员之间"抱团式"服务合作。穗水稻专业合作联合社合作生产时采取社员之间优势互补的机制，联合社对刚加入社员的生产专业性、信息化程度和生产规模等方面进行分析，采取社员之间优势互补的合作模式。例如，对于一些社员来说，育秧是一种高技术活动，联合社把育秧环节交给那些育秧条件好且育秧技术高的社员，同时与之签订合同来规定农户的育秧任务。这种模式快速解决了联合社中部分社员育秧难问题，提高了社员之间的联系和联合社整体的育秧效率，实现了联合社在育秧和产量上的进步。此外，J水稻专业合作联合社注重在生产环节中的社员交流，联合社对社员进行合理安排、规划负责环节，促使每一社员都能展示自身优势，实现社员之间的互利共生，有效提高了联合社的种植效率，促进联合社实现利益最大化。

第二，统一采购降低成本。在农业生产中，联合社收集社员所需的农作物种子数量、种植过程中所需化肥数量、农耕机器数目等，然后由联合社先行垫付进行批量采购，这种采购方法有效减少了农作物生产成本。在农作物加工中，联合社中社员把产成品交给联合社，再由联合社进行批量加工。在农作物成品销售中，成品具体通过联合社社员分销、联合社直销的方式卖到市场中。此外，J水稻专业合作联合社注册了"金越"品牌，走品牌引领道路。在品牌效应下，联合社社员种植水稻的平均每亩收入可以增加大约100元。

第三，联合社出资提高农业生产技术含量。联合社免费向各个合作社的农户提供生产过程中的技术咨询服务，让农户在生产活动中效率更高，农户可以通过这种方式高效处理自己在种植水稻过程中遇到的各种问题。J水稻专业合作联合社还购入无人机进行病虫害的防治工作，并且出资为农户提供无人机作业前培训，提高了农业生产效率。

2. 如何解决联合社土地流转成本高的问题

第一，宣传普及土地流转知识。J水稻专业合作联合社对社员进行相关土地制度知识的宣传，提升社员对土地流转有利之处及相关法律法规认识。同时，积极向当地政府建言献策，希望政府部门一同大力宣传关于土地流转的经典案例，不断革除农户对于土地流转的思想壁垒。

第二，完善土地流转契约体系。J水稻专业合作社联合社遵守土地流转的法律法规来与农户合作，内部各个成员与农户签订合理的土地流转合同，明确规定社员与农户之间的权利、责任以及收益分配，做到土地流转有据可依。同时，土地流转合同的签订能够增加农户对联合社的信任程度，大大降低了由于土地纠纷的发生率。

第三，以项目建设带动土地流转。J水稻专业合作社联合社重视涉农项目对土地流转进程的带动作用，联合社通过对接政府部门，申报涉农项目来促进土地流转。联合社在地方政府的项目推进政策帮助下建立产业基地，在此基础上，联合社合作成员以置换整合的方式，把之前零散的土地集中投入到产业基地中，减少了由于土地分散带来的生产麻烦。

3. 如何解决联合社内各主体联结紧密程度不高的问题

第一，明确联合社和社员的利益关系。J水稻专业合作社联合社对于社员入社、投资采取自愿原则，社员可以自由进入和退出联合社。联合社中每一个生产环节都公开化，采取透明运营模式。例如，联合社中物资的采购价格、产成品的销量和定价等都会让社员知晓。联合社坚持公平公正地处理好社员之间的利益关系，严格按照章程和制度进行利润二次分配，生产经营的利润除合理的管理费用外，联合社提取60%的利润，用于联合社资金周转的需要，再把剩余40%的利润依据社员投资入股的比例记入社员的账户中。随着联合社与社员的利益关系更加密切，使得联合社的向心力不断增大，同时有效地将各个主体凝聚在一起，最终实现联合社增产增收。

第二，建立健全规章制度，确保联合社运营规范化。联合社采取理事会与社员大会共同议事的制度，两者互相监督，进行科学民主的联合社内部管理。J水稻专业合作社联合社还坚持优化联合社和社员、社员和社员之间的联结机制，并及时开展与社员的协调工作，从而减少了合作主体之间的合作纠纷。

4. 如何解决资金短缺问题

第一，在政府担保下，J水稻专业合作社与乐清农商银行合作。在积极寻求地方政府担保的情况下，J水稻专业合作联合社和乐清农商银行确定贷款合作关系。两者协商规定，乐清农商银行向J水稻专业合作联合社提供950万元的贷款额度。J水稻专业合作联合社向一些合作农户发放贷款，总计达到690万元，发放贷款过程中，联合社将入股的社员结合在一起，形成了农信担保体，再依据社员的生产规模、入股比例、经济情况等因素对社员进行总体评估，从而决定社员的贷款限额。社员在贷款时需要缴纳10%的担保金。社员的授信期是一年，授信额度不超过100万元，实行一次性授信，随借随还的方式。J水稻专业合作联合社与乐清农商银行互相监督，一起关注信贷资金的运转方向。

第二，建立全方位的资金管理制度。J水稻专业合作联合社采取统一采购、销售的经营模式，经常需要先行垫付资金，再加上社员在种植过程中需要大量的周转资金来支付土地租金、押金等，导致联合社的资金具有很强的流动性。因此，联合社全程监控运转过程中的资金，提前预测资金需要，采取相关措施，保证信贷资金运转良好。此外，联合社采取一系列的行动来控制资金风险：一是通过互联网平台建成一个信息管理平台，将所有合作主体的相关情况载入，有效防止农户出现资金上"搭便车"的行为。二是进一步完善联合社内部财务管理制度，将联合社的财产和合作主体的资金分开记账，全部支出与收入都要分开核算，最后把支出以转账形式记录。三是对与之合作的所有专业合作社做详细调查，确认、审核合作社的真实情况再对其进行资金帮助，防止出现虚假贷款现象。四是在会计核算时设立坏账准备金账户。根据J水稻专业合作联合社的应收账款提取一定比例的坏账准备金。

【案例启示】

从该案例中可看出，乐清市J水稻专业合作联合社面临的问题同样是单个合作社面临的问题，但作为一个新型农业经营主体共生发展的共生体，联合社的制度优势让 J 水稻专业合作联合社能够采取多种举措优化内部共生关系、聚集外部共生要素。

六、东部地区案例：广东省 W 食品集团有限公司

（一）引言

当前，随着消费结构升级，家禽养殖业的升级成为了一个必然的趋势。广东 W 食品集团有限公司初期也面临抗风险能力弱、与农户合作机制欠缺、市场信息不对称等问题，但其及时转型，采取"农户（家庭农场）＋公司"的生产模式，市场开拓与技术创新并重，增强 W 公司在市场中的竞争力，有效减少农产品滞销，克服了市场供应链断裂的难题。同时，"公司＋农户"的生产模式在一定程度上加快了家禽业生产的集约化、组织化、智能化和信息化发展，确保企业获取更丰厚的利润（见图 7-6）。

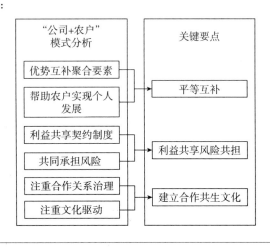

图 7-6　案例 6

（二）广东省 W 食品集团有限公司介绍

1983 年，广东省 W 食品集团有限公司成立，主要从事肉鸡和肉猪的养殖。在激烈的市场竞争中，W 公司不断进行创新，目前在我国各省份已经建立了上百家一体化工厂，成为全国农业产业化重点龙头企业。2011 年，与 W 公司合作的农业经营主体超过 50000 户，公司出售养殖成品的营业额超过 300 亿元，和 W 公司合作的农户实现利润合计超过 30 亿元。从 1988 年开始，与公司合作的农户自己建立小农舍，W 公司给这些农户提供种苗、饲料等并且向农户收取少量预付金，合作农户依据 W 公司提供的技术与操作程序开展养殖，同时农户接受产中服务和专业指导。最后，W 公司以合同上的价格收购农户的养殖成品进行市场销售。

（三）"公司 + 农户"模式分析

W 公司将生产要素聚合，促使合作农户再创活力。公司的生产和发展离不开生产要素，合理配置生产要素可以帮助公司增长增收，W 公司与农户参与合作时自身都拥有着一些生产要素，比如公司有大量融资、高新养殖技术、市场信息等，农户有劳动力资源、土地资源等。"公司 + 农户"的模式能将两者在生产过程中进行各类资源的共享，农户得以把全部活力发挥出来，实现自身价值。

公司把合作农户看成公司规模化生产中的重要支柱和公司不断进步的动力源泉，从而让"公司 + 农户（家庭农场）"模式能有效吸引当地农民投入养殖产业。W 公司为农户提供新兴养殖技术的同时，还免费对农户提供产中咨询服务和具体的风险防范规划。W 公司还采取农业产业化生产，建立起农业产业链，包括培养种苗、生产饲料、培育疫苗、批量销售等环节。其中，合作农户负责养殖，W 公司则通过科学技术和企业管理，买入饲养原材料合成高质量饲料，养殖出高质量的成品向市场批量销售。W 公司以农户利益提升为出发点，在生产过程中积极服务周边农民，推动合作农户实现农业生产的转型，帮助解决合作农户滞销问题。通过公司与农户合作实现优势互补一起参与生产，该合作经营模式可以帮助公司和农户做到多种资源共享，一起参加产业链中的竞争，实现互利共赢。

W 公司制定契约制度让养殖业变得更加有组织，做到合作双方的利益紧密联结，形成利益共同体。W 公司和农户都实行自愿原则进入"公司 + 农户"的生产模式，通过契约约束，农户和 W 公司很少会有毁约现象，大量合作农户的加入促进了 W 公司规模化发展。对于农户和公司的利益分配，W 公司坚持保障合作农户在生产过程中的应得利益，进行合作主体之间利润的五五分配。多年来与 W 公司合作的所有农户一共实现利润超过 16 亿元，每个农户的利润高达 17000

元。正是因为 W 公司合理的利益分配制度，周边农户及外地农户纷纷加入与 W 公司合作的队伍中，与 W 公司合作的农民数量快速增长。合作农户的增长加快了 W 公司发展的步伐，W 公司通过与异地的新型农业经营主体合作，相继在全国 13 个省份建成了大型养殖场，实现了规模化生产。

风险承担方面，W 公司与合作农户共同承担风险，保障合作农户在遇到灾害后仍有收入。首先，W 公司在遇到各种风险时勇于承担后果，不会让合作农户独自面对；其次，W 公司为周边农户提供一些就业机会，雇用一些空闲农户，使农户能有多项收入来源，提高了农户的生活水平；最后，对于合作农户，W 公司减少了合同押金，适当给予养殖补贴，鼓励农户积极参与养殖。农户对合作养殖有了可观的收益预期后，养殖的积极性也随之提高。

W 公司注重合作关系治理。公司按照合作双方互惠互利的原则，保持与合作农户互动的灵活性，与合作农户进行有效的沟通，在合作中互相监督、彼此约束，促成了合作主体之间的相互信任，既提高了两者的合作效率，又能保证公司与农户将合作关系稳定发展下去。

W 公司注重文化驱动。W 公司通过公司内部的企业文化建设，能够把农户、员工、股东、客户、社会组织起来，通过整体利益合理的分配，使得这些主体支持企业的发展。特别是股东、员工，在企业发展过程当中获得合理的收益，向心力很强，一致行动，非常团结。

【案例启示】

从该案例中可看出，W 公司"公司＋农户"的模式体现了新型农业经营主体之间共生发展的思想，并没有偏颇于哪一方。在该模式中农户也具有自己的独特价值，即拥有土地、禽畜养殖舍、劳动力等，农业产业化龙头企业通过和农户合作，实现自身的轻资产发展的同时也让农户致富。该模式的基点是利益分配，良好的利益分配是两者共生的前提。

第二节　乡村振兴视阈下新型农业经营主体共生发展模式分析

根据上文的新型农业经营主体共生发展机制可知，新型农业经营主体共生发展不是一蹴而就的，而是一个动态发展的过程，其体现的"协同、开放、强链、扩层"机制也是一个动态渐进的过程。因此，乡村振兴视阈下新型农业经营主体和其他主体之间的共生关系将是一个动态发展的过程，具体表现为一系列的共生模式。

在共生关系中，共生模式是关键的要素。共生模式包括共生组织模式和共生行为模式。以下将以共生理论为指导，基于新型农业经营主体共生发展机制，结合上述典型案例对共生模式进行分析。

一、共生组织模式分析

共生组织模式包括点共生、间歇共生、连续共生与一体化共生四种类型（袁纯清，1998）。以下基于前文所提的共生发展机制，本部分从共生纽带、共生动力、共生介质、共生保障四个角度分别对每种模式进行分析。

（一）点共生模式

在发展现代农业的过程中，新型农业经营主体会自主寻找合适的共生伙伴以弥补自身的不足，通常会和其他农业经营主体，或者下乡的主体进行一次次的偶然性合作，这种共生模式称为新型农业经营主体的点共生模式。该模式具有如下特征。

第一，共生纽带的形成具有随机性和不稳定性。在共生界面生成过程中，由于一些新型农业经营主体对于自身发展路径和需求随着市场及时空的变化而变化，不具备长期可持续性，因此，对于共生方的特性需求也不具备非常明确的指向性和连续性，往往和能接触到的其他主体先进行共生从而生成共生界面。这种共生界面具有很强的随机性和不稳定性，共生单元之间的物质、信息和能量交流也倾向于表现为"一锤子买卖"。例如，在前文"广西壮族自治区 S 畜牧业有限公司"案例中，虽然公司成立初期也有和其他合作社、农户进行合作，但仍然处于一锤子合作状态，而且多次合作关系中双方同质化严重，往往合作一两次后合作方就成为了竞争对手，从而导致所形成的共生界面极易崩溃，点共生关系就难以为继。

第二，共生介质具有单一性。由于共生关系存在的时间比较短，共生系统中各个共生单元在相互作用过程中难以形成独立于环境之外的共生介质。同时，由于共生过程比较简单，共生关系不复杂，往往只是少数甚至某一种资源、信息的交流，因此共生介质比较少（例如一锤子买卖，仅仅是买卖交易关系，不存在信任、共同语言等），这既让共生过程的时间无法延长，也缩短了共生关系存在的寿命。在实践中，对某些新型农业经营主体和农户或者社会非农主体而言，点共生这个阶段其实存在的较少，因为实施乡村振兴战略以来，很多新型农业经营主体已经明白一锤子买卖很难带来利益的提升，甚至还可能因为交流成本的问题造成利益受损。

第三，提升共生单元共生动力的阻力较大。共生系统中，各个共生单元对共生关系的依赖程度低，对共生环境的依赖程度高。也就是说，共生单元对发展共生关系取决于外部市场环境的好坏，自身并没有很大的共生意愿和共生动力。另外，在点共生模式中，几乎不存在利益共享关系，共生单元之间的合作行为是随机性或者一次性的，合作能否达成，取决于市场中类似的产品交易。而且由于合作行为是随机性或者一次性的，在共生过程中几乎不存在信任等系列共生介质，双方深入交流的可能性不大，即影响交流的阻力很大。

第四，获得更多共生保障的难度较大。由于在该模式中新型农业经营主体和其他主体之间共同进步的可能性不大，更类似于纯粹的市场交易，因此也不存在利益共享行为，政府部门更不可能为纯粹的随机的市场交易行为提供更多的政策性保障。

为了便于理解点共生模式，并与前文所构建的共生机制形成理论上的联系，这里对该模式的一些表征进行总结，对进一步理解后续三种共生模式也有裨益。如表7-1所示。

表7-1 点共生模式的表征

共生纽带	共生动力	共生介质	共生保障
共生单元之间是一次性买卖的纯粹市场交易关系，不存在资源合作或者信任等社会关系的发展空间，也没有分工、协作和互相制约	点共生行为的发生受市场环境等外部环境影响，而不是出于共生单元自身的主动性。而且交易成本高，很可能还会抑制该共生行为发展	仅存在单一的共生介质，或者几乎不存在共生介质	难以获得政府部门所提供的政策性共生保障

（二）间歇共生模式

间歇共生模式可以理解为是新型农业经营主体共生系统中多个点共生行为的集合。例如，农业产业化龙头企业和农户之间出于各自业务需要，或者从各自发展的角度出发，形成较为松散的合作关系，在双方需要进行合作时即产生合作行为，在合作过程结束、下一次合作行为发生之前，双方之间可能存在契约、利益、权责等方面的纽带，但并不稳定。在这种不连续的共生关系中，共生单元之间的共生关系是断断续续的，但又不同于点共生模式。因为间歇共生模式的共生对象具有指向性，即下一次共生关系出现后还是上一次的共生对象，它本质上是一种新的共生模式，而不是点共生关系简单的累加。该模式具有如下特征。

第一，共生纽带的形成已经脱离随机性。与点共生模式相比，虽然间歇共生模式中共生界面的生成还具有一定的随机性，但也存在一定的必然性，因此，基于共生界面的共生纽带也有了形成的前提，共生纽带包括资源互补与共享、社会关系网络的形成。以农业产业化龙头企业和农户为例，企业和农户之间的共生关系已经不是全部依赖于共生环境的触发，而是开始依赖于双方的信任等社会资本、接触频率和了解程度等。

第二，共生单元具备一定的共生动力。不同于点共生模式，间歇共生模式中，共生单元间已经形成了初步的共生纽带，共生单元间开始出现低水平的信任。由于信任这个因素的存在，即便共生环境中共生阻力的影响仍较大，但共生单元仍会有一定的内部动力发生共生关系。而且，由于松散合作关系的存在，双方之间能实现初级的共同进化，这种自身能够获利的正反馈也有助于共生单元共生动力的形成。正如"乐清市J水稻专业合作社联合社"的案例中，在联合社发展初期，虽然各个合作社参与了联合社形成了共生体，多方之间也存在共生关系，但当时联合社内部并不具备清晰的利益分配方式，因此各个合作社的联合是松散的，而由于联合社这个联结载体的存在，各个合作社之间也存在着共生动力。

第三，能够开始形成若干种共生介质。在间歇共生模式中，共生单元之间已经不仅局限于某种单一的共生介质进行物质、信息和能量的交流，因此交流方式相较于点共生模式而言更多元化。例如，新型农业经营主体在发展规模化农业时，会考虑到地块的肥沃程度、可整合性、基础设施建设水平等因素，从而选择具备这些条件的地块的农户进行合作，并进行进一步的资金、技术等的投入，在这个过程中，新型农业经营主体和农户之间存在土地、基础设施建设、资金、技术等共生介质的交流。

第四，能够获取初步的政策性保障。在实施乡村振兴战略，各级政府大力鼓励各个新型农业经营主体融合发展，并带动小农户衔接现代农业发展的背景下，间歇共生模式已经能够实现两者之间的初步共同进步，这是受到政府鼓励的，虽然共生所带来的进步效果有限，但也能获得初步的政府政策性保障。

为了便于理解间歇共生模式，并与前文所构建的共生机制形成理论上的联系，这里对该模式的一些表征进行总结，对进一步理解后续两种共生模式也有裨益。如表 7 - 2 所示。

表 7 - 2　间歇共生模式的表征

共生纽带	共生动力	共生介质	共生保障
共生单元之间的合作已经摆脱了纯粹的随机性，共生纽带的生成已经具有一定的必然性和选择性	共生单元之间已经存在初步的依赖、信任关系，因此存在一定的共生动力	共生过程中会利用到若干种类型的共生介质	存在初级的利益分享关系；能获得基本的政府政策性保障

（三）连续共生模式

连续共生模式是在新型农业经营主体共生系统中，各个共生单元之间存在着长期的、连续的、稳定的共生关系，这种关系是各个共生单元处于自我发展考虑的一种必然性选择。在连续共生模式中，各个共生单元能够从这种稳定的共生关系中获得利益，同时也存在一定的自我独立性。该模式具有如下特征：

第一，共生纽带的形成具有必然性。在连续共生模式中，必然会形成共生界面，不再具有随机性、偶然性等成分存在，而共生界面能为共生纽带的形成提供基质。同时，共生纽带的形成具有更强的选择性，因为只有那些能充分体现各类新型农业经营主体、小农户、社会非农主体特性和共生环境要求的共生界面才能成为连续共生模式中共生纽带形成的基质，使得共生纽带在具有选择性的同时也具有稳定性和高效性。连续共生模式下，共生单元之间的共生关系是连续不间断的，因此，共生关系实际上已经发生了实质性的变化。从前文各个案例中案例主角解决发展难题的方式看，这个过程也是连续共生模式形成的过程，实质上，各个共生单元在这个过程中也形成了战略合作伙伴的关系，共生单元之间具有很强的资源互补性和丰富的社会资本，从而形成了较为完善的社会关系网络。可以说，由于必然的、稳定的共生纽带的存在，各个共生单元初步成为了相互依存、相互协作的整体。

第二，共生单元之间具有良好的共生氛围，共生动力强烈。共生单元之间连续、稳定的共生关系能为共生氛围的形成提供土壤，也能为当地互助文化等的植入提供稳定空间，进而形成良好的共生氛围，有效促进各个共生单元之间信任程度的提升，进而提升共生动力。例如，在前文的"广东省 W 食品集团有限公司"案例中，W 公司注重文化驱动来提高公司和农户的总体向心力，其中 W 公司及其和农户所签订的契约提供了稳定的共生环境，在此基础上，W 公司的文化驱动举措形成了良好的企业文化氛围，在此氛围下企业成员和合作农户会产生归属感，和企业一致行动的意愿就非常强烈。

第三，共生介质具有多元化特征。由于连续共生模式稳定、连续的特性，共生单元之间的合作方式也具有很大的变化空间，例如，可能有新型农业经营主体或社会非农主体投资建设基础设施从而强化与当地主体的合作深度，就像前文所分析的"安徽省 Y 粮油生产联合体"投资建设信息基础设施，或者"四川省 T 农业开发有限公司"与"黑龙江省 C 玉米种植农民专业合作社"案例中科研院校在当地建设专家技术服务站，以此为介质向新型农业经营主体与农户提供技术服务一样。从本质上来说，共生介质的多元化意味着共生单元之间的交流、互动与合作方式也是多元化的，这种多元化的合作反过来有助于共生关系的深化。

第四，共生单元能够得到充足的政策性共生保障。连续共生模式下共生单元之间有完善的、持续稳定的利益联结机制，多方之间具有紧密的利益联结关系，即共生单元之间形成了"风险共担、利益共享"的关系。由于这种关系能够实现稳定的农业社会化服务供给，同时能够实现共生单元的协同发展和进步，产生巨大的社会价值，因此能得到政府部门的大量政策性支持。

为了便于理解连续共生模式，并与前文所构建的共生机制形成理论上的联系，这里对该模式的一些表征进行总结，对进一步理解后续的一体化共生模式也有裨益。如表 7-3 所示。

表 7-3　连续共生模式的表征

共生纽带	共生动力	共生介质	共生保障
共生纽带的形成具有必然性，共生纽带本身具有稳定性和连续性的特征	稳定连续的共生关系有助于形成良好的共生氛围，进而提高共生单元的共生动力	共生介质具有多元化特征	"风险共担、利益共享、共同进步"产生巨大的社会价值，因此能得到政府部门的大量政策性支持

（四）一体化共生模式

一体化共生模式是连续共生模式的更进一步体现，在新型农业经营主体共生系统中，各个共生单元之间已经存在融为一体的方式，这种"你中有我，我中有你"的关系是乡村振兴视阈下新型农业经营主体及其他主体演化的趋势方向。例如，新型农业经营主体通过将小农户培育成职业农民，职业农民具备了成立家庭农场的能力，当职业农民成立家庭农场后就成为了新型农业经营主体，并进一步能和其他新型农业经营主体进行深度共生。该模式具有如下特征。

第一，共生纽带具有高度稳定性和可发展性。高度稳定性是指基于共生单元之间牢固的社会关系网络能实现长久的、稳定的共生关系，并且一体化共生模式下共生纽带的另一个最大特征是具有可发展性。各个共生单元之间会运用社会关系网络作为纽带吸引新的外界资源加入共生网络，会扩展原有共生网络的宽度和维度，因此共生纽带具有很大的发展空间。

第二，共生单元具有非常充足的共生动力。由于社会关系网络的高度稳定性和可发展性，其中存在着大量的信任因素，加上在当地互助文化、团结文化、民族文化等的影响下信任因素的作用进一步被扩大，因此共生单元之间有高度的责任感和义务感进行共生行为。

第三，共生单元之间会互相建设新的共生介质。一体化共生模式下已不仅仅是共生介质具有多元化的特征，共生介质还会因为共生单元的行为而得到建设与提升。例如，在"乐清市 J 水稻专业合作社联合社"案例中，该联合社为了加快土地流转进度，投资建设产业化基地，以产业化基地建设为导向让地方政府帮助其流转土地。在投资建设产业化基地过程中，会涉及水电路建设、环境保护、乡村生产空间优化等方面，而这些都会成为产业基地内新型农业经营主体共生发展的重要介质，这就是一个共生介质得到建设与提升的过程。

第四，共生行为能够得到充分的共生保障。相对于连续共生模式，一体化共生模式更加注重利益共享和风险共担，也注重通过农业社会化服务来联结共生系统内的各个共生单元，例如"黑龙江省 C 玉米种植农民专业合作社"案例中该合作社通过农业社会化服务联结其他主体，以农业社会化服务促进共生关系的稳固与进化。由于具有巨大的社会价值，该模式下非常容易得到政府部门充足的政策性支持。

为了便于理解一体化共生模式，并与前文所构建的共生机制形成理论上的联系，这里对该模式的一些表征进行总结。如表 7-4 所示。

表 7-4　一体化共生模式的表征

共生纽带	共生动力	共生介质	共生保障
共生纽带具有高度稳定性和可发展性	高度的信任极大地降低了各个共生单元之间的共生阻力，因此共生单元有充足的动力进行共生	共生介质具有多元化特征，并且还进一步具有可发展性	能得到政府部门十分充足的政策性支持

（五）共生组织模式的简要比较

以上分别对点共生模式、间歇共生模式、连续共生模式和一体化共生模式进行了系统分析，为了更清晰地认识这四种共生模式，更简洁地识别它们的区别，下面对它们进行简要比较，如表7-5所示。

表7-5　共生组织模式简要比较

点共生模式	间歇共生模式	连续共生模式	一体化共生模式
● 共生纽带的形成具有随机性和不稳定性 ● 共生介质具有单一性 ● 提升共生单元共生动力的阻力较大 ● 获得更多共生保障的难度较大	● 共生纽带的形成已经脱离随机性 ● 共生单元具备一定的共生动力 ● 能够开始形成若干种共生介质 ● 能够获取初步的政策性保障	● 共生纽带的形成具有必然性 ● 共生单元之间具有良好的共生氛围，共生动力强烈 ● 共生介质具有多元化特征 ● 共生单元能够得到充足的政策性共生保障	● 共生纽带具有高度稳定性和可发展性 ● 共生单元具有非常充足的共生动力 ● 共生单元之间会互相建设新的共生介质 ● 共生行为能够得到充分的共生保障

二、共生行为模式分析

共生行为模式包括寄生、偏利共生、非对称性互惠共生和对称性互惠共生四种类型。在寄生模式中，共生单元本身不会产生新的能量，而且在整个共生过程中，能量的流动是单向的，表征是某个共生单元完全无偿不求回报地向另一个共生单元提供资源。但在现实中，作为理性"经济人"，新型农业经营主体和农户都不会愿意长期为另一方提供完全没有回报的服务，即便是非营利性组织，在共生过程中也会或多或少收取一定的报酬来维持组织的运转。而且进一步说，没有新能量产生与旨在实现各个共生单元共同进步（能量促发展）的目标相违背，因此，在乡村振兴视阈下新型农业经营主体共生发展过程中，寄生模式是几乎不可能存在的。因此，以下仅针对偏利共生、非对称性互惠共生和对称性互惠共生三种类型的模式进行探讨。

（一）偏利共生模式

偏利共生模式是一种类型比较特殊的共生模式，可以理解为寄生模式向互惠共生转化的中间阶段类型。偏利共生模式的特点：该模式能够产生一定的新能量和新价值，但这种新能量和新价值只是向某一方单向转移，也就是说，共生系统中所产生的新能量和新价值是由某个共生单元独享的。因此，在偏利共生关系中，总是对一方无害但对另一方有利的。

以前文"广东 W 食品集团有限公司"案例为例，在该案例中，公司免费对农户提供产中咨询服务和具体的风险防范规划，这一行为体现了典型的偏利共生关系。农户单方面获得来自公司的技术与信息支持，结果农户的收入水平和抗风险能力提高了，对公司和农户这两个共生单元组成的共生系统而言，产生了新能量——增加了收入和提高了抗风险能力，且这个收益是农户所享有的，对调动农户的积极性、增加农户对农业生产的投入、提高农户自我发展水平有很大益处，这实质上是农户的一种自我发展与自我进化。在整个过程中，公司对农户的支持使得农户得到收益而对公司也无利无害。当然，这种免费支持农户的行为背后的动力，一方面来源于公司和农户之间的互相信任，另一方面也来源于公司对未来自身发展的考虑。

在偏利共生模式中，更多是某一方具有较为强烈的社会责任感和一定的综合实力，例如，新型农业经营主体或社会非农主体出于带动农户致富或者发展当地乡村经济的目的，尤其在共生初期或者与质参量兼容良好的农户合作时这种社会责任感尤为明显。另外，由于该共生单元的利他行为会产生良好的口碑效应，使得一些符合共生条件的新农户加入共生体系，增加共生密度。

在偏利共生模式中，共生系统会产生一定的新能量和新价值，但由于能量的流动（或者说分配）往往只惠及其中一方，对于其他共生单元来说，既无所得也无所失，作为理性的市场主体，是不会持续做这种事情的。因此，偏利共生模式下的共生关系是难以稳定持续的。

（二）互惠共生模式

互惠共生模式包括非对称性互惠共生和对称性互惠共生两种类型。

非对称性互惠共生模式是实践中非常常见的，也是影响非常广泛的一种模式。影响非对称性互惠共生的因素是共生系统的共生环境，包括共生单元所处的地理区位、历史文化等，共生环境会作用于共生界面，共生界面一旦形成就不会因为个别共生单元的变化而变化。共生界面反映了共生单元的内在作用机制。

非对称性互惠共生的主要特点：第一，该共生行为模式下以共生单元之间的分工协作为基础，产生新的价值增值活动；第二，所产生的新价值或新能量的分配往往是非对称性的，即综合实力强的共生单元可能享有更多的价值分配。

非对称性互惠共生能够产生新的价值，这是共生单元之间分工协作共同努力的成果，新增价值的大小除了取决于共生单元的综合实力之外，还取决于共生界面——发展现代农业环境下由新型农业经营主体及政府推动或组织所形成的共生环境的性质与功能。共生能量的非对称性分配使得各共生单元之间的能量积累产生差异，这将导致两者的非同步进化，久而久之，共生关系将难以稳定持续。

非对称性互惠共生的稳定性主要取决于两点：一是非对称性分配的程度和范围，非对称性程度越低，范围越小，共生稳定性越好；二是共生界面的性质与功能，共生界面的功能越全，性质越稳定，共生单元之间的交流与合作频率就越高、成本越低，对两者的稳定作用越强。总之，共生界面的变化对共生的稳定性有着深刻的影响。

非对称性互惠共生关系的进化方向是对称性互惠共生，对称性互惠共生是最理想的共生行为模式，也是最有效率、最有凝聚力且最稳定的共生形态。可以说，对称性互惠共生是所有共生形态的发展目标，但在实际中能达到对称性互惠共生的情况非常少见。

对称性互惠共生有如下特点，第一，共生行为能够产生新的价值，而且这种新的价值的产生量在各个共生行为模式中是最大的；第二，共生界面具有将新价值对称分配给各个共生单元的功能，因而各个共生单元能够实现同步发展，使得能量和信息的交换效率与效果能够达到最大，对共生关系的稳定持续具有正面积极作用。

（三）共生行为模式简要比较

以上对各个共生行为模式进行了较为系统的分析，为了更清晰地认识上述共生行为模式，更简洁地看出其中异同，下面对几种模式进行比较，也是对上述分析的一个简明总结。如表7-6所示。

表7-6 共生行为模式简要比较

类别	偏利共生模式	非对称性互惠共生模式	对称性互惠共生模式
共生关系	不稳定	较稳定	最稳定
分配特征	只惠及一方	都获利，但不均衡	均衡获利
共进化特征	获利方进化	非同步进化	同步进化

根据前文对共生组织模式和共生行为模式分析可发现，两种类型的模式都存在持续进化的特征，综合起来讲，乡村振兴战略视阈下新型农业经营主体共生发展的模式可分为间隙共生、连续互惠共生、一体化互惠共生三个阶段，在共生系统中随着各共生单元自身实力的增强、共生环境的改善和共生界面的优化，一体

化互惠共生将会是新型农业经营主体共生发展的目标，也是共生发展的高级阶段。间隙共生指的是共生单元之间进行短暂的、周期性的接触，这种接触并不稳定，因而是最原始的共生关系；连续互惠共生是共生单元之间初步形成了稳定的交流合作机制，共生关系较为稳定；一体化互惠共生是共生单元之间通过全方位、多层次的合作机制形成了"利益共享、风险共担"共同体，实现了全面分工合作。共生模式的动态性为下一步提炼共生路径提供了基础。

第三节　乡村振兴视阈下新型农业经营主体共生发展路径选择

根据《中共中央、国务院关于促进中部地区崛起的若干意见》《国务院发布关于西部大开发若干政策措施的实施意见》以及党的十六大报告的精神，可将我国经济区域分为东部、中部、西部和东北四大地区。东部地区包括：北京、天津、河北、上海、江苏、浙江、福建、山东、广东和海南。中部地区包括：山西、安徽、江西、河南、湖北和湖南。西部地区包括：内蒙古、广西、重庆、四川、贵州、云南、西藏、陕西、甘肃、青海、宁夏和新疆。东北包括：辽宁、吉林和黑龙江。

不同经济区域的经济社会发展特点不同，因此适用于不同的共生路径，以下根据不同区域的特点，结合前文的典型案例和共生模式分析共生路径的选择。

一、西部地区新型农业经营主体共生发展的路径选择

共生路径的提炼需要理论与实践相结合，因此提炼路径之前，基于共生模式演进的阶段，首先根据新型农业经营主体共生模式演进框架对前文典型案例进行分析，其次结合西部地区特点来提炼路径。对前文西部地区两个典型案例的共生模式分析如表7-7和表7-8所示。

表7-7　广西壮族自治区 S 畜牧业有限公司共生模式演化特征

共生模式演化阶段	间隙共生阶段	连续互惠共生阶段	一体化互惠共生阶段
关键行为	联合农户组建合作社	• 组建联合体，以产业链促各方参与 • 建立健全联合体合作制度 • 创新模式提高小农户组织化程度	• 引入互联网公司，以信息化强化各主体联结 • 关注小农户发展能力 • 党建促协同

表 7-8   四川省 T 农业开发有限公司共生模式演化特征

共生模式演化阶段	间隙共生阶段	连续互惠共生阶段	一体化互惠共生阶段
关键行为	"公司＋农户"模式对接农户	• 争取地方政府与金融机构资金支持 • 与科研院校合作强化科技支撑 • 以统一的标准化生产平台联结各方	• 以品牌创建实现多主体联合发展

根据上述分析，可发现两个典型案例都是遵循着"寻找共生农户—建立共生载体—争取政府支持—提升内部管理规范程度—打造标准化的产业链平台—引入非农要素—关注其他共生单元自我发展—软（党建）硬（品牌）结合促协同"的路子。进一步说，是先基于一定的共生单元成立共生体，接着在地方政府帮助下规范共生体内部管理，进一步整合非农要素、关注不同共生单元共同发展以及注重治理协同来深化共生关系，即这是一个从内到外的过程，在自我发展遇到一定瓶颈后，需要外部要素注入来突破瓶颈。

根据西部地区经济社会发展水平相对欠发达、多民族聚居从而造成社会关系网络复杂、农业生产基础差、山多地少等客观特征，适合西部地区的共生路径可概括为"内部自我成长与外部嵌入重塑"的共生路径。

（一）内部自我成长

1. 整合农户资源

在受到山多地少等资源约束的情况下，新型农业经营主体在为了实现以最小的代价扩大保证一定的产量和规模扩张，可以利用委托农户生产等组织模式进行扩张，将直接从事农业生产的农民纳入自身的组织结构中，通过双方优势互补实现互惠共赢。

2. 创新共生载体

共生载体不仅可以是"公司＋合作社＋农户"或"公司＋农户"，还可以组建农民专业合作联合社、成立农业产业化联合体、建设田园综合体、打造农业产业园等新型共生载体，不仅能弥补传统共生载体的不足，还能获得如今国家对这方面的特别政策支持。

3. 争取资金支持

西部地区新型农业经营主体在发展初期极易受到资金不足的困扰，因此需要政府作为担保，积极向银行等金融机构争取资金支持。

4. 构建关系网络

西部地区的一大特征是多民族聚居，文化结构复杂，加上经济社会发展欠发达的客观现状，强化了当地乡村人情社会在农业生产经营过程中的重要性。因此，在新型农业经营主体共生发展过程中，要注重合作契约规范化、构建完善的利益分配机制、与当地乡村能人合作、培训当地小农户、注重当地小农户生计资本等介入当地社会关系网络，进一步构建以新型农业经营主体为中心的社会关系网络，通过社会关系网络加强共生单元的共生动力。

（二）外部嵌入重塑

1. 整合科技要素

新型农业经营主体通过与科研院所等组织进行跨产业的合作，实行立体经营模式，不仅能够保证农业生产经营的收入，还能将产业链延伸到第二、第三产业。

2. 创新服务方式

通过要素（土地、农产品、技术、人才等）入股的方式整合外部资源加入共生，并将外部资源以创新服务的方式（如土地托管等）共享给共生系统内的其他共生单元，加强各个共生单元之间的联系。

3. 党建引领共生

以"党建＋新型农业经营主体共生体"模式将党组织在协调土地流转方面，新型农业经营主体在引领乡村产业发展方面的作用充分结合。按照"组织建在产业链、党员聚在产业链"的思路将党组织建在新型农业经营主体上，发挥基层党组织宣传引导作用，加强对开展土地流转工作的意义进行广泛宣传，积极引导群众积极配合新型农业经营主体发展而开展土地流转。

二、东北地区新型农业经营主体共生发展的路径选择

对前文东北地区典型案例的共生模式分析如表 7-9 所示。

表 7-9　黑龙江省 C 玉米种植农民专业合作社共生模式演化特征

共生模式演化阶段	间隙共生阶段	连续互惠共生阶段	一体化互惠共生阶段
关键行为	●种植大户合作组建合作社	●引入农业保险 ●引入高校专家加强技术支撑	●利用社会化服务提高合作社组织化程度 ●引进现代化管理模式

根据上述分析，可发现典型案例遵循着"建立共生载体—引入非农要素—以服务和管理促各主体深度联结"的路子。还可发现，在东北地区新型农业经营主

体更加注重外来非农要素的运用及利用现代化模式深化共生关系，这和东北地区土地平整易于流转、农业生产水平较高等有关。

根据东北地区农业生产水平较高、土地平整、生产规模化程度高等客观特征，适合东北地区的共生路径可概括为"生产现代化与服务规模化"的共生路径。

（一）生产现代化

1. 以种植大户牵头成立共生体

鼓励有一定生产经营规模的种植大户联合其他农户成立合作社等共生载体，以规范化的土地流转为纽带吸引其他农业经营主体参与共生。

2. 建立股权式研发机构

鼓励高校等科研院所与新型农业经营主体通过股权的方式展开对接合作，开展产学研活动，将高校中的技术研发与新型农业经营主体发展相结合，强化新型农业经营主体生产基地的实地学习功能，把研发、科研人才实践学习有机结合，引导鼓励科研人员到新型农业经营主体的生产基地中实地转化科研成果，普及科学知识，带动新型农业经营主体各方面发展。

3. 提高管理团队的技术运用水平

新型农业经营主体的管理团队应成为一支富有创新精神、敢于承担风险的创新型人才队伍，因此，新型农业经营主体的管理团队应该加大在技术学习方面的投入，同时引入现代化企业管理模式，缔造一支学习型管理团队。

（二）服务规模化

以农业社会化服务联结各共生单元。基于规模化经营所带来的边际成本降低，通过统一购买服务、统一提供服务的方式向共生单元（包括新型农业经营主体和小农户）提供高性价比服务，从服务层面加强与各主体的共生关系。

三、中部地区新型农业经营主体共生发展的路径选择

对前文中部地区典型案例的共生模式分析如表7-10所示。

根据上述分析，可发现典型案例遵循着"建立共生载体—多元化共生组织形式—创新共生组织形式—促进共生体内部制度规范化和现代化—多元化深化共生关系—参与共生介质与共生环境优化"的路子。还可发现，在中部地区新型农业经营主体共生发展过程中，更注重共生组织形式的创新、共生关系的现代化管理、共生介质的优化建设。因此，适合中部地区新型农业经营主体共生发展的路径可概况为"共生组织形式创新与共生介质优化"的路径。

表7-10　安徽省 Y 粮油生产联合体共生模式演化特征

共生模式演化阶段	间隙共生阶段	连续互惠共生阶段	一体化互惠共生阶段
关键行为	•"农户+公司" •"农户+合作社" •"农户+龙头企业" •"农户+互联网企业"	•成立农业产业化联合体 •在生产与联合体管理中引入信息化技术 •健全联合体内合作制度	•参与当地信息化设施建设 •品牌化、标准化带动各主体协同参与 •以土地托管供给农业社会化服务

（一）共生组织形式创新

鼓励、引导成立农业产业化联合体、农民专业合作联合社等共生组织形式，将"农户+公司""农户+合作社""农户+龙头企业""农户+互联网企业"等合作形式纳入其中，以共生组织形式的创新推动共生关系的深化。

（二）共生介质优化

鼓励、引导共生体利用发展所得到的资源参与当地乡村基础设施建设、乡村环保提升、乡村公共服务供给等，不断提高当地的共生环境，从而吸引更多共生单元参与。

四、东部地区新型农业经营主体共生发展的路径选择

对前文东部地区典型案例的共生模式分析如表7-11和表7-12所示。

表7-11　浙江省 J 水稻专业合作社联合社共生模式演化特征

共生模式演化阶段	间隙共生阶段	连续互惠共生阶段	一体化互惠共生阶段
关键行为	•基于要素优势互补成立了联合社，但缺乏明确完善的合作及利益联结机制，各合作社仅是名义上的松散联合	•社员之间"抱团式"服务合作 •提高生产技术水平 •软硬结合降低土地流转成本 •在政府担保下与银行进行金融合作	•建立健全合作及利益联结机制

表7-12　广东省 W 食品集团有限公司共生模式演化特征

共生模式演化阶段	间隙共生阶段	连续互惠共生阶段	一体化互惠共生阶段
关键行为	•基于要素优势的合作	•技术创新 •利益共享 •注重合作关系治理	•帮助农户实现个人发展 •共同承担风险 •文化驱动

根据上述分析，可发现两个典型案例遵循着"考量能否实现要素优势互补—建立共生载体—充分利用外部技术与资本—利益共享与风险共担—关注共生单元自我发展—提升共生动力"的路子。可以发现，在东部地区新型农业经营主体共生发展过程中，更注重现代化要素的运用、共生单元自我发展与共生动力提升，这与东部地区经济社会发展水平较高、技术创新基础好、思想观念开放等原因有关系。因此，适合东部地区新型农业经营主体共生发展的路径可概况为"共生介质创新与共生机制规范"的路径。

（一）共生介质创新

1. 加速现代农业技术的运用

加强新型农业经营主体的技术运用能力，强化在支撑技术落地的相关基础设施方面的投资，加强引进技术的消化吸收，推动技术创新成果转化，全面提升生产经营技术水平。

2. 通过文化驱动提升共生动力

在共生体内部依托本地文化特色，加强自身特色的文化品牌建设，能让共生单元有文化归属感，提高其参与共生体运营的共生动力；针对外来投资发展现代农业的工商资本等社会非农主体，需要特别注意的是，应与当地的家庭农场、合作社、农村各类协会等组织合作，更好地融入当地的文化氛围，获得地方社会的认同，激发当地其他主体的共生动力。

3. 关注共生单元的自我成长

当共生单元具有可成长性时，共生单元也可以成为共生介质，例如，种植大户建立合作社，合作社就成为了合作的聚合体和介质。具体来说，要针对不同新型农业经营主体、不同农户的特点建立完善的共生单元自我成长计划，整合资源来实现成长计划。

（二）共生机制规范

1. 建立"利益共享、风险共担"的利益联结机制

利益共享是基础，风险共担则进一步体现了共生单元之间共生关系的深度。通过制定利益合作契约，明确各个共生单元之间在获得利益和面度风险时的责任与义务。

2. 促进共生体内部管理环节科学化

新型农业经营主体通过供应链管理，尤其是农业产业化龙头企业可充分利用自身在管理科学化方面的优势，进一步运用 ERP 等相关软件信息化管理，降低

管理成本，为经营管理提供决策支持，提高经营效率。

　　3. 完善共生单元激励制度

　　较为基础的方面，是通过一些培训、竞赛等活动形式提高员工综合素质，激发共生单元成为共生体"主人翁"的意识，打造组织软实力。更进一步的是，发展共生体内部的社会关系网络，制定契约等规范化的信任制度，同时优化对共生体管理方式，例如，引导农民以土地入股分红，调动共生单元的创新积极性。

第四节　本章小结

　　本章基于典型案例对乡村振兴战略视阈下新型农业经营主体共生发展的模式与路径进行了探究。根据共生理论，共生模式可分为共生组织模式和共生行为模式，在实践中共生组织模式包括点共生、间歇共生、连续共生与一体化共生四种类型，共生行为模式包括偏利共生、非对称性互惠共生和对称性互惠共生三种类型。综合起来讲，乡村振兴战略视阈下新型农业经营主体共生发展的模式可分为间隙共生、连续互惠共生、一体化互惠共生三个阶段（类型）。据此本章进一步根据我国四大经济区域的特点提出不同的共生路径，其中，适合西部地区新型农业经营主体的共生路径为"内部自我成长与外部嵌入重塑"的共生路径，适合东北地区新型农业经营主体的共生路径为"生产现代化与服务规模化"的共生路径，适合中部地区新型农业经营主体的共生路径为"共生组织形式创新与共生介质优化"的路径，适合东部地区新型农业经营主体的共生路径为"共生介质创新与共生机制规范"的路径。

第八章 乡村振兴视阈下新型经营主体共生发展的引导政策

第一节 基于西部地区新型农业经营主体共生发展路径的引导政策

根据路径分析，以下提出针对西部地区新型农业经营主体共生发展路径的引导政策。

一、与小农户平等合作，将其纳入组织结构中

新型农业经营主体发展现代农业必须需要土地和劳动力，而这正是广大小农户所富有的资源，通过"公司＋农户""公司＋合作社＋基地＋农户"等多种与小农户的合作形式，引导小农户将资源入股到新型农业经营主体，解决新型农业经营主体土地和劳动力招聘问题的同时，也能和小农户共享发展利益，获得小农户的认同，立足乡土社会。

在连接和组织农户方面，相对从生产角度出发考虑，更有效、更低成本促成农户协作的方式是从农户文化角度生活入手，集体意识是农户愿意协作的关键。农村地区传统文化丰富多彩，对培养小农户的集体意识有深刻影响，这为基于文化认同从村庄内部培养农户协作的内生性力量提供了基础。可从两方面入手：

（1）尊重农村传统的风俗，引导新型农业经营主体和村集体、合作社等组织共同建立特色民族乡土文化，成立老年人协会、乡村文艺中心等民族文化组织并开展舞龙舞狮、农民运动会、"好人成名人，名人成好人"等活动，加强新型农业经营主体与农户之间、新型农业经营主体与村组织之间、新型农业经营主体与新型农业经营主体之间的联系，从文化层面入手培育农户协作意识。

（2）引导高校大学生返乡创新创业，鼓励大学生成立合作组织带动乡亲共同致富。

二、充分利用乡土社会中的社会关系网络

发展各共生主体之间的社会关系网络，通过其中的信任机制、契约机制、分享机制等吸收更多主体参与，进而发展原有的社会关系网络，提高其中各主体的关系黏度。

一是要注重培育新型农业社会化服务领域的乡村社会创业家群体。当前乡村中的带头人、能人或乡贤、返乡者、外部的企业家或专业人士四类主体都可以成为社会创业家群体，引导他们运用社会创新的理念兼顾实现经济利益和社会利益。这是因为基层群众是乡村振兴主力军，创业行为能较大程度地激发人的主观能动性，同时，创业过程中也通过创业者个人的社会关系网络将非农发展要素带到新型农业经营主体共生发展过程中。

二是要挖掘农村合作组织的社会中介功能，鼓励其领头人运用自身社会关系网络整合周边村庄、社会资源，引导周边农户和新型农业经营主体参与共生。

三、在财税、法律保障、金融方面加大对新型农业经营主体共生发展的支持

财税创新方面，主要着手点是：制定专门的新型农业经营主体共生发展的财税资金管理办法；将带动小农户服务、产业链建设、利益共享机制建设、风险共担机制建设等作为资金支持考核点；实行差异化的货币优惠政策。

法律保障创新方面，主要着手点是：推广农村"三变"改革，激活农村沉睡资源，加大土地流转工作力度，革除新型农业经营主体共生发展的法律阻碍。

金融制度创新方面，主要着手点是：在引导银行业支持新型农业经营主体共生发展基础上鼓励民间资本投资新型农业经营主体。重点开发用于支持农村创新创业、新型农业经营主体发展的金融产品。

四、为新型农业经营主体对接技术机构搭建平台

地方政府应积极搭建县（区或市）与技术机构的合作机制，建立地方技术试验站，试验站的重要功能是研发和改进技术，并以示范的形式将相关技术"标准化"，让前来参观的农户看得懂、学得会，即试验站肩负着技术人才培养的功能。试验站同时肩负着品种选育的重任，应培育既适合本地自然条件，又符合市

场需求的优良品种。同时，鼓励新型农业经营主体中的技术能人、乡土专家参与到试验站的技术试验与推广中，利用本土能人对当地社会的熟悉和村民对其的信任的优势，提高技术推广效率，解决技术落地难题。

五、积极融入互联网文化，提高组织内部管理效率

新型农业经营主体应尝试运用互联网软件，掌握和应用 QQ、微信等新的网络信息传播途径和工具，通过互联网技术提升对组织的管理能力和效率，并将传统业务融合到互联网中，全面把关，科学合理地策划和布局其业务发展。此外，新型农业经营主体应增强基于互联网技术的组织内部服务意识，运用互联网工具为组织成员及时提供相关信息，提高信息在各个主体之间的传播效率。

第二节 基于东北地区新型农业经营主体共生发展路径的引导政策

根据路径分析，以下提出针对东北地区新型农业经营主体共生发展路径的引导政策。

一、大力构建产学研合作机制

新型农业经营主体共生发展过程中需要现代化技术进行支撑，但其自身的技术实力有限，如果仅仅依靠自身资源独自开展自主技术创新活动可能会遇到许多技术难题，难以在短时间内取得有效突破，取得科技成果以获取市场竞争优势。因此，新型农业经营主体要加强与外部组织的技术交流和技术合作，充分挖掘和利用区域内高校院所的科研成果，并密切开展技术协作、专家兼职、人员培训等各种形式的交流与合作，提升自身的自主创新能力。

二、加大对新型农业经营主体共生发展过程中引入新技术的补贴

鼓励支持农业龙头企业引入"互联网＋""大数据技术""物联网""卫星遥感"等高科技农业技术，强化技术在新型农业经营主体共生过程中的效益水平和地位。但技术的运用需要一定的资金成本，新型农业经营主体自身的资金有限，尤其是家庭农场、合作社等，即便共生起来依托龙头企业的资金实力，也难以承

担高额的技术资金投入。因此，政府应建立新型农业经营主体技术创新补贴名录，对运用现代技术的新型农业经营主体给予一定的资金补贴，解决新型农业经营主体运用技术的资金障碍。进一步地，将使用现代技术实现提质增效的新型农业经营主体作为学习模范进行区域宣传，带动更多的新型农业经营主体加入技术创新的行列中。

三、引导新型农业经营主体以"土地托管""服务超市"等方式向其他农业经营主体提供社会化服务

进一步完善农业、商务、供销、电信、金融等服务终端建设，加快建设现代农业社会化服务超市，完善提升生产、生活、信息、技术、信用五大类服务功能，支持各类新型农业经营主体牵头实施并承接农业社会化服务超市建设项目。优选综合实力较强、吸纳农民就业较多的新型农业经营主体，重点扶持其向其他农业经营主体提供各类社会化服务，并将其作为典型进行示范推广。创新服务方式，推行合作式服务、订单式服务、托管式服务、对接式服务、全程式服务等服务方式，引导新型农业经营主体与其他农业经营主体建立更紧密的利益联结机制。

四、打造区域公共品牌，以品牌促进各方共生关系深化

对于新型农业经营主体共生发展水平较低的地区，应加大力度引导种植大户、家庭农场、合作社等带动农户抱团发展，同时，加大对新型农业经营主体共生发展典型案例的宣传力度。对于新型农业经营主体共生发展现象较普遍的地区，需要在继续引导共生的基础上利用建设区域公共品牌的思路加大共生主体中各个共生单元的互动深度。

具体来说，一是衔接"一县一品""一镇一品"工作，制定区域农产品品牌或新型农业社会化服务品牌的发展细则，对品牌覆盖领域、共生主体实力、品牌定位、识别系统等方面进行明确。二是大力运用信息化技术打造品牌平台，目前我国大部分乡村地区已实现 4G 网络覆盖，甚至 5G 网络的普及也并不遥远，这为运用信息化技术搭建品牌线上服务平台提供了基础，通过线上平台发布信息，让各个共生主体能够一站式了解品牌的最新动向。

第三节　基于中部地区新型农业经营主体共生发展路径的引导政策

根据路径分析，提出针对中部地区新型农业经营主体共生发展路径的引导政策。

一、推进农业产业化联合体建设

一是精心构筑一体多元农业产业化联合体改革框架。一体即培育现代农业产业化联合体。立足各试点产业发展现状，在产加销各环节分别培育生产经营主体，通过协议或者合同形成稳定的利益联结机制，形成"公司＋合作社＋集体经济组织＋农户"的紧密型现代农业产业化联合体，通过二次返利、定额租金等方式提高集体经济组织及农户收益。多元即开展多元素配套改革促进产业化联合体做强做大，包括推进农村集体产权制度改革、三变改革，发展壮大村集体经济和金融扶持改革。

二是加紧出台关于促进农业产业化联合体发展的实施意见。贯彻落实《中共中央、国务院关于坚持农业农村优先发展做好"三农"工作的若干意见》和农业农村部等六部委《关于促进农业产业化联合体发展的指导意见》精神，结合地区实际，起草关于促进农业产业化联合体发展的实施意见。

三是加强宣传引导，提高对农业产业化联合体的认知度。积极引导龙头企业、农民合作社、家庭农场组建农业产业化联合体，让各类经营主体分工协作、优势互补，促进家庭经营、合作经营、协同发展。同时，通过培训、会议、板报、短信、标语、网络、宣传单等多种方式进行广泛宣传，提高各级领导干部和企业主对发展农业产业化联合体的认知度，营造起培育农业产业化联合体的良好社会氛围。

四是抓好试点示范，探索农业产业化联合体发展模式。在产业化发展较好的地区各选择1家或几家具备开展农业产业化联合体条件的农业产业化重点龙头企业，牵头组织多家农民合作社示范社、家庭农场等新型农业经营主体组成农业产业化联合体开展试点示范。

五是依托扶持资金，积极推进农业产业化联合体试点。目前，农业农村部安排专项资金用于支持开展产业化联合体的试点工作。为有效依托农业农村部产业化联合体试点项目，积极推进农业产业化联合体试点工作，应草拟项目申报指南。

六是提供优质服务，合力推动农业产业化联合体发展。组织农业产业化联席会议，充分发挥农业产业化联席会议成员单位的作用，按照各部门职责分工要求，切实履行职责，各司其职为农业产业化联合体提供优质服务。同时，各部门加强配合协作，加强业务指导，形成推进支持农业产业化联合发展的强大合力。

二、引导社会合力参与支持新型农业经营主体发展

支持新型农业经营主体共生发展绝非易事，必须充分发挥各方面的积极作用，引导社会力量广泛参与，形成强大合力。鼓励社会各界非农工商资本进入农业领域，在国家政策的引导下灵活运用政策支持新型农业经营主体共生发展。同时，建立动态监管机制，管理规范工商企业，引导其发展现代农业，同时加强对工商企业离农脱农趋势的监管。另外，各级政府应该对生产经营管理效益好、发展规模大、示范带动作用强的新型农业经营主体给予更大的优惠政策和奖励制度支持。

三、引导新型农业经营主体参与当地新农村建设

抓好新型农业经营主体外部形象建设，积极参与乡土社会治理和当地村庄公共设施建设，加快修建农民娱乐活动场所，不仅丰富当地村民文化生活，也为员工提供文体活动场地；栽植花木，积极参与美丽乡村建设；搞好档案管理，深刻挖掘地方历史文化，不仅为文化延续做贡献，也能为发展休闲旅游做铺垫；建好产品样品展室；教育共生体中各个共生单元，使其增强并树立与组织荣辱与共的思想，人人参与生产经营，人人重视组织效益，人人维护组织信誉。

四、完善农村土地利用管理政策体系

通过完善土地利用管理政策体系，革除新型农业经营主体以共生发展扩大生产经营规模过程中的制度阻碍。扎实推进房地一体的农村集体建设用地和宅基地使用确权登记颁证。完善农民闲置宅基地和闲置农房政策，探索宅基地集体所有权、农户资格权、宅基地及农房使用权"三权分置"具体实现形式。适度放活宅基地和农民房屋使用权，不得违规违法买卖宅基地，严格实行土地用途管制，

严格禁止下乡利用农村宅基地建设别墅大院和私人会馆。开展闲置宅基地整治盘活利用工作，启动凋敝村宅基地整治利用，推进空心村、无人村复垦整治。预留部分规划建设用地指标用于单独选址的农业设施和休闲旅游设施等建设。

第四节　基于东部地区新型农业经营主体共生发展路径的引导政策

根据路径分析，以下提出针对东部地区新型农业经营主体共生发展路径的引导政策。

一、完善农村创新创业服务体系，激发群众共生动力

由于东部地区现代农业发展水平较高，乡村居民思想观念较为超前，为通过创新创业激发共生动力活力提供了前提。要健全覆盖城乡的创新创业服务体系，提供全方位创新创业服务。在农村地区全面落实创新创业政策法规咨询、信息发布、职业指导和职业介绍、失业登记等公共服务制度，组织开展创新创业服务专项活动。组建专业创新创业咨询和指导团队，鼓励种田能手、返乡创业带头人、专业技术人员、职业经理人等开展创新创业培训，提高农民创新创业辅导水平。建设创新创业基地，为居民就业创业提供必要的见习、实习和实训服务。制定返乡大学生、返乡农民工创新创业优惠政策，吸引在外上学、在外务工的各类精英人才回乡从事现代农业，开辟农业新业态。选拔一批有持续发展和领军潜力的返乡创业创新人员，参加高层次进修学习或交流考察。推进"智慧创新创业"项目，加快乡村就业和创新创业服务信息化建设，打造标准高、服务优、带动作用强的公共服务平台。

二、完善利益共享、风险共担机制，促进各个共生单元共同发展

提升产业链价值。引导新型农业经营主体围绕地方主导产业，进行种养结合、粮经结合、种养加一体化布局，积极发展绿色农业、循环农业和有机农业。推动科技、人文等要素融入农业，鼓励农业产业化联合体发展体验农业、康养农业、创意农业等新业态。鼓励龙头企业在研发设计、生产加工、流通消费等环节，积极利用移动互联网、云计算、大数据、物联网等新一代信息技术，提高全

产业链智能化和网络化水平。

促进互助服务。鼓励龙头企业将农资供应、技术培训、生产服务、贷款担保与订单相结合，全方位提升农民合作社和家庭农场适度规模经营水平。引导农业产业化联合体内部形成服务、购销等方面的最惠待遇，并提供必要的方便，让各成员分享共生机制带来的好处。

推动股份合作。鼓励共生体探索成员相互入股、组建新主体等新型联结方式，实现深度融合发展。引导农民以土地经营权、林权、设施设备等入股家庭农场、农民合作社或龙头企业，采取"保底收入＋股份分红"的分配方式，让农民以股东身份获得收益。

实现共赢合作。遵循市场经济规律，妥善处理好共生体各成员之间、与普通农户之间的利益分配关系。创新利益联结模式，促进长期稳定合作，形成利益共享、风险共担的责任共同体、经济共同体和命运共同体。加强订单合同履约监督，建立诚信促进机制，对失信者及时向社会曝光。强化龙头企业联农带农激励机制，探索将国家相关扶持政策与龙头企业带动能力适当挂钩。

三、健全资源要素共享机制

引导资金有效流动。支持龙头企业发挥自身优势，为家庭农场和农民合作社发展农业生产经营，提供贷款担保、资金垫付等服务。以农民合作社为依托，稳妥开展内部信用合作和资金互助，缓解农民生产资金短缺难题。鼓励共生体各成员每年在收益分配前，按一定比例计提风险保障金，完善自我管理、内部使用、以丰补歉的机制，提高抗风险能力。

加强市场信息互通。鼓励龙头企业找准市场需求、捕捉市场信号，依托共生体内部沟通合作机制，将市场信息传导至生产环节，优化种养结构，实现农业供给侧与需求端的有效匹配。积极发展电子商务、直供直销等，开拓农产品销售渠道。鼓励龙头企业强化信息化管理，把农业产业化共生体成员纳入企业信息资源管理体系，实现资金流、信息流和物资流的高度统一。

推动品牌共创共享。鼓励共生体统一技术标准，严格控制生产加工过程。鼓励龙头企业依托建设产品质量安全追溯系统，纳入国家农产品质量安全追溯管理信息平台。引导共生体增强品牌意识，鼓励龙头企业协助农民合作社和家庭农场开展"三品一标"认证。扶持发展"一村一品""一乡一业"，培育特色农产品品牌。鼓励共生体整合品牌资源，探索设立共同营销基金，统一开展营销推广，打造联合品牌，授权成员共同使用。

四、完善现代企业制度，提升共生体内部管理水平

新型农业经营主体建立完善的现代企业制度是市场经济发展、实现乡村产业兴旺的必然要求，也是提升新型农业经营主体管理水平、实现管理创新，进而提升新型农业经营主体自主创新能力的重要环节。首先，要使新型农业经营主体的产权关系得到明确，将出资者和企业法人之间的权利及义务关系通过法律形式确定下来。其次，要完善新型农业经营主体的治理结构，不仅要赋予组织管理者充分的管理自主权，还要建立必要的决策与监督机制。最后，要建立健全新型农业经营主体组织内部管理制度，明确各部门的职责范围与分工协作关系，使组织内各项管理活动逐渐规范化，并培养有利于新型农业经营主体自主创新的文化氛围。

第五节　本章小结

本章根据我国四大经济区域新型农业经营主体的共生路径，结合不同区域特点制定了系列政策建议，助推各地区新型农业经营主体共生发展。

第九章 研究结论与展望

第一节 研究结论

本书从共生发展的视角对新型农业经营主体进行研究，并将研究内容分为新型农业经营主体共生发展现状分析、新型农业经营主体共生行为效果及利益关系、新型农业经营主体共生发展的机制、新型农业经营主体共生发展的模式与路径、新型农业经营主体共生发展的引导政策等部分，得出了如下结论：

一、目前新型农业经营主体亟须走共生发展之路

目前，我国已经出台的涉及新型农业经营主体的政策文件中，对于推动新型农业经营主体融合发展、提升新型农业经营主体发展质量做了系列指导和部署。加上实施乡村振兴战略也对新型农业经营主体的发展提出了系列要求，新型农业经营主体共生发展有利于助推一二三产业融合发展，带动广大农户分享现代农业的发展成果；有利于构建现代农业经营体系；有利于健全农业社会化服务体系。因此，新型农业经营主体共生发展存在必然性。

二、目前我国新型农业经营主体共生程度仍待提高

如今，我国新型农业经营主体、小农户、社会非农主体三者之间的共生发展水平处于"初级共生"阶段，而农业产业化龙头企业、农民专业合作社、家庭农场三者则处于"中级共生"阶段，正向对称性互惠共生过渡。但从乡村振兴战略二十字总方针的部署看，目前新型农业经营主体共生发展仍存在的一些困境，需要进一步加深共生程度以破解。

三、共生行为的效果是基于利益共享来提升共生单元的收入水平

新型农业经营主体与小农户之间的共生有助于扩大新型农业经营主体的生产规模，从而提高收入。新型农业经营主体之间的共生通过互相供给农业社会化服务集约现代要素提高农业生产质量与效益，从而提高自身收入。新型农业经营主体和社会非农主体的共生能够利用新技术新理念等进一步挖掘农业产业的特色，提高农业的附加值，实现新型农业经营主体收入水平的进一步提升。

在利益关系方面，新型农业经营主体和小农户之间的利益关系主要采用三种形式，即契约、合作、产权或股权；与利益联结机制相对应的组织形式分为三种类型，即松散型、半紧密型、紧密型组织，基于产权或股权合作的紧密型利益联结机制是两者之间共生发展的趋势。新型农业经营主体之间共生的利益联结关系包括资金联结、资产联结、技术联结、品牌联结、服务联结五种类型。新型农业经营主体和社会非农主体之间共生行为的利益联结关系与新型农业经营主体之间共生的利益联结关系类似，但由于社会非农主体的外来性，两者之间的利益关系受到乡土社会关系网络的影响。

四、政策支持、共生动力、信任水平是影响新型农业经营主体共生发展的关键要素

通过系统动力学分析可知，良好的政策资金支持和政策环境，共生单元参与共生的主动性，共生单元之间的信任水平是推动新型农业经营主体共生发展水平提升的关键要点。进一步以此为基础构建新型农业经营主体共生发展的机制，该共生机制由共生环境、共生界面和共生单元三要素组成，共生界面中蕴含着协同机制、开放机制、强链机制和扩层机制。

五、不同地区新型农业经营主体所适用的共生路径有所差别

乡村振兴战略视阈下新型农业经营主体共生发展的模式可分为间隙共生、连续互惠共生和一体化互惠共生三个阶段（类型）。根据我国四大经济区域的特点，适合西部地区新型农业经营主体的共生路径为"内部自我成长与外部嵌入重塑"的共生路径，适合东北地区新型农业经营主体的共生路径为"生产现代化与服务规模化"的共生路径，适合中部地区新型农业经营主体的共生路径为"共生组织形式创新与共生介质优化"的路径，适合东部地区新型农业经营主体

的共生路径为"共生介质创新与共生机制规范"的路径。

第二节　研究展望

乡村振兴战略视阈下新型农业经营主体共生发展是一个较为前沿的问题，不仅实践性较强、牵涉面极广，涉及农业、工业、服务业、高新技术、政策改革等多方面的问题，还涉及乡土社会关系网络、信任机制等非经济要素，因此，需要具有总揽全局的视野、深厚的知识积淀、丰富的实践经验以及大量的调查研究。鉴于目前理论界对于新型农业经营主体共生发展还没有系统的研究，而且新型农业经营主体仍在快速发展中，一些创新理念和其落地尚处于"破题"状态，大量具体细致的研究亟待加强，因此，本书的研究还需随着新型农业经营主体的不断发展而进一步进行深入研究。而且，考虑到新型农业经营主体共生发展的同时也需要自身不断壮大，因此对于共生发展的研究也需要进一步结合新型农业经营主体创新发展的相关理论和实践。

随着新型农业经营主体的发展和新型农业经营体系建设的不断推进，未来相关的信息披露更加充分，可获取的研究数据和样本点更加丰富，借助各种工具模型，系统性分析评估新型农业经营主体共生发展的相关内容，可能会成为未来研究的一个方向或者角度。

在实施乡村振兴战略视阈下，随着城乡融合体制机制不断完善、农村经济社会发展水平不断提升，新型农业经营主体共生发展过程中将会产生新情况、新模式、新问题、新路径，运用新理论新方法对本领域的相关理论研究、经验总结、实证分析和政策安排也将成为未来的研究热点，服务于新型农业经营主体共生发展等方面的专题研究也将逐步深入。

参考文献

［1］ Batenan C. ，Edwards J. R. Levay，Clare. Agricultural cooperatives and tie theory of the firm ［J］. Oxford Agrarian Studies，1979 （11）：34 –51.

［2］ Brenda Stefanson，Murray Fulton，Andrea Harris. New generation co – operatives：Rebuilding rural economies ［J］. Miscellaneous Publications，1995 （4）：11 –23.

［3］ Coase，Ronald H. The nature of the firm ［J］. Economica，1937 （1）：7 –14.

［4］ Dedy Sushandoyo，Thomas Magnusson. Strategic niche management from a business perspective：Taking cleaner vehicle technologies from prototype to series production ［J］. Journal of Cleaner Production，2014，74 （1）：17 –26.

［5］ Duffy R. ，Hornibrook S. ，Fearne A. Measuring distributive and procedural justice：An exploratory investigation of the fairness or retailer – supplier relationshipsin the UK food industry ［J］. British Food Journal，2013 （105）：682 –694.

［6］ Eaton，Charles and Shepherd，W. Andrew：Contract farming partnerships for growth ［J］. FAO Agricultural Services Bulletin，2001 （1）：7 –14.

［7］ Fama，Eugene F. ，Jensen，Michael C. Separation of ownership and control ［J］. Social Science Electronic Publishing，1984 （8）：14 –21.

［8］ Hyeonju Seol，Gwangman Park，Hakyeon Lee，et al. Demand forecasting of new media services using competitive bass model and the theory of the niche ［J］. Technological Forecasting and Social Change，2012，79 （7）：1217 –1228.

［9］ Jensen M. C. ，Meckling W. H. Theory of the firm：Managerial behavio，agency costs and ownership structure ［J］. Journal of Financial Economics，1976，3 （4）：7 –14.

［10］ Ronald H. Coase. The nature of the firm ［J］. Journal Article，1937，16 （4）：386 –405.

［11］ Rusten D. Contract farming in developing countries：Theoretical aspects and analysis of mexican cases ［J］. Espanol, 1996（1）: 7 – 14.

［12］ Tregurtha N. L. , Vink N. Turst and supply chain relationship: A South African case study ［J］. Agrekon: Agricultural Economics Research, Policy and Practice in Southern Africa, 1999, 38（4）: 755 – 765.

［13］ Warning M. , Soo Hoo W. The impact of contract farming on income distribution: Theory and evidence, paperprepared for presentation at the Western Economics Association International Annual Meetings ［C］. 2000.

［14］ Williams, Simon and Karen, Ruth. Agribusiness and the small – scale farmer: A dynamic partnership for development ［M］. Westview Press, 1985.

［15］ Yu Xizhan. Sui Yinghui. Study on symbiotic mechanism of the industrial clusters ecosystem based on city innovation ［J］. Intemational Conference on Education, Management and Social Science, 2013（8）: 107 – 111.

［16］ Zylbersztajn D, Nadalini L. B. Tomatoes and courts: Strategy of the agroindustry facing weak contract enforcement, school of economic and business ［J］. University of Sao Paulo, Brazil, Worker Paper, 2003（8）: 7 – 14.

［17］ 阿尔弗雷德·马歇尔. 经济学原理 ［M］. 朱志泰, 陈良璧译. 西安: 陕西人民出版社, 2006.

［18］ 阿林·杨格, 贾根良. 报酬递增与经济进步 ［J］. 经济社会体制比较, 1996（2）: 26 – 32.

［19］ 包乌兰托亚. 家庭农场理论研究与实践探索 ［J］. 山东农业科学, 2015（1）: 130 – 134.

［20］ 蔡国平. 发展农业专业合作组织　加速农业产业化经营进程 ［J］. 南方农村, 2000（5）: 39 – 43.

［21］ 曹利群, 周立群. 扶持龙头企业: 以信息角度的研究 ［J］. 中国农村观察, 2001（5）: 32 – 37.

［22］ 查明珠, 石英, 侯满平. 基于共生视角的农业产业链发展模式研究 ［J］. 农村经济与科技, 2013, 24（9）: 50 – 51, 161.

［23］ 陈丛兰, 孙业超, 张崇智. 浅议大户经营及其对高效农业发展的推动 ［J］. 科技创业月刊, 2009, 22（10）: 11 – 12.

［24］ 陈纪平. 家庭农场抑或企业化——中国农业生产组织的理论与实证分析 ［J］. 经济学家, 2008（3）: 43 – 48.

［25］陈家骥，杨国玉，武小惠．论农业经营大户［J］．中国农村经济，2007（4）：12 - 17.

［26］陈锡文．构建新型农业经营体系　加快发展现代农业步伐［J］．经济研究，2013，48（2）：4 - 6.

［27］陈锡文．构建新型农业经营体系刻不容缓［J］．求是，2013（22）：38 - 41.

［28］陈晓华．大力培育新型农业经营主体：在中国农业经济学会年会上的致辞［J］．农业经济问题，2014（1）：4 - 7.

［29］陈学法，王传彬．论企业与农户间利益联结机制的变迁［J］．理论探讨，2010（1）：83 - 86.

［30］陈义媛．资本下乡的社会困境与化解策略——资本对村庄社会资源的动员［J］．中国农村经济，2019（8）：128 - 144.

［31］陈雳桢．发展农村专业合作组织加快农业产业化进程［J］．农村经济，2000（11）：14 - 16.

［32］邓春，王成，王钟书．共生视角下村落空间重构的农户共生界面研究——以重庆市江津区燕坝村为例［J］．广东农业科学，2017，44（3）：164 - 172.

［33］邓大才．小农经济、大户经济与农业现代化［J］．重庆行政，2005（3）：64 - 66.

［34］邓心安，王世杰，曾海燕．农业易相发展理论的缘起及其时代意蕴［J］．自然辩证法研究，2012，28（9）：88 - 93，99.

［35］邓心安．生物经济时代农业拓展的内在动力分析［J］．科学对社会的影响，2007（3）：8 - 12.

［36］邓心安．生物经济时代与新型农业体系［J］．中国科技论坛，2002（2）：16 - 20.

［37］丁岩，孙贵荒．关于辽宁省农业产业化龙头企业和现代农业园区建设的调查与思考［J］．农业经济，2012（1）：62 - 63.

［38］范少虹．法律视角下农业企业与农户间的关系探析［J］．法学杂志，2012，33（4）：57 - 61.

［39］高强，刘同山，孔祥智．家庭农场的制度解析：特征、发生机制与效应［J］．经济学家，2013（6）：48 - 56.

［40］郭红东，徐萍平，王松鹤等．充分发挥农民合作组织的作用促进农业和农村经济发展——对慈溪市胜山镇农业产业协会的调查［J］．中国农村经济，1999（11）：69－72.

［41］郭红东．我国农户参与订单农业行为的影响因素分析［J］．中国农村经济，2005（3）：24－32.

［42］郭锦墉，冷小黑．农户营销合作意愿的影响因素分析——基于江西省1085户农户的实证调查［J］．江西农业大学学报（社会科学版），2006（4）：1－5.

［43］郭庆海．新型农业经营主体功能定位及成长的制度供给［J］．中国农村经济，2013（4）：4－11,

［44］韩芳，帕尔哈提·艾孜木．基于共生理论的区域旅游资源整合的动力机制研究——以南疆五地州旅游资源整合为例［J］．新疆师范大学学报（自然科学版），2006（3）：255－258.

［45］郝小宝．农民合作经济组织的利益机制与治理结构分析［J］．理论导刊，2005（4）：52－55.

［46］何成进．安徽旅游产业与区域经济发展关系研究［D］．安徽大学博士学位论文，2013.

［47］何建兵．基于共生理论的小农户与新型农业经营主体互动发展关系研究［J］．新余学院学报，2019，24（4）：60－65.

［48］何劲，熊学萍，祁春节．家庭农场产业链主体共生关系：生成机理、影响因素及优化路径选择［J］．农村经济，2018（10）：30－35.

［49］贺雪峰．当下中国亟待培育新中农机理论学习［J］．农村经济，2012（7）：44－45.

［50］贺雪峰．农民组织化与再造村社集体［EB/OL］．开放时代，http：//kns. cnki. net/kcms/detail/44. 1034. c. 20190716. 1721. 018. html.

［51］衡霞．基于共生理论的现代农业经营模式研究［J］．经济研究导刊，2008（17）：36－38.

［52］胡必亮．稳定自给性小农，发展商业性大农［J］．山东农业（农村经济），2003（10）：1.

［53］黄延廷，崔瑞．家庭农场长期存在的原因探讨［J］．浙江农业学报，2013，25（5）：1142－1146.

［54］黄宗智．中国新时代的小农场及其纵向一体化：龙头企业还是合作组织？［J］．中国乡村研究，2010（2）：11－30.

［55］黄祖辉，徐旭初，冯冠胜．农民专业合作组织发展的影响因素分析——对浙江省农民专业合作组织发展现状的探讨［J］．中国农村经济，2002（3）：14－22.

［56］黄祖辉，徐旭初．基于能力和关系的合作治理——对浙江省农民专业合作社治理结构的解释［J］．浙江社会科学，2006（1）：60－66.

［57］黄祖辉，俞宁．新型农业经营主体：现状、约束与发展思路——以浙江省为例的分析［J］．中国农村经济，2010（10）：16－26，56.

［58］黄祖辉，俞宁．新型农业经营主体：现状、约束与发展思路——以浙江省为例的分析［J］．中国农村经济，2010（10）：18－28，58.

［59］纪志耿．资源张力下农民工返乡创业的历史契机——以西部农业大省四川为例［J］．学理论，2012（7）：23－24.

［60］江维国．我国新型农业经营主体的功能定位及战略思考［J］．税务与经济，2014（4）：14－18.

［61］蒋黎．我国农业产业化龙头企业发展现状与对策建议［J］．农业经济与管理，2013（6）：7－13，22.

［62］孔祥智．培育新型农业经营主体［J］．山东财政学院学报，2013（5）：5－10

［63］李炳坤．发展现代农业与龙头企业的历史责任［J］．农业经济问题，2006（9）：4－8.

［64］李成贵．我看农民群体［J］．文史博览（理论），2010（8）：1.

［65］李含悦．产业化联合体经营主体协调度及其对发展水平的影响分析——基于河北省的实证研究［J］．安徽农业科学，2018，46（28）：194－198.

［66］李宏，卢甜甜，李皎．云南农业产业化龙头企业与农户利益关系研究［J］．经济研究导刊，2014（28）：49－50.

［67］李瑾，曹冰雪，阮荣平．社会带动作用对新型农业经营主体盈利能力的影响研究——基于对全国3360个家庭农场与种养大户的调查［J］．经济纵横，2019（2）：68－78.

［68］李柯．农村资金互助社与农民合作社的共生发展研究［D］．福建师范大学博士学位论文，2015.

［69］李明贤，樊英．新型农业经营主体的功能定位及整合研究［J］．湖南财政经济学院学报，2014（3）：113－121.

［70］李铜山，张迪．实现小农户和现代农业发展有机衔接研究［J］．中州学刊，2019（8）：28－34.

［71］李文祥，郑耀星．基于共生理论的福建省旅游资源整合研究［J］．青岛酒店管理职业技术学院学报，2010，2（3）：29－33.

［72］李亚楠．基于共生的山西省乡村旅游产业整合发展研究［D］．山西财经大学博士学位论文，2011.

［73］李勇，郑垂勇．企业生态位与竞争战略［J］．当代财经，2007（1）：51－56.

［74］林开峰，任波．要大力扶持专业大户的发展［J］．天府新论，1984（4）：11－13.

［75］林乐芬，李伟．农户对土地股份合作组织的决策响应研究——基于744户农户的问卷调查［J］．农业经济问题，2015，36（8）：91－96.

［76］刘畅，高杰．基于共生理论的中国农业产业化经营组织演进［J］．农村经济，2016（6）：45－50.

［77］刘德军，杨慧，尹朝华．农户与龙头企业的非合作行为影响因素研究——基于江西省农户的调查数据［J］．统计与信息论坛，2014，29（12）：63－69.

［78］刘军跃，李军锋，钟升．生产性服务业与装备制造业共生关系研究——基于全国31个省市的耦合协调度分析［J］．湖南科技大学学报（社会科学版），2013，16（1）：111－116.

［79］刘天军．农业产业化龙头企业与农户利益关系研究［D］．西北农林科技大学博士学位论文，2003.

［80］刘天军．农业基础设施项目管理研究［D］．西北农林科技大学博士学位论文，2008.

［81］刘晓敏，李丹．农业龙头企业竞争优势研究——基于资源战略管理的视角分析［J］．华东经济管理，2010，24（6）：6－9.

［82］龙方，任木荣．农业产业化产业组织模式及其形成的动力机制分析［J］．农业经济问题，2007（4）：34－38.

［83］楼栋，孔祥智．新型农业经营主体的多维发展形式和现实观照［J］．

改革，2013（2）：65 – 77.

［84］鲁钊阳．新型农业经营主体发展的福利效应研究［J］．数量经济技术经济研究，2016，33（6）：41 – 58.

［85］陆忠权，吴吉勇，岑遗海等．独山县农业产业扶贫龙头企业利益联结模式及建议［J］．现代农业科技，2017（20）：263 – 264.

［86］吕方．再造乡土团结：农村社会组织发展与"新公共性"［J］．南开大学学报（哲学社会科学版），2013（3）：133 – 138.

［87］罗必良．关于农业组织化的战略思考［J］．农村经济，2012（6）：3 – 5.

［88］罗必良．农业经济组织的效率决定——一个理论模型及其实证研究［J］．学术研究，2004（8）：49 – 57.

［89］罗庆，李小建．基于共生理论的农户群发展研究——以河南省孟寨村农户群为例［J］．经济经纬，2010（2）：48 – 51.

［90］速水佑次郎，神门善久．农业经济论［M］．沈金虎译．北京：中国农业出版社，2003.

［91］马良灿．乡村振兴背景下农村基层治理体系创新［N］．贵州民族报，2018 – 10 – 26（B01）.

［92］马永俊，胡希军．城镇群的共生发展研究——以浙中金华城镇群为例［J］．经济地理，2006（2）：237 – 240.

［93］穆兴增，李宏民．农民合作经济组织——不再仅仅是服务自我［J］．经济论坛，1998（6）：22 – 23.

［94］牛若峰．中国农业产业化经营的发展特点与方向［J］．北方经济，2002（11）：16 – 19.

［95］庞燕．农产品供应链企业与农户共生关系的优化——以油茶为实证［J］．求索，2016（6）：100 – 103.

［96］朋文欢，傅琳琳．贫困地区农户参与合作社的行为机理分析——来自广西富川县的经验［J］．农业经济问题，2018，（11）：134 – 144.

［97］彭建仿，杨爽．共生视角下农户安全农产品生产行为选择——基于407个农户的实证分析［J］．中国农村经济，2011（12）：68 – 78，91.

［98］彭建仿．供应链关系优化与农产品质量安全——龙头企业与农户共生视角［J］．中央财经大学学报，2012（6）：48 – 53，91.

［99］彭建仿．新形势下龙头企业与农户和谐共生的逻辑路径［J］．华南农业大学学报（社会科学版），2012，11（2）：23－29．

［100］钱言，任浩．基于生态位的企业竞争关系研究［J］．财贸研究，2006（2）：123－127．

［101］秦晓娟，孔祥利．农村劳动力转移的选择性？城乡收入差距与新型农业经营主体［J］．华中农业大学学报（社会科学版），2015（2）：73－78．

［102］曲亮，郝云宏．基于共生理论的城乡统筹机理研究［J］．农业现代化研究，2004（5）：371－374．

［103］阮荣平，曹冰雪，周佩等．新型农业经营主体辐射带动能力及影响因素分析——基于全国2615家新型农业经营主体的调查数据［J］．中国农村经济，2017（11）：19－34．

［104］申秀英，卜华白．中国古村落旅游企业的"共生进化"研究——基于共生理论的一种分析［J］．经济地理，2006（2）：322－325．

［105］沈光德．家庭农场：现代农业的现实选择［J］．佳木斯职业学院学报，2017（2）：444－445．

［106］苏昕，周升师，张辉．农民专业合作社"双网络"治理研究——基于案例的比较分析［J］．农业经济问题，2018（11）：134－144．

［107］宿爱梅．培育新型农业经营主体　推进现代农业发展［J］．青岛行政学院学报，2013（3）：40－44．

［108］孙昊．我国农户种粮收益问题实证研究［D］．中国农业大学博士学位论文，2014．

［109］孙浩杰，王征兵，汪蕴慧．农民专业合作经济组织内部组织结构状况探析——以青岛胶南市为例［J］．绿色中国，2011（2）：38－41．

［110］孙晋刚．金融支持农村专业大户发展的困境与对策［J］．金融经济，2014（16）：186－187．

［111］孙中华．大力培育新型农业经营主体　夯实建设现代农业的微观基础［J］．农村经营管理，2012（1）：1．

［112］涂圣伟．工商资本参与乡村振兴的利益联结机制建设研究［J］．经济纵横，2019（3）：23－30．

［113］汪艳涛，高强，苟露峰．农村金融支持是否促进新型农业经营主体培育：理论模型与实证检验［J］．金融经济学研究，2014（5）：89－99．

[114] 王春来. 发展家庭农场的三个关键问题探讨 [J]. 农业经济问题, 2014 (1)：43 – 48.

[115] 王东宏. 基于生态位视角的企业进化动力研究 [J]. 企业经济, 2012 (9)：9 – 12.

[116] 王国敏, 崔坤周. 确权赋能? 结构优化与新型农业经营主体培育 [J]. 改革, 2014 (7)：150 – 159.

[117] 王国敏, 杨永清, 王元聪. 新型农业经营主体培育：战略审视、逻辑辨识与制度保障 [J]. 西南民族大学学报 (人文社会科学版), 2014 (10)：203 – 208.

[118] 王洪涛. 威廉·姆森交易费用理论述评 [J]. 经济经纬, 2004 (4)：11 – 14.

[119] 王辉. 不同新型农业经营主体的农地规模经营效应及共生发展机制 [D]. 西南大学博士学位论文, 2018.

[120] 王慧敏, 龙文军. 新型农业经营主体的多元发展形式和制度供给 [J]. 中国农村金融, 2014 (1)：25 – 27.

[121] 王建华, 李俏. 我国家庭农场发育的动力与困境及其可持续发展化制度构建 [J]. 农业现代化研究, 2013 (5)：552 – 555.

[122] 王曙光. 农民合作社的全要素合作、政府支持与可持续发展 [J]. 农村经济, 2008 (11)：3 – 6.

[123] 王子龙, 谭清美, 许箫迪. 基于生态位的集群企业协同进化模型研究 [J]. 科学管理研究, 2005 (5)：36 – 39.

[124] 威廉·配第. 政治算术 [M]. 马妍译. 北京：中国社会科学出版社, 2010.

[125] 温铁军, 朱守银. 中国农村基本经营制度试验研究 [J]. 中国农村经济, 1996 (1)：26 – 32.

[126] 温铁军. 新农村建设提出始末——在 "北京市农业现代化研讨会" 上的演讲 (节选) [EB/OL]. http：//www. aisixiang. com/data/11334. html.

[127] 吴乃贵. 培育和促进我国家庭农场发展的思路探讨 [J]. 农技服务, 2016, 33 (2)：27 – 28.

[128] 伍雪媚, 张榆琴, 袁静梅等. 浅析农业产业化龙头企业的财务风险管理 [J]. 中国商论, 2015 (25)：10 – 12.

［129］夏柱智．嵌入乡村社会的农民工返乡创业——对 H 镇 38 例返乡创业者的深描［J］．中国青年研究，2017（6）：5 - 11．

［130］肖东生，石青．基于共生理论的湖南"3 + 5"城市群区域合作研究［J］．湖南社会科学，2011（5）：118 - 121．

［131］谢丁．旅游产业与欠发达地区县域经济的耦合发展研究［D］．湖南师范大学博士学位论文，2010．

［132］辛岭，高睿璞．我国新型农业经营体系发展水平评价［J］．经济学家，2017（9）：73 - 80．

［133］徐梦周，潘家栋．特色小镇驱动科技园区高质量发展的模式研究——以杭州未来科技城为例［J］．中国软科学，2019（8）：92 - 99．

［134］徐旭初，黄祖辉，郭红东，顾益康．要走向农民合作社联盟吗——美国衣阿华州农民合作组织考察报告［J］．经济与管理，2013，27（12）：11 - 14．

［135］许振华，廖冬如，聂纪萍．浅析农民专业合作经济组织发展问题与对策［J］．安徽农业科学，2008（22）：9763 - 9764．

［136］亚当·斯密．国富论［M］．郭大力，王亚南译．北京：商务印书馆，1931．

［137］杨斌．提高农业经营主体竞争力问题研究［J］．陕西农业科学，2006（1）：110，116．

［138］杨国玉，武小惠．农业大户经营方式：中国农业第二个飞跃新路径［J］．福建经济管理干部学院学报，2004（3）：12 - 16，79．

［139］杨建利，周茂同．我国发展家庭农场的障碍及对策［J］．经济纵横，2014（2）：49 - 53．

［140］杨雪锋，刘超群．战略性新兴企业生态位评价与竞争战略选择：基于我国节能环保上市公司数据［J］．财经论丛，2014（1）：72 - 78．

［141］杨永刚，景天星，秦作栋．基于共生理论与产业集群的旅游资源整合研究——对晋陕豫三省的实证分析［J］．山西大学学报（自然科学版），2008（4）：630 - 634．

［142］叶琴丽，王成．基于结构方程模型的集聚农户共生认知及影响因素分析：以重庆市为例［J］．中国土地科学，2015，29（4）：82 - 89．

［143］尹成杰．要加快推进农业经营体制创新［J］．西部大开发，2014（5）：59．

［144］于亢亢，朱信凯，王浩．现代农业经营主体的变化趋势与动因——基于全国范围县级问卷调查的分析［J］．中国农村经济，2012（10）：78－90.

［145］袁纯清．共生理论——兼论小型经济［M］．北京：经济科学出版社，1998.

［146］苑鹏，张瑞娟．新型农业经营体系建设的进展、模式及建议［J］．江西社会科学，2016，36（10）：47－53.

［147］岳正华，杨建利．我国发展家庭农场的现状和问题及政策建议［J］．农业现代化研究，2013（4）：420－424.

［148］曾博．基于组织形态发展的工商资本下乡合作模式研究——兼论农户主体权益保障［J］．学习与探索，2018（3）：133－137.

［149］曾博．乡村振兴视域下工商资本投资农业合作机制研究［J］．东岳论丛，2018，39（6）149－156.

［150］翟虎渠．新阶段农民增收与提高农产品竞争力的若干建议［J］．农业经济问题，2003（1）：15－18.

［151］张博文．高等院校对乡村振兴的服务路径研究［J］．辽宁经济，2018（9）：26－27.

［152］张迪，李铜山．新型农业经营主体产业化经营中存在的问题及对策［J］．市场周刊（理论研究），2018（2）：3－4.

［153］张福平，王欣，王博，周楠．我国都市型现代农业中利益主体协同机制研究——以北京市都市型现代农业产业为例［J］．科技管理研究，2014，34（4）：1－5.

［154］张海鹏，曲婷婷．农地经营权流转与新型农业经营主体发展［J］．南京农业大学学报（社会科学版），2014（5）：70－83.

［155］张和清，杨锡聪，古学斌．优势视角下的农村社会工作——以能力建设和资产建立为核心的农村社会工作实践模式［J］．社会学研究，2008（6）：174－193，246.

［156］张红宇．迫切需要体制机制创新［J］．西部大开发，2012（11）：102.

［157］张红宇．体制机制创新推动乡村振兴战略实施［J］．中国乡村发现，2018（6）：17－24.

［158］张红宇．乡村振兴与制度创新［J］．农村经济，2018（3）：1－4.

［159］张红宇．新型农业经营主体发展趋势研究［J］．农业经济研究，2015（1）：104－109．

［160］张建雷，席莹．关系嵌入与合约治理——理解小农户与新型农业经营主体关系的一个视角［J］．南京农业大学学报（社会科学版），2019，19（2）：1－9，155．

［161］张文军，魏巍，邢燕．基于共生理论的田园综合体建设研究［J］．河南城建学院学报，2019，28（4）：1－5．

［162］张晓丽．关于建立家庭农场的经济学思考［J］．农村经济，2001（5）：1－3．

［163］张晓山．创新农业基本经营制度　发展现代农业［A］//国务院发展研究中心发展战略和区域经济研究部，中国社会科学院中国经济分析与预测中心，商务部中国国际经济技术交流中心，第八届中国经济学家论坛暨2007年中国社会经济形势分析与预测国际研讨会论文集［C］．

［164］张晓山．创新农业基本经营制度　发展现代农业［J］．经济纵横，2007（2）：3－8．

［165］张晓山．促进以农产品生产专业户为主体的合作社的发展：以浙江省农民专业合作社的发展为例［J］．中国农村经济，2004（11）：4－10．

［166］张晓山．深化改革　促进农业农村可持续发展［J］．农村经济，2013（1）：3－8．

［167］张扬．试论我国新型农业经营主体形成的条件与路径：基于农业要素集聚的视角分析［J］．当代经济科学，2014（3）：112－128．

［168］张耀春．培育新型农业经营主体　构建新型农业经营体系［J］．农业装备技术，2014，40（5）：4－6．

［169］张雨林，杨承训，郭西萍．试论我国社会主义农业中的家庭经济［J］．经济研究，1983（6）：45－51．

［170］张照新，吴天龙．培育社会组织　推进"以农民为中心"的乡村振兴战略［J］．经济纵横，2019（1）：29－35．

［171］张照新，赵海．新型农业经营主体的困境摆脱及其体制机制创新［J］．改革，2013（2）：78－87．

［172］赵兰香，张素罗．农户社会资本对农民合作组织的影响——基于河北省717户农户调查的实证分析［J］．实事求是，2013（3）：62－63．

［173］赵西华．农业经营主体发展与科技对策［J］．江苏农业学报，2010，26（6）：1121 – 1125.

［174］郑军南，黄祖辉，徐旭初．政策网络视域中农民合作经济组织的制度变迁［J］．农业经济与管理，2015，33（5）：17 – 25，32.

［175］郑少红，陈玲，卓炜．"公司 + 合作社 + 农户"契约关系稳定性研究［J］．福建农林大学学报（哲学社会科学版），2013，16（6）：13 – 17.

［176］钟裕民．农村公共产品供给侧结构性改革框架与实现机制［J］．当代经济管理，2017，39（11）：48 – 53.

［177］钟真，谭玥琳，穆娜娜．新型农业经营主体的社会化服务功能研究——基于京郊农村的调查［J］．中国软科学，2014（8）：38 – 48.

［178］周振，涂圣伟，张义博．工商资本参与乡村振兴的趋势、障碍与对策——基于 8 省 14 县的调研［J］．宏观经济管理，2019（3）：58 – 65.

［179］朱俊成．长三角地区多中心及其共生与协同发展研究［J］．公共管理学报，2010，7（4）：39 – 48，124.

［180］朱启臻，胡鹏辉，许汉泽．论家庭农场：优势、条件与规模［J］．农业经济问题，2014（7）：11 – 17.

［181］朱学新．家庭农场是苏南农业集约化经营的现实选择［J］．农业经济问题，2006（12）：39 – 42，80.

［182］祝宏辉，王秀清．新疆番茄产业中农户参与订单农业的影响因素分析［J］．中国农村经济，2007（7）：67 – 75.

后　记

经过多年的实践调研与理论积累，以及课题组一年多的辛勤努力，本书终于得以面世。回忆过往，历历在目。从 2013 年开始，课题组在实践过程中开始察觉到小微企业在欠发达地区的农村经济社会发展中的积极作用，于是以滇黔桂三地 10 年间小微企业的数据统计和 1500 份企业问卷为基础进行实证分析，探究欠发达地区农村小微企业转型升级的路径，相关成果在社会上获得了良好评价，《光明日报》《广西日报》对此进行了报道。2016 年，神州大地掀起创新创业浪潮，课题组将视线转移到创办新型农业经营主体的创业者身上，带领着一批热爱乡村、关心乡村的大学生以"绿水青山就是金山银山"理念为指导，探究如何通过创新创业将乡村的绿水青山转化为金山银山，相关研究成果得到了国家发改委、农业农村部以及浙江、江苏、安徽、四川、广西相关主管部门的重视和肯定。时代的车轮不断前行，在党的十九大召开之后，新型农业经营主体在国家层面被高度重视，之后国家更是提出了要推动新型农业经营主体高质量发展，新型农业经营主体的发展开始进入"快车道"，也成了学术界研究的热点问题，课题组在完成姊妹篇——《乡村振兴视阈下新型农业经营主体创新发展路径研究》之后，便马不停蹄地开展新型农业经营主体共生发展的研究，同时视野也从欠发达地区逐渐拓展到全国。

令课题组欣慰的是，本书在撰写过程中培养了一批"懂农业、爱农村、爱农民"的大学生人才队伍，激发和带动了一批有志青年和大学生志愿者投入对广西、贵州及周边地区新型农业经营主体的相关研究中来。他们锐意创新，在实践调研过程中受本书启发，以"新型农业经营主体带动小农户致富"为主题展开研究，其研究报告不仅获得了自治区农业农村相关部门领导的重视，还得到了基层实践者的肯定。此外，还有一批大学生进一步将理论上的探索付诸实践，创办了田园综合体服务公司，目前已经为广西十余个县（区）的田园综合体、农业（核心）示范区、特色小镇中的各类新型农业经营主体提供了辅导服务，并获得了

"互联网＋"大赛区银奖，相关实践成果被桂林电视台《身边》栏目进行采访报道，采访视频的累计观看量达100000＋，相关推文转载量达1000＋，后续进一步影响28000多名大学生参与为新型农业经营主体服务，激发了近百名留学生激情创业的热情。

随着研究的深入，课题组同有关专家、领导进行了座谈，吸收了有关专家和领导的研究成果及建议，并根据资料收集的情况和我国经济发展形势的变化实时对研究大纲做了一定的调整，以适应最新的发展形势和满足读者的需求。但由于目前新型农业经营主体的统计数据尚未形成体系，同时由于水平、时间和资料有限，以致本书的相关研究仍待进一步完善。